코레일
(한국철도공사)

건축일반
[건축(일반)]

KB207407

- 제 1 회 -

성명		생년월일	
시험시간	70분	문항수	70문항

〈응시 전 주의사항〉

○ 문제지 해당란과 OMR답안지에 성명과 생년월일을 정확하게 기재하십시오.

○ 기재착오, 누락 등으로 인한 불이익은 응시자 본인의 책임이니 OMR 답안지 작성에 유의하십시오.

○ 필기시험의 만점은 100점으로 합니다.

SEOWONGAK

(주)서원각

1 다음 글의 주제로 가장 적절한 것을 고른 것은?

유럽의 도시들을 여행하다 보면 여기저기서 벼룩시장이 열리는 것을 볼 수 있다. 벼룩시장에서 사람들은 낡고 오래된 물건들을 보면서 추억을 되살린다. 유럽 도시들의 독특한 분위기는 오래된 것을 쉽게 버리지 않는 이런 정신이 반영된 것이다.

영국의 옥스팜(Oxfam)이라는 시민단체는 헌옷을 수선해 파는 전문 상점을 운영해, 그 수익금으로 제3세계를 지원하고 있다. 파리 시민들에게는 유행이 따로 없다. 서로 다른 시절의 옷들을 예술적으로 배합해 자기만의 개성을 연출한다.

땀과 기억이 배어 있는 오래된 물건은 실용적 가치만으로 따질 수 없는 보편적 가치를 지닌다. 선물로 받아서 10년 이상 써 온 손때 묻은 만년필을 잃어버렸을 때 느끼는 상실감은 새 만년필을 산다고 해서 사라지지 않는다. 그것은 그 만년필이 개인의 오랜 추억을 담고 있는 증거물이자 애착의 대상이 되었기 때문이다. 그러기에 실용성과 상관없이 오래된 것은 그 자체로 아름답다.

① 서양인들의 개성은 시대를 넘나드는 예술적 가치관으로부터 표현된다.
② 실용적 가치보다 보편적인 가치를 중요시해야 한다.
③ 만년필은 선물해 준 사람과의 아름다운 기억과 오랜 추억이 담긴 물건이다.
④ 오래된 물건은 실용적인 가치보다 더 중요한 가치를 지니고 있다.
⑤ 오래된 물건은 실용적 가치만으로 따질 수 없는 개인의 추억과 같은 보편적 가치를 지니기에 그 자체로 아름답다.

2 밑줄 친 단어를 바꾸어 쓰기에 적절한 것은?

조선시대 우리의 전통적인 전술은 흔히 장병(長兵)이라고 불리는 것이었다. 장병은 기병(騎兵)과 보병(步兵)이 모두 궁시(弓矢)나 화기(火器) 같은 장거리 무기를 주무기로 삼아 원격전(遠隔戰)에서 적을 제압하는 것이 특징이었다. 이에 반해 일본의 전술은 창과 검을 주무기로 삼아 근접전(近接戰)에 치중하였기 때문에 단병(短兵)이라 일컬어졌다. 이러한 전술상의 차이로 인해 임진왜란 이전에는 조선의 전력(戰力)이 일본의 전력을 압도하는 형세였다. 조선의 화기 기술은 고려 말 왜구를 효과적으로 격퇴하는 방도로 수용된 이래 발전을 <u>거듭</u>했지만, 단병에 주력하였던 일본은 화기 기술을 습득하지 못하고 있었다.

그러나 이러한 전력상의 우열관계는 임진왜란 직전 일본이 네덜란드 상인들로부터 조총을 구입함으로써 역전되고 말았다. 일본의 새로운 장병 무기가 된 조총은 조선의 궁시나 화기보다도 사거리나 정확도 등에서 훨씬 우세하였다. 조총은 단지 조선의 장병 무기류를 압도하는데 그치지 않고 일본이 본래 가지고 있던 단병 전술의 장점을 십분 발휘하게 하였다. 조선이 임진왜란 때 육전(陸戰)에서 참패를 <u>거듭</u>한 것은 정치·사회 전반의 문제가 일차적 원인이겠지만, 이러한 전술상의 문제에도 전혀 까닭이 없지 않았던 것이다. 그러나 일본은 근접전이 불리한 해전(海戰)에서 조총의 화력을 압도하는 대형 화기의 위력에 눌려 끝까지 열세를 만회하지 못했다. 일본은 화약무기 사용의 전통이 길지 않았기 때문에 해전에서도 조총만을 사용하였다. 반면 화기 사용의 전통이 오래된 조선의 경우 비록 육전에서는 소형화기가 조총의 성능을 당해내지 못했지만, 해전에서는 함선에 탑재한 대형 화포의 화력이 조총의 성능을 압도하였다. 해전에서 조선 수군이 거둔 승리는 이순신의 탁월한 지휘력에도 힘입은 바 컸지만, 이러한 장병 전술의 우위가 승리의 기본적인 토대가 되었던 것이다.

① 반복
② 제압
③ 장만
④ 작용
⑤ 각오

3 다음 글과 어울리는 사자성어로 적절한 것은?

> 진나라의 사마위강은 자신이 모시는 도공에게 이런 말을 하였다. "전하, 나라가 편안할 때일수록 위기가 닥쳐올 것을 대비해야 합니다. 위기가 닥칠 것을 대비해 항상 만반의 준비를 하고 있어야 합니다. 미리 준비를 하고 있으면 걱정할 것이 아무 것도 없습니다." 이 말을 깊이 새겨들은 도강은 위기에 대처할 수 있도록 준비하였고, 마침내 천하통일을 이루었다.

① 토사구팽(兎死狗烹)　　② 유비무환(有備無患)
③ 와신상담(臥薪嘗膽)　　④ 선공후사(先公後私)
⑤ 맥수지탄(麥秀之嘆)

4 다음 글을 읽고 독자의 반응으로 옳지 않은 것으로 짝지어 진 것은?

> 1918년 캘리포니아의 요세미티 국립공원에 인접한 헤츠헤치 계곡에 댐과 저수지를 건설하자는 제안을 놓고 중요한 논쟁이 벌어졌다. 샌프란시스코 시에 물이 부족해지자 헤츠헤치 계곡을 수몰시키는 댐을 건설하여 샌프란시스코에 물을 안정적으로 공급하자는 계획이 등장한 것이다. 이 계획안을 놓고 핀쇼와 뮤어 사이에 중요한 논쟁이 벌어지는데, 이는 이후 환경문제에 대한 유력한 두 가지 견해를 상징적으로 드러낸다.
>
> 핀쇼는 당시 미국 산림청장으로서 미국에서 거의 최초로 전문적인 교육과 훈련을 받은 임업전문가 중의 한 사람이었다. 또한 핀쇼는 환경의 보호관리(conservation) 운동의 창시자였다. 이 운동은 산림 지역을 지혜롭게 이용하기 위해서는 이를 보호하는 동시에 적절하게 관리해야 한다는 주장을 폈다. 핀쇼는 국유림을 과학적으로 경영, 관리해야 한다고 생각하였다. 그의 기본 방침은 국유지는 대중의 필요와 사용을 위해 존재한다는 것이었다. 그는 "어떤 사람은 산림이 아름답고 야생 생물의 안식처라는 이유를 들어 이를 보존해야 한다고 주장한다. 하지만 우리의 산림 정책의 목표는 산림을 보존하는 것이 아니라 이를 활용하여 행복한 가정을 꾸미고 대중의 복지를 추구하는 것"이라고 말하였다. 핀쇼는 계곡에 댐을 건설하려는 샌프란시스코시의 계획을 지지하였는데 그 근거는 계곡의 댐 건설이 수백만의 사람들이 필요로 하는 물을 제공할 수 있다는 점이었다. 그는 이것이 자연자원을 가장 효과적으로 사용하는 방법이라고 생각하였다.

> 반면 시에라 클럽의 창립자이며 자연보존(preservation) 운동의 대변자인 뮤어는 계곡의 보존을 주장하였다. 그는 자연을 인간의 소비를 위한 단순한 상품으로만 간주하는 보호관리주의가 심각한 문제점을 지닌다고 생각하였다. 그는 야생 자연의 정신적이고 심미적인 가치를 강조했으며, 모든 생명체의 내재적 가치를 존중하였다. 그는 헤츠헤치 계곡이 원형대로 보존되어야 하며 댐을 건설하여 계곡을 파괴하는 인간의 행위는 막아야 한다고 주장하였다.

> ㉠ 정아 : 위 글에는 환경문제에 대한 두 가지 견해가 나타나있어.
> ㉡ 연수 : 두 명의 전문가의 의견은 서로 대립되고 있어
> ㉢ 인아 : 당시 미국 산림청장이던 뮤어는 계곡의 보존을 주장하였어.
> ㉣ 우리 : 핀쇼는 산림정책의 목표를 산림을 활용해서 대중의 복지를 추구하는 것으로 보았어.

① ㉠　　　　　　　　② ㉡
③ ㉢　　　　　　　　④ ㉣
⑤ ㉠㉡

5 다음 중 ㉠의 의미로 적절한 것은?

> 우리 민족은 고유한 성(姓)과 더불어 성씨 앞에 특정지역의 명칭을 붙여 사용하고 있다. 이를 본관이라고 하는데, 본관의 사용은 고려시대부터 시작되었다. 고려전기 본관제(本貫制)의 기능은 무엇보다 민(民)에 대한 통제책과 밀접하게 관련되어 있었다. 민의 거주지를 파악하기 위한 수단이었음은 물론 신분, 계층, 역(役) 등을 파악하고 통제하는 수단이 되었다. 운영원리로 볼 때 지역 간 또는 지역 내의 위계적인 지배방식과도 관련되어 있었다. 그리고 그것은 국가권력의 의사가 개별 민에게 일방적으로 관철되는 방식이 아니라 향촌사회에 존재하고 있던 공동체적 관계를 통해 관철되는 방식이었다.
>
> 12세기부터 향촌사회에서 향촌민이 몰락하여 계급분화가 심화되고 유망(流亡) 현상이 극심하게 ㉠일어나면서, 본관제를 통한 거주지 통제정책은 느슨해져 갔다. 이러한 상황에 대처하여 고려정부는 민이 거주하고 있는 현재의 거주지를 인정하고 그 거주지의 민을 호적에 올려 수취를 도모하는 정책을 시도하게 되었다. 이에 따라 지역 간 위계를 두는 지배방식을 유지하기 어렵게 되었다. 향소·부곡과 같은 특수행정구역이 감소되었으며, 부곡민도 일반 군현민과 서로 교류하고 이동할 정도로 군현민과의 신분적인 차이가 미미해졌다.

향촌사회의 변동은 많은 변화를 초래하였다. 먼저 향리층이 이전처럼 향촌질서를 주도하기 어려워졌다. 향리층은 본관을 떠나 이동하였고, 토착적 성격이 희박해진 속성(續姓)이 증가하였다. 이들은 살기 좋은 곳을 찾아 이주하거나 외향(外鄕)이나 처향(妻鄕)에서 지역 기반을 마련하는 경우가 많았다. 향리층은 아전층인 이족(吏族)과 재지품관층인 사족(士族)으로 분화하기 시작하였고, 이후 사족은 지방관과 함께 향촌사회 지배의 일부를 담당했다. 또한 본관이 점차 관념적인 혈연을 의미하는 것으로 바뀌게 되었고, 동성(同姓)은 본래 동본(同本)이었다는 관념이 커지게 되었다. 동성동본 관념은 성관(姓貫)의 통합을 촉진시켰고, 군소 성관들이 본래의 본관을 같은 성(姓)의 유력 본관에 따라 고치는 현상을 확대시켰다.

본관제의 성격이 변화함에 따라, 죄지은 자를 자기 본관으로 돌려보내는 귀향형(歸鄕刑)이나 특정한 역에 편입시키는 충상호형(充常戶刑)과 같은 법제는 폐지되었다. 그러한 법제는 본관제의 기능과 관련해서만 유의미한 것이었기 때문이다.

① 어떤 일이 생기다.

② 어떤 마음이 생기다.

③ 누웠다가 앉거나 앉았다가 서다.

④ 잠에서 깨어나다.

⑤ 약하거나 희미하던 것이 성하여지다.

6 다음 글에 나타난 아리스토텔레스의 견해에 대한 이해로 가장 적절한 것은?

자연에서 발생하는 모든 일은 목적 지향적인가? 자기 몸통보다 더 큰 나뭇가지나 잎사귀를 허둥대며 운반하는 개미들은 분명히 목적을 가진 듯이 보인다. 그런데 가을에 지는 낙엽이나 한밤중에 쏟아지는 우박도 목적을 가질까? 아리스토텔레스는 모든 자연물이 목적을 추구하는 본성을 타고나며, 외적 원인이 아니라 내재적 본성에 따른 운동을 한다는 목적론을 제시한다. 그는 자연물이 단순히 목적을 갖는 데 그치는 것이 아니라 목적을 실현할 능력도 타고나며, 그 목적은 방해받지 않는 한 반드시 실현될 것이고, 그 본성적 목적의 실현은 운동 주체에 항상 바람직한 결과를 가져온다고 믿는다. 아리스토텔레스는 이러한 자신의 견해를 "자연은 헛된 일을 하지 않는다!"라는 말로 요약한다.

근대에 접어들어 모든 사물이 생명력을 갖지 않는 일종의 기계라는 견해가 강조되면서, 아리스토텔레스의 목적론은 비과학적이라는 이유로 많은 비판에 직면한다. 갈릴레이는 목적론적 설명이 과학적 설명으로 사용될 수 없다고 주장하며, 베이컨은 목적에 대한 탐구가 과학에 무익하다고 평가하고, 스피노자는 목적론이 자연에 대한 이해를 왜곡한다고 비판한다. 이들의 비판은 목적론이 인간 이외의 자연물도 이성을 갖는 것으로 의인화한다는 것이다. 그러나 이런 비판과는 달리 아리스토텔레스는 자연물을 생물과 무생물로, 생물을 식물·동물·인간으로 나누고, 인간만이 이성을 지닌다고 생각했다.

일부 현대 학자들은, 근대 사상가들이 당시 과학에 기초한 기계론적 모형이 더 설득력을 갖는다는 일종의 교조적 믿음에 의존했을 뿐, 아리스토텔레스의 목적론을 거부할 충분한 근거를 제시하지 못했다고 비판한다. 이런 맥락에서 볼로틴은 근대 과학이 자연에 목적이 없음을 보이지도 못했고 그렇게 하려는 시도조차 하지 않았다고 지적한다. 또한 우드필드는 목적론적 설명이 과학적 설명은 아니지만, 목적론의 옳고 그름을 확인할 수 없기 때문에 목적론이 거짓이라 할 수도 없다고 지적한다.

17세기의 과학은 실험을 통해 과학적 설명의 참·거짓을 확인할 것을 요구했고, 그런 경향은 생명체를 비롯한 세상의 모든 것이 물질로만 구성된다는 물질론으로 이어졌으며, 물질론 가운데 일부는 모든 생물학적 과정이 물리·화학 법칙으로 설명된다는 환원론으로 이어졌다. 이런 환원론은 살아 있는 생명체가 죽은 물질과 다르지 않음을 함축한다. 하지만 아리스토텔레스는 자연물의 물질적 구성 요소를 알면 그것의 본성을 모두 설명할 수 있다는 엠페도클레스의 견해를 반박했다. 이 반박은 자연물이 단순히 물질로만 이루어진 것이 아니며, 또한 그것의 본성이 단순히 물리·화학적으로 환원되지도 않는다는 주장을 내포한다.

첨단 과학의 발전에도 불구하고 생명체의 존재 원리와 이유를 정확히 규명하는 과제는 아직 진행 중이다. 자연물의 구성 요소에 대한 아리스토텔레스의 탐구는 자연물이 존재하고 운동하는 원리와 이유를 밝히려는 것이었고, 그의 목적론은 지금까지 이어지는 그러한 탐구의 출발점이라 할 수 있다.

① 자연물의 본성적 운동은 외적 원인에 의해 야기되기도 한다.

② 낙엽의 운동은 본성적 목적 개념으로는 설명되지 않는다.

③ 본성적 운동의 주체는 본성을 실현할 능력을 갖고 있다.

④ 자연물의 목적 실현은 때로는 그 자연물에 해가 된다.

⑤ 개미의 본성적 운동은 이성에 의한 것으로 설명된다.

┃7~9┃ 다음 글을 읽고 물음에 답하시오.

디지털 통신 시스템은 송신기, 채널, 수신기로 구성되며, 전송할 데이터를 빠르고 정확하게 전달하기 위해 부호화 과정을 거쳐 전송한다. 영상, 문자 등인 데이터는 기호 집합에 있는 기호들의 조합이다. 예를 들어 기호 집합 {a, b, c, d, e, f}에서 기호들을 조합한 add, cab, beef 등이 데이터이다. 정보량은 어떤 기호가 발생했다는 것을 알았을 때 얻는 정보의 크기이다. 어떤 기호 집합에서 특정 기호의 발생 확률이 높으면 그 기호의 정보량은 적고, 발생 확률이 낮으면 그 기호의 정보량은 많다. 기호 집합의 평균 정보량(각 기호의 발생 확률과 정보량을 서로 곱하여 모두 더한 것)을 기호 집합의 엔트로피라고 하는데 모든 기호들이 동일한 발생 확률을 가질 때 그 기호 집합의 엔트로피는 최댓값을 갖는다.

송신기에서는 소스 부호화, 채널 부호화, 선 부호화를 거쳐 기호를 부호로 변환한다. 소스 부호화는 데이터를 압축하기 위해 기호를 0과 1로 이루어진 부호로 변환하는 과정이다. 어떤 기호가 110과 같은 부호로 변환되었을 때 0 또는 1을 비트라고 하며 이 부호의 비트 수는 3이다. 이때 기호 집합의 엔트로피는 기호 집합에 있는 기호를 부호로 표현하는 데 필요한 평균 비트 수의 최솟값이다. 전송된 부호를 수신기에서 원래의 기호로 복원하려면 부호들의 평균 비트 수가 기호 집합의 엔트로피보다 크거나 같아야 한다. 기호 집합을 엔트로피에 최대한 가까운 평균 비트 수를 갖는 부호들로 변환하는 것을 엔트로피 부호화라 한다. 그중 하나인 '허프만 부호화'에서는 발생 확률이 높은 기호에는 비트 수가 적은 부호를, 발생 확률이 낮은 기호에는 비트 수가 많은 부호를 할당한다.

채널 부호화는 오류를 검출하고 정정하기 위하여 부호에 잉여 정보를 추가하는 과정이다. 송신기에서 부호를 전송하면 채널의 잡음으로 인해 오류가 발생하는데 이 문제를 해결하기 위해 잉여 정보를 덧붙여 전송한다. 채널 부호화 중 하나인 '삼중 반복 부호화'는 0과 1을 각각 000과 111로 부호화한다. 이때 수신기에서는 수신한 부호에 0이 과반수인 경우에는 0으로 판단하고, 1이 과반수인 경우에는 1로 판단한다. 즉 수신기에서 수신된 부호가 000, 001, 010, 100 중 하나라면 0으로 판단하고, 그 이외에는 1로 판단한다. 이렇게 하면 000을 전송했을 때 하나의 비트에서 오류가 생겨 001을 수신해도 0으로 판단하므로 오류는 정정된다. 채널 부호화를 하기 전 부호의 비트 수를, 채널 부호화를 한 후 부호의 비트 수로 나눈 것을 부호율이라 한다. 삼중 반복 부호화의 부호율은 약 0.33이다.

채널 부호화를 거친 부호들을 채널을 통해 전송하려면 부호들을 전기 신호로 변환해야 한다. 0 또는 1에 해당하는 전기 신호의 전압을 결정하는 과정이 선 부호화이다. 전압의 결정 방법은 선 부호화 방식에 따라 다르다. 선 부호화 중 하나인 '차동 부호화'는 부호의 비트가 0이면 전압을 유지하고 1이면 전압을 변화시킨다. 차동 부호화를 시작할 때는 기준 신호가 필요하다. 예를 들어 차동 부호화 직전의 기준 신호가 양(+)의 전압이라면 부호 0110은 '양, 음, 양, 양'의 전압을 갖는 전기 신호로 변환된다. 수신기에서는 송신기와 동일한 기준 신호를 사용하여, 전압의 변화가 있으면 1로 판단하고 변화가 없으면 0으로 판단한다.

7 윗글에서 알 수 있는 내용으로 적절한 것은?

① 소스 부호화는 전송할 기호에 정보를 추가하여 오류에 대비하는 과정이다.
② 영상을 전송할 때는 잡음으로 인한 오류가 발생하지 않는다.
③ 잉여 정보는 데이터를 압축하기 위해 추가한 정보이다.
④ 수신기에는 부호를 기호로 복원하는 기능이 있다.
⑤ 영상 데이터는 채널 부호화 과정에서 압축된다.

8 윗글을 바탕으로, 2가지 기호로 이루어진 기호 집합에 대해 이해한 내용으로 적절하지 않은 것은?

① 기호들의 발생 확률이 모두 1/2인 경우, 각 기호의 정보량은 동일하다.
② 기호들의 발생 확률이 각각 1/4, 3/4인 경우의 평균 정보량이 최댓값이다.
③ 기호들의 발생 확률이 각각 1/4, 3/4인 경우, 기호의 정보량이 더 많은 것은 발생 확률이 1/4인 기호이다.
④ 기호들의 발생 확률이 모두 1/2인 경우, 기호를 부호화하는 데 필요한 평균 비트 수의 최솟값이 최대가 된다.
⑤ 기호들의 발생 확률이 각각 1/4, 3/4인 기호 집합의 엔트로피는 발생 확률이 각각 3/4, 1/4인 기호 집합의 엔트로피와 같다.

9 윗글의 '부호화'에 대한 내용으로 적절한 것은?

① 선 부호화에서는 수신기에서 부호를 전기 신호로 변환한다.

② 허프만 부호화에서는 정보량이 많은 기호에 상대적으로 비트 수가 적은 부호를 힐딩한다.

③ 채널 부호화를 거친 부호들은 채널로 전송하기 전에 잉여 정보를 제거한 후 선 부호화한다.

④ 채널 부호화 과정에서 부호에 일정 수준 이상의 잉여 정보를 추가하면 부호율은 1보다 커진다.

⑤ 삼중 반복 부호화를 이용하여 0을 부호화한 경우, 수신된 부호에서 두 개의 비트에 오류가 있으면 오류는 정정되지 않는다.

10 K은행의 대출심사부에서는 가계대출 상품의 상품 설명서 내용 중 연체이자에 대한 다음과 같은 사항을 고객에게 안내하려고 한다. 다음을 참고할 때, 주택담보대출(원금 1억2천만 원, 약정이자율 연 5%)의 월납이자(50만 원)를 미납하여 연체가 발생하고, 연체 발생 후 3개월 시점에 납부할 경우의 연체이자는 얼마인가? (계산결과는 소수점 첫째자리에서 반올림한다)

> ■ 연체이자율은 [대출이자율+연체기간별 연체가산이자율]로 적용합니다.
>   ● 연체가산이자율은 연 3%로 적용합니다.
> ■ 연체이자율은 최고 15%로 합니다.
> ■ 상품에 따라 연체이자율이 일부 달라지는 경우가 있으므로 세부적인 사항은 대출거래 약정서 등을 참고하시기 바랍니다.
> ■ 연체이자(지연배상금)를 내셔야 하는 경우
>   ● 「이자를 납입하기로 약정한 날」에 납입하지 아니한 때
>   ☞ 이자를 납입하여야 할 날의 다음날부터 1개월(주택담보대출의 경우 2개월)까지는 내셔야 할 약정이자에 대해 연체이자가 적용되고, 1개월(주택담보대출의 경우 2개월)이 경과하면 기한이익상실로 인하여 대출원금에 연체이율을 곱한 연체 이자를 내셔야 합니다.

① 798,904원   ② 775,304원

③ 750,992원   ④ 731,528원

⑤ 710,044원

11 다음은 유인입국심사에 대한 설명이다. 옳지 않은 것은?

> ◆ 유인입국심사 안내
> • 입국심사는 국경에서 허가받는 행위로 내외국인 분리심사를 원칙으로 하고 있습니다.
> • 외국인(등록외국인 제외)은 입국신고서를 작성하여야 하며, 등록대상인 외국인은 입국일로부터 90일 이내 관할 출입국관리사무소에 외국인 등록을 하여야 합니다.
> • 단체사증을 소지한 중국 단체여행객은 입국신고서를 작성하지 않으셔도 됩니다.(청소년 수학여행객은 제외)
> • 대한민국 여권을 위·변조하여 입국을 시도하는 외국인이 급증하고 있으므로 다소 불편하시더라도 입국심사관의 얼굴 대조, 질문 등에 적극 협조하여 주시기 바랍니다.
> • 외국인 사증(비자) 관련 사항은 법무부 출입국 관리국으로 문의하시기 바랍니다.
> ◆ 입국신고서 제출 생략
> 내국인과 90일 이상 장기체류 할 목적으로 출입국사무소에 외국인 등록을 마친 외국인의 경우 입국신고서를 작성하실 필요가 없습니다
> ◆ 심사절차
>
> | STEP 01 | 기내에서 입국신고서를 작성하지 않은 외국인은 심사 전 입국신고서를 작성해 주세요. |
> |---|---|
> | STEP 02 | 내국인과 외국인 심사 대기공간이 분리되어 있으니, 줄을 설 때 주의해 주세요.
※ 내국인은 파란선, 외국인은 빨간선으로 입장 |
> | STEP 03 | 심사대 앞 차단문이 열리면 입장해 주세요. |
> | STEP 04 | 내국인은 여권을, 외국인은 입국신고서와 여권을 심사관에게 제시하고, 심사가 끝나면 심사대를 통과해 주세요.
※ 17세 이상의 외국인은 지문 및 얼굴 정보를 제공해야 합니다. |

① 등록대상인 외국인은 입국일로부터 90일 이내 관할 출입국관리사무소에 외국인 등록을 하여야 한다.

② 중국 청소년 수학여행객은 단체사증을 소지하였더라도 입국신고서를 작성해야 한다.

③ 모든 외국인은 지문 및 얼굴 정보를 제공해야 한다.

④ 입국심사를 하려는 내국인은 파란선으로 입장해야 한다.

⑤ 내국인은 입국신고서를 작성할 필요가 없다.

12 다음 〈표〉는 A은행 ○○지점 직원들의 지난 달 상품 신규 가입 실적 현황을 나타낸 자료이다. 이에 대한 설명 중 옳은 것을 모두 고르면?

〈표〉 A은행 ○○지점 직원별 상품 신규 가입 실적 현황

구분 \ 직원	A	B	C	D	E	F
성별	남	남	여	남	여	남
실적(건)	0	2	6	4	8	10

ㄱ 직원들의 평균 실적은 5건이다.
ㄴ 남자면서 실적이 5건 이상인 직원 수는 전체 남자 직원 수의 50% 이상이다.
ㄷ 실적이 2건 이상인 남자 직원의 수는 실적이 4건 이상인 여자 직원의 수의 2배 이상이다.
ㄹ 여자 직원이거나 실적이 7건 이상인 직원 수는 전체 직원 수의 50% 이상이다.

① ㄱ, ㄴ

② ㄱ, ㄷ

③ ㄱ, ㄹ

④ ㄴ, ㄷ

⑤ ㄴ, ㄹ

13 다음은 P사의 계열사 중 철강과 지원 분야에 관한 자료이다. 다음을 이용하여 A, B, C 중 두 번째로 큰 값은? (단, 지점은 역할에 따라 실, 연구소, 공장, 섹션, 사무소 등으로 구분되며, 하나의 지점은 1천 명의 직원으로 조직된다.)

구분	그룹사	편제	직원 수(명)
철강	PO강판	1지점	1,000
	PONC	2지점	2,000
지원	PO메이트	실 10지점, 공장 A지점	( )
	PO터미날	실 5지점, 공장 B지점	( )
	PO기술투자	실 7지점, 공장 C지점	( )
	PO휴먼스	공장 6지점, 연구소 1지점	( )
	PO인재창조원	섹션 1지점, 사무소 1지점	2,000
	PO경영연구원	1지점	1,000
계		45지점	45,000

• PO터미날과 PO휴먼스의 직원 수는 같다.
• PO메이트의 공장 수는 PO휴먼스의 공장 수의 절반이다.
• PO메이트의 공장 수와 PO터미날의 공장 수를 합하면 PO기술투자의 공장 수와 같다.

① 3　　　　　　② 4

③ 5　　　　　　④ 6

⑤ 7

14 다음은 사무용 물품의 조달단가와 구매 효용성을 나타낸 것이다. 20억 원 이내에서 구매예산을 집행한다고 할 때, 정량적 기대효과 총합의 최댓값은? (단, 각 물품은 구매하지 않거나, 1개만 구매 가능하며 구매효용성 $= \dfrac{정량적\ 기대효과}{조달단가}$ 이다.)

구분 \ 물품	A	B	C	D	E	F	G	H
조달단가(억 원)	3	4	5	6	7	8	10	16
구매 효용성	1	0.5	1.8	2.5	1	1.75	1.9	2

① 35　　　　　　② 36

③ 37　　　　　　④ 38

⑤ 39

15 다음은 연도별 임신과 출산 관련 진료비에 관한 자료이다. 2018년 대비 2023년에 가장 높은 증가율을 보인 항목은? (단, 소수 둘째 자리에서 반올림한다)

(단위 : 억 원)

진료항목 \ 연도	2018	2019	2020	2021	2022	2023
분만	3,295	3,008	2,716	2,862	2,723	2,909
검사	97	395	526	594	650	909
임신장애	607	639	590	597	606	619
불임	43	74	80	105	132	148
기타	45	71	53	52	54	49
전체	4,087	4,187	3,965	4,210	4,165	4,634

① 분만
② 검사
③ 임신장애
④ 불임
⑤ 기타

16 다음은 최근 5년간 혼인형태별 평균연령에 관한 자료이다. A ~E에 들어갈 값으로 옳지 않은 것은? (단, 남성의 나이는 여성의 나이보다 항상 많다)

(단위 : 세)

연도	평균 초혼연령			평균 이혼연령			평균 재혼연령		
	여성	남성	남녀차	여성	남성	남녀차	여성	남성	남녀차
2019	24.8	27.8	3.0	C	36.8	4.1	34.0	38.9	4.9
2020	25.4	28.4	A	34.6	38.4	3.8	35.6	40.4	4.8
2021	26.5	29.3	2.8	36.6	40.1	3.5	37.5	42.1	4.6
2022	27.0	B	2.8	37.1	40.6	3.5	37.9	E	4.3
2023	27.3	30.1	2.8	37.9	41.3	D	38.3	42.8	4.5

① A − 3.0
② B − 29.8
③ C − 32.7
④ D − 3.4
⑤ E − 42.3

17 다음은 2021~2023년도의 지방자치단체 재정력지수에 대한 자료이다. 매년 지방자치단체의 기준재정수입액이 기준재정수요액에 미치지 않는 경우, 중앙정부는 그 부족분만큼의 지방교부세를 당해년도에 지급한다고 할 때, 3년간 지방교부세를 지원받은 적이 없는 지방자치단체는 모두 몇 곳인가?

$$\text{(재정력지수} = \frac{\text{기준재정수입액}}{\text{기준재정수요액}})$$

지방자치단체 \ 연도	2021	2022	2023	평균
서울	1.106	1.088	1.010	1.068
부산	0.942	0.922	0.878	0.914
대구	0.896	0.860	0.810	0.855
인천	1.105	0.984	1.011	1.033
광주	0.772	0.737	0.681	0.730
대전	0.874	0.873	0.867	0.871
울산	0.843	0.837	0.832	0.837
경기	1.004	1.065	1.032	1.034
강원	0.417	0.407	0.458	0.427
충북	0.462	0.446	0.492	0.467
충남	0.581	0.693	0.675	0.650
전북	0.379	0.391	0.408	0.393
전남	0.319	0.330	0.320	0.323
경북	0.424	0.440	0.433	0.432
경남	0.653	0.642	0.664	0.653

① 0곳
② 1곳
③ 2곳
④ 3곳
⑤ 5곳

18 다음은 푸르미네의 에너지 사용량과 연료별 탄소배출량 및 수종(樹種)별 탄소흡수량을 나타낸 것이다. 푸르미네 가족의 월간 탄소배출량과 나무의 월간 탄소흡수량을 같게 하기 위한 나무의 올바른 조합을 고르면?

■ 푸르미네의 에너지 사용량

연료	사용량
전기	420kWh/월
상수도	40㎥/월
주방용 도시가스	60㎥/월
자동차 가솔린	160ℓ/월

■ 연료별 탄소배출량

연료	탄소배출량
전기	0.1kg/kWh
상수도	0.2kg/㎥
주방용 도시가스	0.3kg/㎥
자동차 가솔린	0.5kg/ℓ

■ 수종별 탄소흡수량

수종	탄소흡수량
소나무	14kg/그루·월
벚나무	6kg/그루·월

① 소나무 4그루와 벚나무 12그루

② 소나무 6그루와 벚나무 9그루

③ 소나무 7그루와 벚나무 10그루

④ 소나무 8그루와 벚나무 6그루

⑤ 소나무 9그루와 벚나무 4그루

┃19~20┃ 다음은 우리나라의 다문화 신혼부부의 남녀 출신국적별 비중을 나타낸 자료이다. 다음 자료를 보고 이어지는 물음에 답하시오.

□ 2022~2023년도 다문화 신혼부부 현황

(단위 : 쌍, %)

남편	2022년	2023년	아내	2022년	2023년
결혼건수	94,962 (100.0)	88,929 (100.0)	결혼건수	94,962 (100.0)	88,929 (100.0)
한국국적	72,514 (76.4)	66,815 (75.1)	한국국적	13,789 (14.5)	13,144 (14.8)
외국국적	22,448 (23.6)	22,114 (24.9)	외국국적	81,173 (85.5)	75,785 (85.2)

□ 부부의 출신국적별 구성비

(단위 : %)

남편		2022년	2023년	아내		2022년	2023년
출신국적별구성비	중국	44.2	43.4	출신국적별구성비	중국	39.1	38.4
	미국	16.9	16.8		베트남	32.3	32.6
	베트남	5.0	6.9		필리핀	8.4	7.8
	일본	7.5	6.5		일본	3.9	4.0
	캐나다	4.8	4.6		캄보디아	3.7	3.4
	대만	2.3	2.3		미국	2.3	2.6
	영국	2.1	2.2		태국	1.8	2.3
	파키스탄	2.2	1.9		우즈벡	1.3	1.4
	호주	1.8	1.7		대만	1.0	1.2
	프랑스	1.1	1.3		몽골	1.0	1.1
	뉴질랜드	1.1	1.1		캐나다	0.7	0.8
	기타	10.9	11.1		기타	4.4	4.6
계		99.9	99.8	계		99.9	100.2

19 위의 자료를 바르게 해석한 것을 모두 고르면?

> ㈎ 2023년에는 우리나라 남녀 모두 다문화 배우자와 결혼하는 경우가 전년보다 감소하였다.
> ㈏ 다문화 신혼부부 전체의 수는 2023년에 전년대비 약 6.35%의 증감률을 보여, 증가하였음을 알 수 있다.
> ㈐ 전년대비 2023년에 출신국적별 구성비가 남녀 모두 증가한 나라는 베트남과 기타 국가이다.
> ㈑ 다문화 신혼부부 중, 중국인과 미국인 남편, 중국인과 베트남인 아내는 두 시기 모두 50% 이상의 비중을 차지한다.

① ㈎, ㈏, ㈐
② ㈎, ㈏, ㈑
③ ㈎, ㈐, ㈑
④ ㈏, ㈐, ㈑
⑤ ㈎, ㈏, ㈐, ㈑

20 다음 중 일본인이 남편인 다문화 신혼부부의 수가 비교 시기 동안 변동된 수치는 얼마인가? (단, 신혼부부의 수는 소수점 이하 절삭하여 정수로 표시함)

① 246쌍
② 235쌍
③ 230쌍
④ 223쌍
⑤ 330쌍

21 다음에 제시되는 두 개의 명제를 전제로 할 때, 결론 A, B에 대한 주장으로 알맞은 것은?

> 명제 1. 등산을 좋아하는 사람 중에는 낚시를 좋아하는 사람도 있다.
> 명제 2. 골프를 좋아하는 사람은 등산을 좋아하지만, 낚시는 좋아하지 않는다.
>
> 결론 A. 등산을 좋아하는 사람 모두가 골프를 좋아하는 사람일 수 있다.
> 결론 B. 낚시를 좋아하는 사람 모두가 등산을 좋아하는 사람일 수 있다.

① A만 옳다.
② B만 옳다.
③ A, B 모두 옳다.
④ A, B 모두 옳지 않다.
⑤ 옳은지 그른지 알 수 없다.

22 다음 조건을 바탕으로 할 때, 김 교수의 연구실 위치한 건물과 오늘 갔던 서점이 위치한 건물을 순서대로 올바르게 짝지은 것은?

> • 최 교수, 김 교수, 정 교수의 연구실은 경영관, 문학관, 홍보관 중 한 곳에 있으며 서로 같은 건물에 있지 않다.
> • 이들은 오늘 각각 자신의 연구실이 있는 건물이 아닌 다른 건물에 있는 서점에 갔었으며, 서로 같은 건물의 서점에 가지 않았다.
> • 정 교수는 홍보관에 연구실이 있으며, 최 교수와 김 교수는 오늘 문학관 서점에 가지 않았다.
> • 김 교수는 정 교수가 오늘 갔던 서점이 있는 건물에 연구실이 있다.

① 문학관, 경영관
② 경영관, 경영관
③ 홍보관, 홍보관
④ 문학관, 홍보관
⑤ 경영관, 문학관

23~24 다음은 블루투스 이어폰을 구매하기 위하여 전자제품 매장을 찾은 K씨가 제품 설명서를 보고 점원과 나눈 대화와 설명서 내용의 일부이다. 다음을 보고 이어지는 물음에 답하시오.

> K씨 : "블루투스 이어폰을 좀 사려고 합니다."
> 점원 : "네 고객님, 어떤 조건을 원하시나요?"
> K씨 : "제 것과 친구에게 선물할 것 두 개를 사려고 하는데요, 두 개 모두 가볍고 배터리 사용시간이 좀 길었으면 합니다. 무게는 42g까지가 적당할 거 같고요, 저는 충전시간이 짧으면서도 통화시간이 긴 제품을 원해요. 선물하려는 제품은요, 일주일에 한 번만 충전해도 통화시간이 16시간은 되어야 하고, 음악은 운동하면서 매일 하루 1시간씩만 들을 수 있으면 돼요. 스피커는 고감도인 게 더 낫겠죠."
> 점원 : "그럼 고객님께는 ( )모델을, 친구 분께 드릴 선물로는 ( )모델을 추천해 드립니다."

〈제품 설명서〉

구분	무게	충전시간	통화시간	음악재생시간	스피커 감도
A모델	40.0g	2.2H	15H	17H	92db
B모델	43.5g	2.5H	12H	14H	96db
C모델	38.4g	3.0H	12H	15H	94db
D모델	42.0g	2.2H	13H	18H	85db

※ A, B모델 : 통화시간 1시간 감소 시 음악재생시간 30분 증가
※ C, D모델 : 음악재생시간 1시간 감소 시 통화시간 30분 증가

23 다음 중 위 네 가지 모델에 대한 설명으로 옳은 것을 〈보기〉에서 모두 고르면?

〈보기〉
㈎ 충전시간 당 통화시간이 긴 제품일수록 음악재생시간이 길다.
㈏ 충전시간 당 통화시간이 5시간 이상인 것은 A, D모델이다.
㈐ A모델은 통화에, C모델은 음악재생에 더 많은 배터리가 사용된다.
㈑ B모델의 통화시간을 10시간으로 제한하면 음악재생시간을 C모델과 동일하게 유지할 수 있다.

① ㈎, ㈏
② ㈏, ㈑
③ ㈐, ㈑
④ ㈎, ㈐
⑤ ㈏, ㈐

24 다음 중 점원이 K씨에게 추천한 빈칸의 제품이 순서대로 올바르게 짝지어진 것은 어느 것인가?

	K씨	선물
①	C모델	A모델
②	C모델	D모델
③	A모델	C모델
④	A모델	B모델
⑤	A모델	D모델

25~26 표준 업무시간이 80시간인 업무를 각 부서에 할당해 본 결과, 다음과 같은 표를 얻었다. 물음에 답하시오.

부서명	투입인원 (명)	개인별 업무시간 (시간)	회의	
			횟수(회)	소요시간 (시간/회)
A	2	41	3	1
B	3	30	2	2
C	4	22	1	4

※ 업무효율 = $\dfrac{표준업무시간}{총투입시간}$
※ 총 투입시간은 개인별 투입시간의 합임.
※ 개인별 투입시간 = 개인별 업무시간 + 회의 소요시간.
※ 부서원은 업무를 분담하여 동시에 수행할 수 있음.
※ 투입된 인원의 업무능력과 인원당 소요시간이 동일하다고 가정함.

25 다음 중 각 부서의 개인별 투입시간으로 옳은 것은?

① A 부서 : 26시간
② A 부서 : 28시간
③ B 부서 : 31시간
④ B 부서 : 34시간
⑤ C 부서 : 44시간

26 어느 부서의 업무효율이 가장 높은가?

① A
② B
③ C
④ A, B
⑤ B, C

27 다음은 행복 아파트의 애완동물 사육규정의 일부이다. 다음과 같은 규정을 참고할 때, 거주자들에게 안내되어야 할 사항으로 적절하지 않은 것은?

제4조 (애완동물 사육 시 준수사항)

① 애완동물은 훈련을 철저히 하며 항상 청결상태를 유지하고, 소음발생 등으로 입주자 등에게 피해를 주지 않아야 한다.

② 애완동물의 사육은 규정된 종류의 동물에 한하며, 년 ○회 이상 정기검진을 실시하고 진드기 및 해충기생 등의 예방을 철저히 하여야 한다.

③ 애완동물을 동반하여 승강기에 탑승할 경우 반드시 안고 탑승, 타인에게 공포감을 주지 말아야 한다.

④ 애완동물과 함께 산책할 경우 반드시 목줄을 사용하여야 하며, 배설물을 수거할 수 있는 장비를 지참하여 즉시 수거하여야 한다.

⑤ 애완동물을 동반한 야간 외출 시 손전등을 휴대하여 타인에게 공포감을 주지 않도록 하여야 한다.

⑥ 앞, 뒤 베란다 배수관 및 베란다 밖으로 배변처리를 금지한다.

⑦ 애완동물과 함께 체육시설, 화단 등 공공시설의 출입은 금지한다.

제5조 (애완동물 사육에 대한 동의)

① 애완견동물을 사육하고자 하는 세대에서는 단지 내 애완동물 동호회를 만들거나 가입하여 공공의 이익을 위하여 활동할 수 있다.

② 애완동물을 사육하는 세대는 사육 동물의 종류와 마리 수를 관리실에 고지해야 하며 애완동물을 제외한 기타 가축을 사육하고자 하는 세대에서는 반드시 관리실의 동의를 구하여야 한다.

③ 애완동물 사육 시 해당동의 라인에서 입주민 다수의 민원(반상회 건의 등)이 있는 세대에는 재발방지를 위하여 서약서를 징구할 수 있으며, 이후 재민원이 발생할 경우 관리규약에 의거하여 애완동물을 사육할 수 없도록 한다.

④ 세대 당 애완동물의 사육두수는 ○마리로 제한한다.

제6조 (환경보호)

① 애완동물을 사육하는 세대는 동호회에서 정기적으로 실시하는 단지 내 공용부분의 청소에 참여하여야 한다.

② 청소는 동호회에서 관리하며, 청소에 참석하지 않는 세대는 동호회 회칙으로 정한 청소비를 납부하여야 한다.

---

① "애완동물 동호회에 가입하지 않으신 애완동물 사육 세대에서도 공용부분 청소에 참여하셔야 합니다."

② "애완동물을 사육하는 세대는 사육 동물의 종류와 마리 수를 관리실에 반드시 고지하셔야 합니다."

③ "단지 내 주민 체육관에는 애완동물을 데리고 입장하실 수 없으니 착오 없으시기 바랍니다."

④ "애완동물을 동반하고 이동하실 경우, 승강기 이용이 제한되오니 반드시 계단을 이용해 주시기 바랍니다."

⑤ "애완동물 사육에 따른 주민들의 불편이 가중될 경우 사육이 금지될 수도 있으니 이 점 양해 바랍니다."

28 K공사에서는 신도시 건설 예상 지역에 철로 연결과 관련한 사업 타당성 조사를 벌여 다음과 같은 SWOT 환경 분석 보고서를 작성하고 그에 맞는 전략을 제시하였다. 다음 자료를 참고하여 세운 전략이 적절하지 않은 것은 어느 것인가?

SWOT 분석은 내부 환경요인과 외부 환경요인의 2개의 축으로 구성되어 있다. 내부 환경요인은 자사 내부의 환경을 분석하는 것으로 분석은 다시 자사의 강점과 약점으로 분석된다. 외부환경요인은 자사 외부의 환경을 분석하는 것으로 분석은 다시 기회와 위협으로 구분된다. 내부 환경요인과 외부 환경요인에 대한 분석이 끝난 후에 매트릭스가 겹치는 SO, WO, ST, WT에 해당되는 최종 분석을 실시하게 된다. 내부의 강점과 약점을, 외부의 기회와 위협을 대응시켜 기업의 목표를 달성하려는 SWOT분석에 의한 발전전략의 특성은 다음과 같다.

• SO전략 : 외부 환경의 기회를 활용하기 위해 강점을 사용하는 전략 선택

• ST전략 : 외부 환경의 위협을 회피하기 위해 강점을 사용하는 전략 선택

• WO전략 : 자신의 약점을 극복함으로써 외부 환경의 기회를 활용하는 전략 선택

• WT전략 : 외부 환경의 위협을 회피하고 자신의 약점을 최소화하는 전략 선택

강점 (Strength)	• 철로 건설에 따른 수익률 개선 및 주변 지역 파급효과 기대 • K공사의 축적된 기술력과 노하우
약점 (Weakness)	• 해당 지역 연락사무소 부재로 원활한 업무 기대난망 • 과거 건설사고 경험으로 인한 계약 낙찰 불투명
기회 (Opportunity)	• 현지 가용한 근로인력 다수 확보 가능 • 신도시 건설 예상지이므로 정부의 규제 및 제도적 지원 가능
위협 (Threat)	• 지반 문제로 인한 철로 건설비용 증가 예상 • 경쟁업체와의 극심한 경쟁 예상

① 자사의 우수한 기술력을 통해 경쟁을 극복하려는 것은 ST전략이다.

② 입찰 전이라도 현지에 연락사무소를 미리 설치하여 경쟁업체의 동향을 파악해 보는 것은 WT전략이다.

③ 현지에 근로인력에게 자사의 기술을 교육 및 전수하여 공사를 진행하려는 것은 SO전략이다.

④ 건설비용 추가 발생 우려가 있으나 인근 지역 개발 기회가 부여될 수 있다는 기대감에 중점을 두는 것은 WO전략이다.

⑤ 사고 경험은 경쟁사와의 경쟁에 치명적 약점이 될 수 있으므로 우수 건설 사례를 찾아 적극 홍보하려는 전략은 WT전략이다.

29 공연기획사인 A사는 이번에 주최한 공연을 보러 오는 관객을 기차역에서 공연장까지 버스로 수송하기로 하였다. 다음의 표와 같이 공연 시작 4시간 전부터 1시간 단위로 전체 관객 대비 기차역에 도착하는 관객의 비율을 예측하여 버스를 운행하고자 하며, 공연 시작 시간 전까지 관객을 모두 수송해야 한다. 다음을 바탕으로 예상한 수송 시나리오 중 옳은 것을 모두 고르면?

▣ 전체 관객 대비 기차역에 도착하는 관객의 비율	
시각	전체 관객 대비 비율(%)
공연 시작 4시간 전	a
공연 시작 3시간 전	b
공연 시작 2시간 전	c
공연 시작 1시간 전	d
계	100

• 전체 관객 수는 40,000명이다.
• 버스는 한 번에 대당 최대 40명의 관객을 수송한다.
• 버스가 기차역과 공연장 사이를 왕복하는 데 걸리는 시간은 6분이다.

▣ 예상 수송 시나리오

㉠ $a = b = c = d = 25$라면, 회사가 전체 관객을 기차역에서 공연장으로 수송하는 데 필요한 버스는 최소 20대이다.

㉡ $a = 10$, $b = 20$, $c = 30$, $d = 40$이라면, 회사가 전체 관객을 기차역에서 공연장으로 수송하는 데 필요한 버스는 최소 40대이다.

㉢ 만일 공연이 끝난 후 2시간 이내에 전체 관객을 공연장에서 기차역까지 버스로 수송해야 한다면, 이때 회사에게 필요한 버스는 최소 50대이다.

① ㉠

② ㉡

③ ㉠, ㉡

④ ㉠, ㉢

⑤ ㉡, ㉢

30 다음은 국고보조금의 계상과 관련된 법조문이다. 이를 근거로 제시된 상황을 판단할 때, 2023년 정당에 지급할 국고보조금 총액은?

제00조(국고보조금의 계상)

① 국가는 정당에 대한 보조금으로 최근 실시한 임기만료에 의한 국회의원선거의 선거권자 총수에 보조금 계상단가를 곱한 금액을 매년 예산에 계상하여야 한다.

② 대통령선거, 임기만료에 의한 국회의원선거 또는 동시지방선거가 있는 연도에는 각 선거(동시지방선거는 하나의 선거로 본다)마다 보조금 계상단가를 추가한 금액을 제1항의 기준에 의하여 예산에 계상하여야 한다.

③ 제1항 및 제2항에 따른 보조금 계상단가는 전년도 보조금 계상단가에 전전년도와 대비한 전년도 전국소비자물가 변동률을 적용하여 산정한 금액을 증감한 금액으로 한다.

④ 중앙선거관리위원회는 제1항의 규정에 의한 보조금(경상보조금)은 매년 분기별로 균등분할하여 정당에 지급하고, 제2항의 규정에 의한 보조금(선거보조금)은 당해 선거의 후보자등록마감일 후 2일 이내에 정당에 지급한다.

- 2021년 실시된 임기만료에 의한 국회의원선거의 선거권자 총수는 3천만 명이었고, 국회의원 임기는 4년이다.
- 2022년 정당에 지급된 국고보조금의 보조금 계상단가는 1,000원이었다.
- 전국소비자물가 변동률을 적용하여 산정한 보조금 계상단가는 전년 대비 매년 30원씩 증가한다.
- 2023년에는 5월에 대통령선거가 있고 8월에 임기만료에 의한 동시지방선거가 있다. 각 선거의 한 달 전에 후보자등록을 마감한다.
- 2024년에는 대통령선거, 임기만료에 의한 국회의원선거 또는 동시지방선거가 없다.

① 600억 원

② 618억 원

③ 900억 원

④ 927억 원

⑤ 953억 원

31 횡력의 25% 이상을 부담하는 연성모멘트 골조가 전단벽이나 가새골조와 조합되어 있는 구조방식을 무엇이라고 하는가?

① 제진시스템방식

② 면진시스템방식

③ 이중골조방식

④ 메가컬럼-전단벽 구조방식

⑤ 튜브골조방식

32 철근콘크리트 구조설계 시 고려하는 강도설계법에 관한 설명으로 바르지 않은 것은?

① 보의 압축측의 응력분포는 사다리꼴, 포물선 등의 형태로 본다.

② 규정된 허용하중이 초과될지도 모를 가능성을 예측하여 하중계수를 사용한다.

③ 재료의 변화, 시공오차 등의 기술적인 면을 고려하여 강도감소계수를 고려한다.

④ 이 설계방법은 탄성이론 하에서 이루어진 설계법이다.

⑤ 구조부재를 구성하는 재료의 비탄성거동을 고려한다.

33 압축철근의 면적은 $A_s' = 2,400[mm^2]$로 배근된 복철근 보의 탄성처짐이 15[mm]라 할 때 지속하중에 의해 발생되는 5년 후 장기처짐은? (단, b=300mm, d=400mm, 5년 후 지속하중재하에 따른 계수 $\xi = 2.0$)

① 9mm

② 12mm

③ 15mm

④ 30mm

⑤ 40mm

34 그림과 같은 단순 인장접합부의 강도한계상태에 따른 고장력볼트의 설계전단강도는? (단, 강재의 재질은 SS275, 고장력볼트 m²2(F10T), 공칭전단강도 $F_{nv} = 500[MPa]$, 강도감소계수는 0.75)

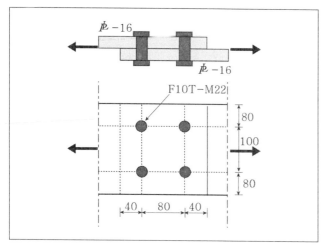

① 500kN

② 530kN

③ 550kN

④ 570kN

⑤ 590kN

35 다음 캔틸레버보의 자유단의 처짐각은? (단, 탄성계수 E, 단면2차모멘트 I)

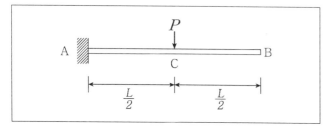

① $\dfrac{PL^2}{2EI}$

② $\dfrac{PL^2}{3EI}$

③ $\dfrac{PL^2}{6EI}$

④ $\dfrac{PL^2}{7EI}$

⑤ $\dfrac{PL^2}{8EI}$

36 건조공기 1kg을 포함한 습공기 중의 수증기량을 의미하는 것은?

① 절대습도

② 노점온도

③ 수증기 분압

④ 상대습도

⑤ 현열비

37 구조물의 내진보강 대책으로 적합하지 않은 것은?

① 구조물의 강도를 증가시킨다.

② 구조물의 연성을 증가시킨다.

③ 구조물의 중량을 감소시킨다.

④ 구조물의 감쇠를 증가시킨다.

⑤ 구조물과 지반을 분리시킨다.

38 철근콘크리트의 보강철근에 관한 설명으로 옳지 않은 것은?

① 보강철근으로 보강하지 않은 콘크리트는 연성거동을 한다.

② 보강철근은 콘크리트의 크리프를 감소시키고 균열의 폭을 최소화시킨다.

③ 이형철근은 원형강봉의 표면에 돌기를 만들어 철근과 콘크리트의 부착력을 최대가 되도록 한 것이다.

④ 보강철근을 콘크리트 속에 매립함으로써 콘크리트의 휨강도를 증대시킨다.

⑤ 보강철근으로 콘크리트의 전단강도를 증대시킨다.

39 말뚝기초에 관한 설명으로 옳지 않은 것은?

① 말뚝기초는 지반이 연약하고 기초상부의 하중을 직접 지반에 전달하며 주위 흙과의 마찰력은 고려하지 않는다.

② 지지말뚝은 굳은 지반까지 말뚝을 박아 하중을 식섭 지빈에 전달하며 주위 흙과의 마찰력은 고려하지 않는다.

③ 마찰말뚝은 주위 흙과의 마찰력으로 지지되며 n개를 박았을 때 그 지지력은 n배가 된다.

④ 동일 건물에서는 서로 다른 종류의 말뚝을 혼용하지 않는다.

⑤ 무리말뚝의 각 개의 말뚝이 발휘하는 지지력은 단독말뚝보다 작다.

40 독립기초(자중포함)가 축방향력 650[kN], 휨모멘트 130[kN · m]를 받을 때 기초저면의 편심거리는?

① 0.2[m] ② 0.3[m]

③ 0.4[m] ④ 0.6[m]

⑤ 0.8[m]

41 다음 중 철골조 주각부분에 사용하는 보강재에 해당되지 않는 것은?

① 윙플레이트 ② 데크플레이트

③ 사이드앵글 ④ 클립앵글

⑤ 앵커볼트

42 다음 중 금속커튼월의 Mock Up Test에 있어 기본성능시험의 항목에 해당되지 않는 것은?

① 정압수밀시험 ② 방재시험

③ 구조시험 ④ 기밀시험

⑤ 동압수밀시험

43 다음 중 철골공사의 접합에 관한 설명으로 바르지 않은 것은?

① 고력볼트접합의 종류에는 마찰접합, 지압접합이 있다.

② 녹막이도장은 작업장소 주위의 기온이 5도 미만이거나 상대습도가 85%를 초과할 때는 작업을 중지한다.

③ 철골이 콘크리트에 묻히는 부분은 특히 녹막이질을 살 해야 한다.

④ 용접접합에 대한 비파괴시험의 종류에는 자분탐상시험, 초음파탐상시험 등이 있다.

⑤ 고력볼트 접합부는 블록전단파괴가 발생할 수 있다.

44 프리캐스트(Pre-cast) 콘크리트에 관련된 다음 ( )안에 들어갈 알맞은 내용으로 옳바른 것은?

슬럼프가 ( )mm 이상인 콘크리트의 배합은 슬럼프 시험을 원칙으로 하며, 슬럼프 ( )mm 미만인 콘크리트의 배합은 제조 방법에 적합한 시험 방법에 의한다.

① 20

② 30

③ 10

④ 40

⑤ 50

45 도막방수에 관한 설명으로 옳지 않은 것은?

① 복잡한 형상에 대한 시공성이 우수하다.

② 용제형 도막방수는 시공이 어려우나 충격에 매우 강하다.

③ 에폭시계 도막방수는 접착성, 내열성, 내마모성, 내약품성이 우수하다.

④ 셀프레벨링공법은 방수 바닥에서 도료상태의 도막재를 바닥에 부어 도포한다.

⑤ 방수액을 도포 전에 가열해야 하기 때문에 화재의 위험이 있다.

46 건설 프로세스의 효율적인 운영을 위해 형성된 개념으로 건설 생산에 초점을 맞추고 이에 관련된 계획, 관리, 엔지니어링, 설계, 구매, 계약, 시공, 유지 및 보수 등의 요소들을 주요 대상으로 하는 것은?

① CIC(Computer Integrated Construction)

② MIS(Management Information System)

③ CIM(Computer Integrated Manufacturing)

④ CAM(Computer Aided Manufacturing)

⑤ LCC(Lifecycle Cost Control)

47 강제 배수 공법의 대표적인 공법으로 인접 건축물과 토류판 사이에 케이싱 파이프를 삽입하여 지하수를 펌프 배수하는 공법은?

① 집수정 공법　　　　② 웰 포인트 공법

③ 리버스 서클레이션 공법　④ 전기 삼투 공법

⑤ 프리로딩공법

48 다음 그림과 같은 네트워크 공정표에서 주공정선(Critical Path)는?

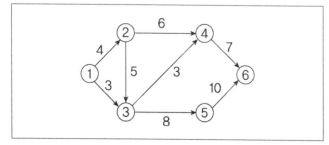

① ① → ③ → ⑤ → ⑥

② ① → ② → ④ → ⑥

③ ① → ② → ③ → ④ → ⑥

④ ① → ② → ③ → ⑤ → ⑥

⑤ ① → ③ → ④ → ⑥

49 철근콘크리트공사 중 거푸집이 벌어지지 않게 하는 긴장재는?

① 세퍼레이터(Separator)　② 스페이서(Spacer)

③ 폼타이(Form Tie)　　　④ 인서트(Insert)

⑤ 다월바(Dowel bar)

50 다음 중 공사감리업무와 가장 거리가 먼 항목은?

① 설계도서의 적정성 검토

② 시공상의 안전관리지도

③ 공사 실행예산의 편성

④ 사용자재와 설계도서와의 일치 여부

⑤ 설계변경의 적정여부 검토 및 확인

51 다음 중 얇은 강판에 동일한 간격으로 펀칭하고 잡아늘려 그물처럼 만든 것으로 천장, 벽, 처마둘레 등의 미장바탕에 사용되는 재료로 바른 것은?

① 와이어 라스(Wire Lath)

② 메탈 라스(Metal Lath)

③ 와이어 메쉬(Wire Mesh)

④ 펀칭 메탈(Punching Metal)

⑤ 코너 비드(Corner Bead)

52 건축공사의 원가계산상 현장의 공사용수설비는 어느 항목에 포함되는가?

① 재료비　　　　　② 외주비

③ 가설공사비　　　④ 콘크리트 공사비

⑤ 간접노무비

53 철근콘크리트 PC기둥을 8ton 트럭으로 운반하고자 한다. 차량 1대에 최대로 적재가능한 PC기둥의 수는? (단, PC기둥의 단면크기는 30cm×60cm, 길이는 3m임)

① 1개　　　　　　　　② 2개
③ 4개　　　　　　　　④ 6개
⑤ 8개

54 목재에 사용하는 방부제에 해당되지 않는 것은?

① 크레오소트유(Creosote oil)
② 콜타르(Coal tar)
③ 카세인(Casein)
④ P.C.P(Penta Chloro Phenol)
⑤ 플루오르화계 방부제

55 목재의 무늬나 바탕의 재질을 잘 보이게 하는 도장방법은?

① 유성페인트 도장
② 에나멜페인트 도장
③ 합성수지 페인트 도장
④ 클리어 래커 도장
⑤ 바니쉬 도장

56 철골공사에서 용접봉의 내밀기, 이동 등을 기계화한 것으로, 서브머지 아크용접법에 쓰이며, 피복제 대신에 분말상의 플럭스를 쓰는 용접기 명칭으로 옳은 것은?

① 직류아크용접기
② 교류아크용접기
③ 자동용접기
④ 반자동용접기
⑤ 서브머지드용접기

57 평면도 작성 시 천장이 오픈된 부분을 표시하기 위해 사용하는 선은?

① 일점쇄선
② 이점쇄선
③ 파선
④ 실선
⑤ 점선

58 건축도면 가운데 주변도로와 대지, 대지 내부 건축물 등의 위치 관계를 분명히 하기 위해 작성되는 도면은?

① 배치도
② 평면도
③ 입면도
④ 단면도
⑤ 조감도

59 건축도면의 글자에 관한 설명으로 옳지 않은 것은?

① 글자체는 고딕체로 쓰는 것을 원칙으로 한다.
② 글자의 크기는 각 도면의 상황에 맞추어 알아보기 쉬운 크기로 한다.
③ 글자체는 수직 또는 30° 경사로 쓰는 것을 원칙으로 한다.
④ 문장은 왼쪽에서부터 가로쓰기를 원칙으로 한다.
⑤ 숫자는 아라비아 숫자를 원칙으로 한다.

60 그리스 건축의 오더 중 도릭 오더의 구성에 속하지 않는 것은?

① 볼류트(volute)

② 프리즈(frieze)

③ 아바쿠스(abacus)

④ 에키누스(echinus)

⑤ 아키트레이브(Architrave)

>>> 철도관련법령

61 철도산업발전기본법상 철도시설에 포함되지 않는 것은?

① 차량정비기지 및 차량유치시설

② 철도여객을 위한 오락시설

③ 철도경영연수 및 철도전문인력의 교육훈련을 위한 시설

④ 철도의 선로에 부대되는 시설

⑤ 철도기술의 개발·시험 및 연구를 위한 시설

62 철도산업발전기본법령상 철도협회의 업무를 모두 고르면?

┌─────────────────────────────────────┐
│ ㉠ 협회 정관으로 정하는 업무   │
│ ㉡ 정책 및 기술개발의 지원   │
│ ㉢ 해외철도 진출을 위한 현지조사 및 지원 │
│ ㉣ 철도운영의 기술지원에 관한 업무   │
│ ㉤ 지방자치단체의 위탁사업   │
│ ㉥ 철도산업의 개혁에 관한 정책 업무   │
└─────────────────────────────────────┘

① ㉠㉡㉢㉣

② ㉠㉡㉢㉤

③ ㉠㉡㉣㉤㉥

④ ㉡㉢㉣㉤㉥

⑤ ㉠㉡㉢㉣㉤㉥

63 철도산업발전기본법령상 철도의 관리청은?

① 해당 지방자치단체의 장

② 국토교통부장관

③ 국가철도공단

④ 철도청

⑤ 한국철도공사

64 철도산업발전기본법령상 보상계약에 포함되어야 할 사항이 아닌 것은?

① 원인제공자와 철도운영자가 필요하다고 합의하는 사항

② 계약기간 및 계약기간의 수정 · 갱신과 계약의 해지에 관한 사항

③ 공익서비스 제공과 관련하여 원인제공자가 부담하여야 하는 보상방법 등에 관한 사항

④ 국토교통부장관이 제안한 보상내용 및 보상방법 등에 관한 사항

⑤ 철도운영자가 제공하는 철도서비스의 기준과 내용에 관한 사항

65 한국철도공사법령상 대리 · 대행인을 해임한 경우에 해임한 뜻을 등기해야 하는 기간은?

① 7일 ② 14일
③ 15일 ④ 21일
⑤ 30일

66 한국철도공사법령상 국유재산의 전대에 대한 설명으로 옳은 것은?

① 공사는 필요할 경우 대부받은 국유재산을 국유재산관리청장의 승인을 받아 전대할 수 있다.

② 공사의 사업 수행에 필요한 경우일라도 시설물은 절대로 축조할 수 없다.

③ 전대를 받은 자는 전대 받은 재산을 다른 사람에게 대부하거나 사용 · 수익하게 하지 못한다.

④ 공사는 사용 · 수익을 허가받은 국유재산 전대를 변경할 경우에는 기획재정부에 신청서를 제출하여야 한다.

⑤ 전대를 받은 자는 해당 재산에 건물이나 그 밖의 영구시설물을 축조할 수 있다.

67 철도사업법상 국토교통부장관이 사업용철도노선을 지정 · 고시해야 하는 사항에 포함되지 않는 것은?

① 정차역

② 노선번호

③ 철도시설

④ 중요 경과지

⑤ 기점 및 종점

68 다음 중 철도사업법령상 철도사업자가 여객에게 부가운임을 징수할 수 있는 경우는?

① 여객이 승차 구간을 변경한 경우

② 여객이 30명 이상 단체로 열차를 이용한 경우

③ 여객이 열차를 예약하고 이용하지 아니한 경우

④ 여객 유치를 위한 기념행사일의 경우

⑤ 여객이 정당한 운임 · 요금을 지급하지 않고 열차를 이용한 경우

69 철도사업법상 철도사고로 인하여 면허취소 또는 사업정지 등의 처분대상이 되는 사상자 수는?

① 1회 철도사고로 사망자 3명 이상이 발생하게 된 경우

② 1회 철도사고로 사망자 5명 이상이 발생하게 된 경우

③ 1회 철도사고로 사망자 7명 이상이 발생하게 된 경우

④ 2회 철도사고로 사망자 9명 이상이 발생하게 된 경우

⑤ 2회 철도사고로 사망자 11명 이상이 발생하게 된 경우

70 철도사업법령상 국토교통부장관은 국가가 재정을 지원한 민자 철도의 건설 및 유지·관리 현황에 관한 보고서를 작성하여 언제까지 국회 소관 상임위원회에 제출하여야 하는가?

① 매년 3월 31일까지

② 매년 5월 31일까지

③ 매년 6월 30일까지

④ 매년 9월 30일까지

⑤ 매년 12월 31일까지

크레인(한국철도공사) 필기시험

아래에 문구를 빈칸에 정자로 기재하시오.

햇볕이 쏟아지는 가을날에 선선한 바람을 맞으며 하루를 보낸다.

필적확인란 :

직업기초능력평가

1	① ② ③ ④ ⑤
2	① ② ③ ④ ⑤
3	① ② ③ ④ ⑤
4	① ② ③ ④ ⑤
5	① ② ③ ④ ⑤
6	① ② ③ ④ ⑤
7	① ② ③ ④ ⑤
8	① ② ③ ④ ⑤
9	① ② ③ ④ ⑤
10	① ② ③ ④ ⑤
11	① ② ③ ④ ⑤
12	① ② ③ ④ ⑤
13	① ② ③ ④ ⑤
14	① ② ③ ④ ⑤
15	① ② ③ ④ ⑤
16	① ② ③ ④ ⑤
17	① ② ③ ④ ⑤
18	① ② ③ ④ ⑤
19	① ② ③ ④ ⑤
20	① ② ③ ④ ⑤
21	① ② ③ ④ ⑤
22	① ② ③ ④ ⑤
23	① ② ③ ④ ⑤
24	① ② ③ ④ ⑤
25	① ② ③ ④ ⑤
26	① ② ③ ④ ⑤
27	① ② ③ ④ ⑤
28	① ② ③ ④ ⑤
29	① ② ③ ④ ⑤
30	① ② ③ ④ ⑤

직무수행능력평가

31	① ② ③ ④ ⑤
32	① ② ③ ④ ⑤
33	① ② ③ ④ ⑤
34	① ② ③ ④ ⑤
35	① ② ③ ④ ⑤
36	① ② ③ ④ ⑤
37	① ② ③ ④ ⑤
38	① ② ③ ④ ⑤
39	① ② ③ ④ ⑤
40	① ② ③ ④ ⑤
41	① ② ③ ④ ⑤
42	① ② ③ ④ ⑤
43	① ② ③ ④ ⑤
44	① ② ③ ④ ⑤
45	① ② ③ ④ ⑤
46	① ② ③ ④ ⑤
47	① ② ③ ④ ⑤
48	① ② ③ ④ ⑤
49	① ② ③ ④ ⑤
50	① ② ③ ④ ⑤
51	① ② ③ ④ ⑤
52	① ② ③ ④ ⑤
53	① ② ③ ④ ⑤
54	① ② ③ ④ ⑤
55	① ② ③ ④ ⑤
56	① ② ③ ④ ⑤
57	① ② ③ ④ ⑤
58	① ② ③ ④ ⑤
59	① ② ③ ④ ⑤
60	① ② ③ ④ ⑤

철도관련법령

61	① ② ③ ④ ⑤
62	① ② ③ ④ ⑤
63	① ② ③ ④ ⑤
64	① ② ③ ④ ⑤
65	① ② ③ ④ ⑤
66	① ② ③ ④ ⑤
67	① ② ③ ④ ⑤
68	① ② ③ ④ ⑤
69	① ② ③ ④ ⑤
70	① ② ③ ④ ⑤

생년월일

생년월일								
⓪	⓪	⓪	⓪	⓪	⓪	⓪	⓪	⓪
①	①	①	①	①	①	①	①	①
②	②	②	②	②	②	②	②	②
③	③	③	③	③	③	③	③	③
④	④	④	④	④	④	④	④	④
⑤	⑤	⑤	⑤	⑤	⑤	⑤	⑤	⑤
⑥	⑥	⑥	⑥	⑥	⑥	⑥	⑥	⑥
⑦	⑦	⑦	⑦	⑦	⑦	⑦	⑦	⑦
⑧	⑧	⑧	⑧	⑧	⑧	⑧	⑧	⑧
⑨	⑨	⑨	⑨	⑨	⑨	⑨	⑨	⑨

코레일
(한국철도공사)

건축일반
[건축(일반)]

- 제 2 회 -

성명		생년월일	
시험시간	70분	문항수	70문항

〈응시 전 주의사항〉

○ 문제지 해당란과 OMR답안지에 성명과 생년월일을 정확하게 기재하십시오.

○ 기재착오, 누락 등으로 인한 불이익은 응시자 본인의 책임이니 OMR 답안지 작성에 유의하십시오.

○ 필기시험의 만점은 100점으로 합니다.

SEOWONGAK
(주)서원각

1 다음 글을 읽고 알 수 있는 매체와 매체 언어의 특성으로 가장 적절한 것은?

텔레비전 드라마는 텔레비전과 드라마에 대한 각각의 이해를 전제로 하고 보아야 한다. 즉 텔레비전이라는 매체에 대한 이해와 드라마라는 장르적 이해가 필요하다.

텔레비전은 다양한 장르, 양식 등이 교차하고 공존한다. 텔레비전에는 다루고 있는 내용이 매우 무거운 시사토론 프로그램부터 매우 가벼운 오락 프로그램까지 섞여서 나열되어 있다. 또한 시청률에 대한 생산자들의 강박관념까지 텔레비전 프로그램 안에 들어있다. 텔레비전 드라마의 경우도 마찬가지로 이러한 강박이 존재한다. 드라마는 광고와 여러 문화 산업에 부가 가치를 창출하며 드라마의 장소는 관광지가 되어서 지방의 부가가치를 만들어 내기도 한다. 이 때문에 시청률을 걱정해야 하는 불안정한 텔레비전 드라마 시장의 구조 속에서 상업적 성공을 거두기 위해 텔레비전 드라마는 이미 높은 시청률을 기록한 드라마를 복제하게 되는 것이다. 이것은 드라마 제작자의 수익성과 시장의 불확실성을 통제하기 위한 것으로 구체적으로는 속편이나 아류작의 제작이나 유사한 장르 복제 등으로 나타난다. 이러한 복제는 텔레비전 내부에서만 일어나는 것이 아니라 문화 자본과 관련되는 모든 매체, 즉 인터넷, 영화, 인쇄 매체에서 동시적으로 나타나는 현상이기도 하다.

이들은 서로 역동적으로 자리바꿈을 하면서 환유적 관계를 형성한다. 이 환유에는 수용자들, 즉 시청자나 매체 소비자들의 욕망이 투사되어 있다. 수용자의 욕망이 매체나 텍스트의 환유적 고리와 만나게 되면 각각의 텍스트는 다른 텍스트나 매체와의 관련 속에서 의미화 작용을 거치게 된다.

이렇듯 텔레비전 드라마는 시청자의 욕망과 텔레비전 안팎의 다른 프로그램이나 텍스트와 교차하는 지점에서 생산된다. 상업성이 검증된 것의 반복적 생산으로 말미암아 텔레비전 드라마는 거의 모든 내용이 비슷해지는 동일화의 길을 걷게 된다고 볼 수 있다.

① 텔레비전과 같은 매체는 문자 언어를 읽고 쓰는 능력을 반드시 필요로 한다.
② 디지털 매체 시대에 독자는 정보의 수용자이면서 동시에 생산자가 되기도 한다.
③ 텔레비전 드라마 시청자들의 욕구는 매체의 특성을 변화시키는 경우가 많다.
④ 영상 매체에 있는 자료들이 인터넷, 영화 등과 결합하는 것은 사실상 불가능하다.
⑤ 텔레비전 드라마는 독자들의 니즈를 충족시키기 위해 내용의 차별성에 역점을 두고 있다.

2 다음 글의 빈칸에 들어갈 내용으로 가장 적절한 것은?

동양화의 특징인 여백의 표현도 산점 투시(散點透視)와 관련된 것이다. 동양화에서는 산점 투시를 택하여 구도를 융통성 있게 짜기 때문에 유모취신(遺貌取神)적 관찰 내용을 화면에 그대로 표현할 수 있다. 즉 대상 가운데 주제와 사상을 가장 잘 나타낼 수 있는 본질적인 부분만을 취하고, _____ 그 결과 여백이 생기게 된 것이다. 이 여백은 하늘일 수도 있고 땅일 수도 있으며, 혹은 화면에서 제거된 기타 여러 가지일 수도 있다. 그런데 여백은 단순히 비어 있는 공간은 아니다. 그것은 주제를 돋보이게 할 뿐 아니라 동시에 화면의 의경(意境)을 확대시킨다. 당나라 시대 백거이는 '비파행(琵琶行)'이라는 유명한 시에서 악곡이 쉬는 부분을 묘사할 때, "이 때에는 소리를 내지 않는 것이 소리를 내는 것보다 더 낫다."라고 하였다. 여기서 '일시적으로 소리를 쉬는 것'은 악곡 선율의 연속인데, 이는 '뜻은 다달았으되 붓이 닿지 않은 것'과 같은 뜻이다. 이로 인해 보는 이는 상상력을 발휘할 수 있는 여지를 더 많이 가질 수 있고, 동시에 작품은 예술적 공감대를 확대하게 된다.

① 풍경을 최대한 자세하게 표현한다.

② 주변 인물들의 표정을 과장되게 묘사한다.

③ 주제와 관련 없는 부분을 화면에서 제거한다.

④ 나머지는 추상적으로 표현하여 궁금증을 유발시킨다.

⑤ 화면을 여러 가지 화려한 색으로 채색한다.

3 다음 중 ㉠과 동일한 의미로 쓰인 것은?

> 화학반응이 일어나기 위해서는 반드시 어느 정도의 에너지 장벽을 넘어야만 한다. 반응물의 에너지가 생성물의 에너지보다 작은 경우는 당연히 말할 것도 없거니와 반응물의 에너지가 생성물의 에너지보다 큰 경우에도 마찬가지다. 에너지 장벽을 낮추는 것은 화학반응의 속도를 증가시키고 에너지 장벽을 높이는 것은 화학반응의 속도를 감소시킨다. 에너지 장벽의 높이를 조절하는 물질을 화학반응의 촉매라고 한다. 촉매에는 에너지 장벽을 낮추는 정촉매도 있지만 장벽을 높이는 부촉매도 있다.
>
> 촉매는 산업 생산에서 요긴하게 활용된다. 특히, 수요가 큰 화학제품을 생산하는 경우 충분히 빠른 화학반응 속도를 얻는 것이 중요하다. 반응 속도가 충분히 빠르지 않으면 생산성이 떨어져 경제성이 악화된다. 생산 공정에서는 반응로의 온도를 높여서 반응 속도를 증가시킨다. 이 때 적절한 촉매를 사용하면, 그런 비용을 획기적으로 절감하면서 생산성을 ㉠높이는 것이 가능하다.
>
> 그러나 반응하는 분자들이 복잡한 구조를 지닐 경우에는 반응에 얽힌 상황도 더 복잡해져서 촉매의 투입만으로는 반응 속도를 조절하기 어려워진다. 그런 분자들 간의 반응에서는 분자들이 서로 어떤 방향으로 충돌하는가도 문제가 된다. 즉 에너지 장벽을 넘어설 수 있을 만큼의 에너지가 주어지더라도 반응이 일어날 수 있는 올바른 방향으로 충돌하지 못할 경우에는 화학반응이 일어나지 않는다.

① 우리 회사는 제품의 관심도를 <u>높이는</u> 데 주력하고 있다.

② 회사에서 그의 직급을 과장으로 <u>높여</u> 주었다.

③ 자동차 타이어의 압력을 지나치게 <u>높이면</u> 사고의 가능성이 커진다.

④ 그녀는 우울한 기분을 떨쳐 버리려고 애써 목소리를 <u>높여</u> 말했다.

⑤ 아군의 사기를 <u>높여야</u> 이 싸움에 승산이 있다.

4 다음 중 밑줄 친 단어를 교체하기에 가장 적절한 것은?

> 프랑스의 과학기술학자인 브루노 라투르는 아파트 단지 등에서 흔히 보이는 과속방지용 둔덕을 통해 기술이 인간에게 어떤 역할을 수행하는지를 흥미롭게 설명한다. 운전자들은 둔덕 앞에서 자연스럽게 속도를 줄인다. 그런데 운전자가 이렇게 하는 이유는 이웃을 생각해서가 아니라, 빠른 속도로 둔덕을 넘었다가는 차에 무리가 가기 때문이다. 즉 둔덕은 "타인을 위해 과속을 하면 안 된다."는 (사람들이 잘 지키지 않는) 도덕적 심성을 "과속을 하면 내 차에 고장이 날 수 있다."는 (사람들이 잘 지키는) 이기적 태도로 바꾸는 역할을 한다. 라투르는 과속방지용 둔덕을 "잠자는 경찰"이라고 부르면서, 이것이 교통경찰의 역할을 대신한다고 보았다. 이렇게 라투르는 인간이 했던 역할을 기술이 대신 수행함으로써 우리 사회의 훌륭한 행위자가 된다고 하였다.
>
> 라투르는 총기의 예도 즐겨 사용한다. 총기 사용 규제를 주장하는 사람들은 총이 없으면 일어나지 않을 살인 사건이 총 때문에 발생한다고 주장한다. 반면에 총기 사용 규제에 반대하는 그룹은 살인은 사람이 <u>저지르는</u> 것이며, 총은 중립적인 도구일 뿐이라고 주장한다. 라투르는 전자를 기술결정론, 후자를 사회결정론으로 분류하면서 이 두 가지 입장을 모두 비판한다. 그의 주장은 사람이 총을 가짐으로써 사람도 바뀌고 총도 바뀐다는 것이다. 즉 총과 사람의 합체라는 잡종이 새로운 행위자로 등장하며, 이 잡종 행위자는 이전에 가졌던 목표와는 다른 목표를 가지게 된다. 예를 들어, 원래는 다른 사람에게 겁만 주려 했는데, 총이 손에 쥐어져 있어 살인을 저지르게 되는 식이다.
>
> 라투르는 서양의 학문이 자연, 사회, 인간만을 다루어 왔다고 강하게 비판한다. 라투르에 따르면 서양의 학문은 기술과 같은 '비인간'을 학문의 대상에서 제외했다. 과학이 자연을 탐구하려면 기술이 바탕이 되는 실험기기에 의존해야 하지만, 과학은 기술을 학문 대상이 아닌 도구로 취급했다. 사회 구성 요소 중에 가장 중요한 것은 기술이지만, 사회과학자들은 기술에는 관심이 거의 없었다. 철학자들은 인간을 주체/객체로 나누면서, 기술을 저급하고 수동적인 대상으로만 취급했다. 그 결과 기술과 같은 비인간이 제외된 자연과 사회가 근대성의 핵심이 되었다. 결국 라투르는 행위자로서 기술의 능동적 역할에 주목하면서, 이를 통해 서구의 근대적 과학과 철학이 범했던 자연/사회, 주체/객체의 이분법을 극복하고자 하였다.

① 반하는

② 범하는

③ 전달하는

④ 중립적인

⑤ 이용하는

5 보기의 문장이 들어갈 위치로 적절한 것은?

백 명의 학생들을 두 집단으로 나누어 그 중 한 집단에게는 실제로 동전을 백 번 던져서 그 결과를 종이에 기록하라고 하고, 다른 집단에게는 동전을 백 번 던진다고 상상하여 그 결과가 최대한 실제로 던진 것처럼 보이도록 기록하라고 지시했다. ㉠ 전자를 '실제 기록', 후자를 '상상 기록'이라고 하자. 기록을 작성한 학생 말고는 누구도 어느 것이 실제 기록이고 어느 것이 상상 기록인지 모른다. ㉡ 우리의 과제는 기록의 내용을 보고 실제 기록 집단과 상상 기록 집단을 구분해내는 것이다. 그런데 다음과 같은 점들을 염두에 둔다면, 우리는 이 과제를 꽤 성공적으로 수행할 수 있다. ㉢

정상적인 동전을 실제로 던졌을 때 앞면이 나올 확률과 뒷면이 나올 확률은 모두 1/2이다. 그 동전을 두 번 던져 모두 앞면이 나올 확률은 1/4이다. 동전 던지기 횟수를 늘렸을 때 확률이 어떻게 변하는지 보려면 그저 계속 곱하기만하면 된다. ㉣ 결과는 1/64, 즉 2%도 되지 않는다. 그렇지만 이런 낮은 확률은 던진 횟수가 여섯 번일 때에만 해당하는 수치이다. 동전을 던지는 횟수를 증가시키면 같은 면이 여섯 번 연속으로 나올 확률이 높아진다. ㉤

〈보기〉

따라서 여섯 번 연속 앞면이 나올 확률은 1/2을 여섯 번 곱하면 된다.

① ㉠   ② ㉡
③ ㉢   ④ ㉣
⑤ ㉤

6 다음 사례와 어울리는 속담은?

최근 대입은 학생부종합전형이 대세라고 할 정도로 비중이 높아지고 있다. 이 전형에 대비하려면 학생들은 자신만의 스토리를 만들기 위해 필요한 공부를 학교생활에서 찾아가는 자세가 요구된다. 이를 반영하듯, 고등학교에 입학한 우현이는 독서활동, 교과공부에 시간을 투자하는 한편 일주일에 한 번씩 동아리에 모여 토론을 하며 생각의 깊이를 키우는 노력을 하고 있다.

① 무쇠도 갈면 바늘 된다.
② 아니 땐 굴뚝에 연기 날까.
③ 목마른 놈이 우물 판다.
④ 바늘 도둑이 소도둑 된다.
⑤ 떡 본 김에 제사지낸다.

7 다음 글에 대한 이해로 적절하지 않은 것은?

외국 통화에 대한 자국 통화의 교환 비율을 의미하는 환율은 장기적으로 한 국가의 생산성과 물가 등 기초 경제 여건을 반영하는 수준으로 수렴된다. 그러나 단기적으로 환율은 이와 괴리되어 움직이는 경우가 있다. 만약 환율이 예상과는 다른 방향으로 움직이거나 또는 비록 예상과 같은 방향으로 움직이더라도 변동 폭이 예상보다 크게 나타날 경우 경제 주체들은 과도한 위험에 노출될 수 있다. 환율이나 주가 등 경제 변수가 단기에 지나치게 상승 또는 하락하는 현상을 오버슈팅(overshooting)이라고 한다. 이러한 오버슈팅은 물가 경직성 또는 금융 시장 변동에 따른 불안 심리 등에 의해 촉발되는 것으로 알려져 있다. 여기서 물가 경직성은 시장에서 가격이 조정되기 어려운 정도를 의미한다.

물가 경직성에 따른 환율의 오버슈팅을 이해하기 위해 통화를 금융 자산의 일종으로 보고 경제 충격에 대해 장기와 단기에 환율이 어떻게 조정되는지 알아보자. 경제에 충격이 발생할 때 물가나 환율은 충격을 흡수하는 조정 과정을 거치게 된다. 물가는 단기에는 장기 계약 및 공공요금 규제 등으로 인해 경직적이지만 장기에는 신축적으로 조정된다. 반면 환율은 단기에서도 신축적인 조정이 가능하다. 이러한 물가와 환율의 조정 속도 차이가 오버슈팅을 초래한다. 물가와 환율이 모두 신축적으로 조정되는 장기에서의 환율은 구매력 평가설에 의해 설명되는데, 이에 의하면 장기의 환율은 자국 물가 수준을 외국 물가 수준으로 나눈 비율로 나타나며, 이를 균형 환율로 본다. 가령 국내 통화량이 증가하여 유지될 경우 장기에서는 자국 물가도 높아져 장기의 환율은 상승한다. 이때 통화량을 물가로 나눈 실질 통화량은 변하지 않는다.

그런데 단기에는 물가의 경직성으로 인해 구매력 평가설에 기초한 환율과는 다른 움직임이 나타나면서 오버슈팅이 발생할 수 있다. 가령 국내 통화량이 증가하여 유지될 경우, 물가가 경직적이어서 실질 통화량은 증가하고 이에 따라 시장 금리는 하락한다. 국가 긴 자본 이동이 자유로운 상황에서, 시장 금리 하락은 투자의 기대 수익률 하락으로 이어져, 단기성 외국인 투자 자금이 해외로 빠져나가거나 신규 해외 투자 자금 유입을 위축시키는 결과를 초래한다. 이 과정에서 자국 통화의 가치는 하락하고 환율은 상승한다. 통화량의 증가로 인한 효과는 물가가 신축적인 경우에 예상되는 환율 상승에, 금리 하락에 따른 자금의 해외 유출이 유발하는 추가적인 환율 상승이 더해진 것으로 나타난다. 이러한 추가적인 상승 현상이 환율의 오버슈팅인데, 오버슈팅의 정도 및 지속성은 물가 경직성이 클수록 더 크게 나타난다. 시간이 경과함에 따라 물가가 상승하여 실질 통화량이 원래 수준으로 돌아오고 해외로 유출되었던 자금이 시장 금리의 반등으로 국내로 복귀하면서, 단기에 과도하게 상승했던 환율은 장기에는 구매력 평가설에 기초한 환율로 수렴된다.

① 환율의 오버슈팅이 발생한 상황에서 물가 경직성이 클수록 구매력 평가설에 기초한 환율로 수렴되는 데 걸리는 기간이 길어질 것이다.

② 환율의 오버슈팅이 발생한 상황에서 외국인 투자 자금이 국내 시장 금리에 민감하게 반응할수록 오버슈팅 정도는 커질 것이다.

③ 물가 경직성에 따른 환율의 오버슈팅은 물가의 조정 속도보다 환율의 조정 속도가 빠르기 때문에 발생하는 것이다.

④ 물가가 신축적인 경우가 경직적인 경우에 비해 국내 통화량 증가에 따른 국내 시장 금리 하락 폭이 작을 것이다.

⑤ 국내 통화량이 증가하여 유지될 경우 장기에는 실질 통화량이 변하지 않으므로 장기의 환율도 변함이 없을 것이다.

8 다음 글을 바탕으로 미루어 볼 때, 포퍼와 콰인이 모두 '아니요'라고 답변할 질문은 무엇인가?

논리실증주의자와 포퍼는 지식을 수학적 지식이나 논리학 지식처럼 경험과 무관한 것과 과학적 지식처럼 경험에 의존하는 것으로 구분한다. 그중 과학적 지식은 과학적 방법에 의해 누적된다고 주장한다. 가설은 과학적 지식의 후보가 되는 것인데, 그들은 가설로부터 논리적으로 도출된 예측을 관찰이나 실험 등의 경험을 통해 맞는지 틀리는지 판단함으로써 그 가설을 시험하는 과학적 방법을 제시한다. 논리실증주의자는 예측이 맞을 경우에, 포퍼는 예측이 틀리지 않는 한, 그 예측을 도출한 가설이 하나씩 새로운 지식으로 추가된다고 주장한다.

하지만 콰인은 가설만 가지고서 예측을 논리적으로 도출할 수 없다고 본다. 예를 들어 새로 발견된 금속 M은 열을 받으면 팽창한다는 가설만 가지고는 열을 받은 M이 팽창할 것이라는 예측을 이끌어낼 수 없다. 먼저 지금까지 관찰한 모든 금속은 열을 받으면 팽창한다는 기존의 지식과 M에 열을 가했다는 조건 등이 필요하다. 이렇게 예측은 가설, 기존의 지식들, 여러 조건 등을 모두 합쳐야만 논리적으로 도출된다는 것이다. 그러므로 예측이 거짓으로 밝혀지면 정확히 무엇 때문에 예측에 실패한 것인지 알 수 없다는 것이다. 이로부터 콰인은 개별적인 가설뿐만 아니라 기존의 지식들과 여러 조건 등을 모두 포함하는 전체 지식이 경험을 통한 시험의 대상이 된다는 총체주의를 제안한다.

논리실증주의자와 포퍼는 수학적 지식이나 논리학 지식처럼 경험과 무관하게 참으로 판별되는 분석 명제와, 과학적 지식처럼 경험을 통해 참으로 판별되는 종합 명제를 서로 다른 종류라고 구분한다. 그러나 콰인은 총체주의를 정당화하기 위해 이 구분을 부정하는 논증을 다음과 같이 제시한다. 논리실증주의자와 포퍼의 구분에 따르면 "총각은 총각이다."와 같은 동어 반복 명제와, "총각은 미혼의 성인 남성이다."처럼 동어 반복 명제로 환원할 수 있는 것은 모두 분석 명제이다. 그런데 후자가 분석 명제인 까닭은 전자로 환원할 수 있기 때문이다. 이러한 환원이 가능한 것은 '총각'과 '미혼의 성인 남성'이 동의적 표현이기 때문인데 그게 왜 동의적 표현인지 물어보면, 이 둘을 서로 대체하더라도 명제의 참 또는 거짓이 바뀌지 않기 때문이라고 할 것이다. 하지만 이것만으로는 두 표현의 의미가 같다는 것을 보장하지 못해서, 동의적 표현은 언제나 반드시 대체 가능해야 한다는 필연성 개념에 다시 의존하게 된다. 이렇게 되면 동의적 표현이 동어 반복 명제로 환원 가능하게 하는 것이 되어, 필연성 개념은 다시 분석 명제 개념에 의존하게 되는 순환론에 빠진다. 따라서 콰인은 종합 명제와 구분되는 분석 명제가 존재한다는 주장은 근거가 없다는 결론에 도달한다.

콰인은 분석 명제와 종합 명제로 지식을 엄격히 구분하는 대신, 경험과 직접 충돌하지 않는 중심부 지식과, 경험과 직접 충돌할 수 있는 주변부 지식을 상정한다. 경험과 직접 충돌하여 참과 거짓이 쉽게 바뀌는 주변부 지식과 달리 주변부 지식의 토대가 되는 중심부 지식은 상대적으로 견고하다. 그러나 이 둘의 경계를 명확히 나눌 수 없기 때문에, 콰인은 중심부 이 둘의 경계를 명확히 나눌 수 없기 때문에, 콰인은 중심부 지식과 주변부 지식을 다른 종류라고 하지 않는다. 수학적 지식이나 논리학 지식은 중심부 지식의 한가운데에 있어 경험에서 가장 멀리 떨어져 있지만 그렇다고 경험과 무관한 것은 아니라는 것이다. 그런데 주변부 지식이 경험과 충돌하여 거짓으로 밝혀지면 전체 지식의 어느 부분을 수정해야 할지 고민하게 된다. 주변부 지식을 수정하면 전체 지식의 변화가 크지 않지만 중심부 지식을 수정하면 관련된 다른 지식이 많기 때문에 전체 지식도 크게 변화하게 된다. 그래서 대부분의 경우에는 주변부 지식을 수정하는 쪽을 선택하겠지만 실용적 필요 때문에 중심부 지식을 수정하는 경우도 있다. 그리하여 콰인은 중심부 지식과 주변부 지식이 원칙적으로 모두 수정의 대상이 될 수 있고, 지식의 변화도 더 이상 개별적 지식이 단순히 누적되는 과정이 아니라고 주장한다.

① 수학적 지식과 과학적 지식은 종류가 다른 것인가?
② 예측은 가설로부터 논리적으로 도출될 수 있는가?
③ 경험과 무관하게 참이 되는 지식이 존재하는가?
④ 경험을 통하지 않고 가설을 시험할 수 있는가?
⑤ 과학적 지식은 개별적으로 누적되는가?

9 다음 글의 내용과 일치하는 것을 고르면?

탄수화물은 사람을 비롯한 동물이 생존하는 데 필수적인 에너지원이다. 탄수화물은 섬유소와 비섬유소로 구분된다. 사람은 체내에서 합성한 효소를 이용하여 곡류의 녹말과 같은 비섬유소를 포도당으로 분해하고 이를 소장에서 흡수하여 에너지원으로 이용한다. 반면, 사람은 풀이나 채소의 주성분인 셀룰로스와 같은 섬유소를 포도당으로 분해하는 효소를 합성하지 못하므로, 섬유소를 소장에서 이용하지 못한다. 소, 양, 사슴과 같은 반추 동물도 섬유소를 분해하는 효소를 합성하지 못하는 것은 마찬가지이지만, 비섬유소와 섬유소를 모두 에너지원으로 이용하며 살아간다.

위(胃)가 넷으로 나누어진 반추 동물의 첫째 위인 반추위에는 여러 종류의 미생물이 서식하고 있다. 반추 동물의 반추위에는 산소가 없는데, 이 환경에서 왕성하게 생장하는 반추위 미생물들은 다양한 생리적 특성을 가지고 있다. 그중 피브로박터 숙시노젠(F)은 섬유소를 분해하는 대표적인 미생물이다. 식물체에서 셀룰로스는 그것을 둘러싼 다른 물질과 복잡하게 얽혀있는데, F가 가진 효소 복합체는 이 구조를 끊어 셀룰로스를 노출시킨 후 이를 포도당으로 분해한다. F는 이 포도당을 자신의 세포 내에서 대사 과정을 거쳐 에너지원으로 이용하여 생존을 유지하고 개체 수를 늘림으로써 생장한다. 이런 대사 과정에서 아세트산, 숙신산 등이 대사산물로 발생하고 이를 자신의 세포 외부로 배출한다. 반추위에서 미생물들이 생성한 아세트산은 반추 동물의 세포로 직접 흡수되어 생존에 필요한 에너지를 생성하는 데 주로 이용되고 체지방을 합성하는 데에도 쓰인다. 한편 반추위에서 숙신산은 프로피온산을 대사산물로 생성하는 다른 미생물의 에너지원으로 빠르게 소진된다. 이 과정에서 생성된 프로피온산은 반추 동물이 간(肝)에서 포도당을 합성하는 대사 과정에서 주요 재료로 이용된다.

반추위에는 비섬유소인 녹말을 분해하는 스트렙토코쿠스 보비스(S)도 서식한다. 이 미생물은 반추 동물이 섭취한 녹말을 포도당으로 분해하고, 이 포도당을 자신의 세포 내에서 대사 과정을 통해 자신에게 필요한 에너지원으로 이용한다. 이때 S는 자신의 세포 내의 산성도에 따라 세포 외부로 배출하는 대사산물이 달라진다. 산성도를 알려 주는 수소 이온 농도 지수(pH)가 7.0 정도로 중성이고 생장 속도가 느린 경우에는 아세트산, 에탄올 등이 대사산물로 배출된다. 반면 산성도가 높아져 pH가 6.0 이하로 떨어지거나 녹말의 양이 충분하여 생장 속도가 빠를 때는 젖산이 대사산물로 배출된다. 반추위에서 젖산은 반추 동물의 세포로 직접 흡수되어 반추 동물에게 필요한 에너지를 생성하는 데 이용되거나 아세트산 또는 프로피온산을 대사산물로 배출하는 다른 미생물의 에너지원으로 이용된다.

그런데 S의 과도한 생장이 반추 동물에게 악영향을 끼치는 경우가 있다. 반추 동물이 짧은 시간에 과도한 양의 비섬유소를 섭취하면 S의 개체 수가 급격히 늘고 과도한 양의 젖산이 배출되어 반추위의 산성도가 높아진다. 이에 따라 산성의 환경에서 왕성히 생장하며 항상 젖산을 대사산물로 배출하는 락토바실러스 루미니스(L)와 같은 젖산 생성 미생물들의 생장이 증가하며 다량의 젖산을 배출하기 시작한다. F를 비롯한 섬유소 분해 미생물들은 자신의 세포 내부의 pH를 중성으로 일정하게 유지하려는 특성이 있는데, 젖산 농도의 증가로 자신의 세포 외부의 pH가 낮아지면 자신의 세포 내의 항상성을 유지하기 위해 에너지를 사용하므로 생장이 감소한다. 만일 자신의 세포 외부의 pH가 5.8 이하로 떨어지면 에너지가 소진되어 생장을 멈추고 사멸하는 단계로 접어든다. 이와 달리 S와 L은 상대적으로 산성에 견디는 정도가 강해 자신의 세포 외부의 pH가 5.5 정도까지 떨어지더라도 이에 맞춰 자신의 세포 내부의 pH를 낮출 수 있어 자신의 에너지를 세포 내부의 pH를 유지하는 데 거의 사용하지 않고 생장을 지속하는 데 사용한다. 그러나 S도 자신의 세포 외부의 pH가 그 이하로 더 떨어지면 생장을 멈추고 사멸하는 단계로 접어들고, 산성에 더 강한 L을 비롯한 젖산 생성 미생물들이 반추위 미생물의 많은 부분을 차지하게 된다. 그렇게 되면 반추위의 pH가 5.0 이하가 되는 급성 반추위 산성증이 발병한다.

① 피브로박터 숙시노젠(F)은 자신의 세포 내에서 포도당을 에너지원으로 이용하여 생장한다.
② 반추 동물의 과도한 섬유소 섭취는 급성 반추위 산성증을 유발한다.
③ 반추위 미생물은 산소가 없는 환경에서 생장을 멈추고 사멸한다.
④ 반추 동물의 세포에서 합성한 효소는 셀룰로스를 분해한다.
⑤ 섬유소는 사람의 소장에서 포도당의 공급원으로 사용된다.

10 다음은 컨퍼런스에 참가한 어느 발표자의 발표문이다. 이 발표자가 효과적으로 의사전달을 하기 위해 사용한 전략이 아닌 것은?

여러분, '희토류'에 대해 들어 본 적이 있으신가요? (별로 들어 본 적이 없다는 대답을 듣고) 네. 그러시군요. 희토류는 우리 생활 속에서 쉽게 접할 수 있는 제품들에 널리 사용되고 있습니다. 하지만 희토류에 대해 잘 알지 못하는 분들이 많은 것 같아 이번 시간에는 희토류가 무엇이고 어떻게 쓰이는지 등에 대해 알려 드리고자 합니다.

원소에 대해서는 잘 아시죠? (그렇다는 대답을 듣고) 잘 아시는군요. 희토류는 원소 주기율표에서 원자 번호 57부터 71까지의 원소와 그 외의 2개 원소를 합친 17개의 원소를 가리킵니다. 희토류는 다른 물질과 함께 화합물을 형성하여 다양한 산업 분야에서 주요 소재로 널리 활용되고 있습니다. 이제 희토류에 대해 이해되셨나요? (그렇다는 대답을 듣고) 그럼 다음으로, 희토류의 실제 활용 사례를 살펴보겠습니다. (영상을 보여 주며) 희토류 중 하나인 이트륨이 활용된 사례입니다. 이 희토류를 포함한 화합물은 LED나 TV 스크린 등에 발광 재료로 쓰이는데 이 경우에 발광 효율이 높아 에너지 절약 효과를 가져올 수 있습니다. 다음은 역시 희토류 중의 하나인 네오디뮴이 활용된 사례입니다. 이 희토류를 포함한 화합물 중에서 강한 자성을 갖는 것은 하이브리드 자동차나 전기 자동차의 모터용 자석에 널리 사용됩니다.

최근에는 첨단 산업 분야에서 희토류에 대한 수요가 늘면서 희토류의 생산량이 증가하고 있습니다. (표를 제시하며) 여기를 보시면 2010년의 전 세계 희토류 생산량은 약 13만 톤이었는데요. 1986년부터 2010년까지 25년 동안 희토류 생산량이 꾸준히 증가했다는 것을 알 수 있습니다. 최근 한 전문가의 연구에 따르면, 2050년에는 전 세계 희토류 수요량이 약 80만 톤에 이를 것이라고 합니다. 그런데 희토류는 특정 광석에만 존재하며, 광석에서 분리하여 정제하기가 매우 까다롭다고 합니다. 이러한 이유로 최근 여러 국가에서는 희토류의 생산 확대를 위한 기술을 적극적으로 개발하고 있습니다.

지금까지 희토류에 대한 여러분의 이해를 돕기 위해 희토류의 개념과 산업 분야에서의 활용 사례 등을 중심으로 발표를 하였습니다. 앞서 말씀드린 바와 같이 희토류는 여러 산업 분야에 걸쳐 주요 소재로 활용되고 있어서 '산업의 비타민'이라고 불립니다. 제 발표를 통해 여러분이 희토류에 대해 잘 이해하셨길 바랍니다. 더불어 생활 속에서 희토류가 실제로 얼마나 다양하게 활용되고 있는지 관심을 갖고 찾아보셨으면 합니다. 이상으로 발표를 마치겠습니다. 감사합니다.

① 발표 목적을 청중들에게 환기시키고 있다.

② 산업 분야에서 희토류의 역할을 비유적 표현으로 제시하
였다.

③ 희토류와 관련된 우리 삶에 대한 긍정적인 전망을 제시하
였다.

④ 도표 및 영상 자료를 효과적으로 활용하고 있다.

⑤ 희토류에 대해 청중이 관심을 갖기를 권하고 있다.

11 다음은 '공공 데이터를 활용한 앱 개발'에 대한 보고서 작성
개요와 이에 따라 작성한 보고서 초안이다. 개요에 따라 작성한 보
고서 초안의 결론 부분에 들어갈 내용으로 가장 적절한 것은?

■ 보고서 작성 개요

• 서론
– 앱을 개발하려는 사람들의 특성 서술
– 앱 개발 시 부딪히는 난점 언급

• 본론
– 공공 데이터의 개념 정의
– 공공 데이터의 제공 현황 제시
– 앱 개발 분야에서 공공 데이터가 갖는 장점 진술
– 공공 데이터를 활용한 앱 개발 사례 제시

• 결론
– 공공 데이터 활용의 장점을 요약적으로 진술
– 공공 데이터가 앱 개발에 미칠 영향 언급

■ 보고서 초고

앱을 개발하려는 사람들은 아이디어가 넘친다. 사람들이 여행
준비를 위해 많은 시간을 허비하는 것을 보면 한 번에 여행 코
스를 짜 주는 앱을 만들어 보고 싶어 한다. 도심에서 주차장을
못 찾아 헤매는 사람들을 보면 주차장을 쉽게 찾아 주는 앱을
만들어 보고 싶어 한다. 그러나 막상 앱을 개발하려 할 때 부
딪히는 여러 난관이 있다. 여행지나 주차장에 대한 정보를 모
으는 것도 문제이고, 정보를 지속적으로 갱신하는 것도 문제이
다. 이런 문제 때문에 결국 아이디어를 포기하는 경우가 많다.
그러나 이제는 아이디어를 포기하지 않아도 된다. 바로 공공
데이터가 있기 때문이다. 공공 데이터는 공공 기관에서 생성,
취득하여 관리하고 있는 정보 중, 전자적 방식으로 처리되어

누구나 이용할 수 있도록 국민들에게 제공된 것을 말한다. 현
재 정부에서는 공공 데이터 포털 사이트를 개설하여 국민들이
쉽게 이용할 수 있도록 하고 있다. 공공 데이터 포털 사이트에
서는 800여 개 공공 기관에서 생성한 15,000여 건의 공공 데
이터를 제공하고 있으며, 제공하는 공공 데이터의 양을 꾸준히
늘리고 있다.

공공 데이터가 가진 앱 개발 분야에서의 장점은 크게 두 가지
를 들 수 있다. 먼저 공공 데이터는 공공 기관이 국민들에게
편의를 제공하기 위해 시행한 정책의 산출물이기 때문에 실생
활과 밀접하게 관련된 정보가 많다는 점이다. 앱 개발자들의
아이디어는 대개 앞에서 언급한 것처럼 사람들의 실생활에 편
의를 제공하기 위한 것들이다. 그래서 만약 여행 앱을 만들고
자 한다면 한국관광공사의 여행 정보에서, 주차장 앱을 만들고
자 한다면 지방 자치 단체의 주차장 정보에서 필요한 정보를
얻을 수 있다. 두 번째로 공공 데이터를 이용하는 데에는 비용
이 거의 들지 않기 때문에, 정보를 수집하고 갱신할 때 소요되
는 비용을 줄일 수 있다는 점이다. 그래서 개인들도 비용에 대
한 부담 없이 쉽게 앱을 만들 수 있다.

〈결론〉

---

① 공공 데이터는 앱 개발을 할 때 부딪히는 자료 수집의 문
제와 시간 부족 문제를 해결하여 쉽게 앱을 만들 수 있게
해 준다. 이런 장점에도 불구하고 국민들의 공공 데이터
이용에 대한 인식이 낮은 것은 문제라고 할 수 있다.

② 공공 데이터는 앱 개발에 필요한 실생활 관련 정보를 담
고 있으며 앱 개발 비용의 부담을 줄여 준다.
그러므로 앱 개발 시 공공 데이터 이용이 활성화되면 실생
활에 편의를 제공하는 다양한 앱이 개발될 것이다.

③ 공공 데이터를 이용하여 앱 개발을 하는 사람들은 시간과
비용의 문제를 극복하고 경제적 가치를 창출하는 사람들
이다. 앞으로 공공 데이터의 양이 증가하면 그들이 만들
어 내는 앱도 더 다양해질 것이다.

④ 공공 데이터는 자본과 아이디어가 부족해 앱을 개발하지
못 하는 사람들이 유용하게 이용할 수 있다. 앱 개발을
통한 창업이 활성화되면 우리 경제에도 큰 도움이 될 것
이다.

⑤ 공공 데이터는 국민 생활에 편의를 제공하고 국민들의 생
활을 개선하기 위해 만든 자료이다. 앞으로 공공 데이터의
이용이 활성화되면 국민들의 삶의 질이 향상될 것이다.

12 다음은 신재생 에너지 및 절약 분야 사업 현황이다. '신재생 에너지' 분야의 사업별 평균 지원액이 '절약 분야의 사업별 평균 지원액의 5배 이상이 되기 위한 사업 수의 최대 격차는? (단, '신재생 에너지' 분야의 사업 수는 '절약 분야의 사업 수보다 큼)

(단위 : 억 원, %, 개)

구분	신재생 에너지	절약	합
지원금(비율)	3,500(85.4)	600(14.6)	4,100(100.0)
사업 수	( )	( )	600

① 44개   ② 46개

③ 48개   ④ 54개

⑤ 56개

▌13~14▐ 다음의 상품설명서를 읽고 물음에 답하시오.

〈거래 조건〉

구분		금리
적용금리	모집기간 중	큰 만족 실세예금 1년 고시금리
	계약기간 중 중도해지	없음
	만기 후	원금의 연 0.10%
중도해지 수수료율 (원금기준)	예치기간 3개월 미만	개인 원금의 0.38% 법인 원금의 0.38%
	예치기간 3개월 이상~6개월 미만	개인 원금의 0.29% 법인 원금의 0.30%
	예치기간 6개월 이상~9개월 미만	개인 원금의 0.12% 법인 원금의 0.16%
	예치기간 9개월 이상~12개월 미만	원금의 0.10%
이자지급 방식	만기일시지급식	
계약의 해지	영업점에서 해지 가능	

〈유의사항〉

• 예금의 원금보장은 만기 해지 시에만 적용된다.

• 이 예금은 분할해지 할 수 없으며 중도해지 시 중도해지수수료 적용으로 원금손실이 발생할 수 있다. (중도해지수수료는 '가입금액×중도해지수수료율'에 의해 결정)

• 이 예금은 예금기간 중 지수가 목표지수변동률을 넘어서 지급금리가 확정되더라도 이자는 만기에만 지급한다.

• 지수상승에 따른 수익률(세전)은 실제 지수상승률에도 불구하고 연 4.67%를 최대로 한다.

13 석준이는 개인이름으로 최초 500만 원의 원금을 가지고 이 상품에 가입했다가 불가피한 사정으로 5개월 만에 중도해지를 했다. 이때 석준이의 중도해지 수수료는 얼마인가?

① 6,000원

② 8,000원

③ 14,500원

④ 15,000원

⑤ 19,000원

14 상원이가 이 예금에 가입한 후 증시 호재로 인해 지수가 약 29% 상승하였다. 이 경우 상원이의 최대 수익률은 연 몇 %인가? (단, 수익률은 세전으로 한다)

① 연 1.35%

② 연 4.67%

③ 연 14.5%

④ 연 21%

⑤ 연 29%

15 다음은 코레일의 2024년도 철도서비스 모니터링에 대한 시행 결과를 나타낸 그래프이다. 아래의 그래프를 분석한 내용으로 가장 적절하지 않은 것을 고르면?

구분	'20	'21	'22	'23	'24
종합결과	97.69	96.87	97.32	98.31	98.83
역	97.19	97.06	97.27	98.22	98.69
열차	98.36	97.33	98.83	99.15	99.51
계열사	97.11	96.23	95.99	97.63	98.14

① 철도서비스 모니터링 결과에서 역 부문의 경우 2024년은 2022년에 비해 1.42 정도 상승함을 알 수 있다.

② 철도서비스 모니터링 결과, 2024년도 열차 부문은 2024년도 계열사 부문에 비해 무려 5.57 정도 높음을 알 수 있다.

③ 2024년에 열차서비스 모니터링 3개 부문에서 열차부문이 시행결과 중 가장 높음을 알 수 있다.

④ 표를 참조하였을 시에 2020년~2024년까지 철도서비스 모니터링 3개 부문(역, 열차, 계열사) 중 열차부문이 가장 높으며, 그 다음으로는 역 부문, 마지막으로 계열사 부문의 순서임을 알 수 있다.

⑤ 종합결과의 막대그래프에서 보면 철도서비스 모니터링에서 2024년은 2022년에 비해 1.51 상승함을 알 수 있다.

16 甲과 乙은 양국의 우정을 돈독히 하기 위해 함께 서울에 방문하여 용산역에서 목포역까지 열차를 활용한 우정 휴가를 계획하고 있다. 아래의 표는 인터넷 사용법에 능숙한 甲과 乙이 서울—목포 간 열차종류 및 이에 해당하는 요소들을 배치해 알아보기 쉽게 도표화한 것이다. 아래의 표를 참조하여 이 눌이 선택할 수 있는 대안(열차종류)을 보완적 방식을 통해 고르면 어떠한 열차를 선택하게 되겠는가? (단, 각 대안에 대한 최종결과 값 수치에 대한 반올림은 없는 것으로 한다.)

평가 기준	중요도	열차 종류				
		KTX 산천	ITX 새마을	무궁화호	ITX 청춘	누리로
경제성	60	3	5	4	6	6
디자인	40	9	7	2	4	5
서비스	20	8	4	3	4	4

① ITX 새마을 ② ITX 청춘

③ 무궁화호 ④ 누리로

⑤ KTX 산천

17 바른 항공사는 서울—상해 직항 노선에 50명이 초과로 예약 승객이 발생하였다. 승객 모두는 비록 다른 도시를 경유해서라도 상해에 오늘 도착하기를 바라고 있다. 아래의 그림이 경유 항공편의 여유 좌석 수를 표시한 항공로일 때, 타 도시를 경유하여 상해로 갈 수 있는 최대의 승객 수는 구하면?

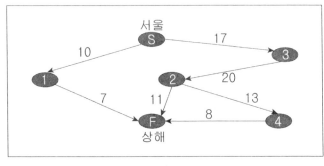

① 26 ② 29

③ 30 ④ 33

⑤ 37

18 다음은 코레일에서 제공하는 통계자료 중 철도통계연보(2018~2023년)의 일부를 발췌한 것이다. 아래의 자료를 참조하여 바르게 설명하지 않은 항목을 고르면?

수송량(Traffic)

가. 수송총괄추이(Growth of Traffic Total)

단위 : 수송량 – 천   Unit : Traffic – Thousand

수송밀도 – 인 · 톤키로/철도키로   Traffic Density – Passenger & Ton-km

연도	철도키로	역수	여객수송 Passenger Traffic		화물수송 Freight Traffic		수송밀도
	Railway		인원	인키로	톤수	톤키로	Traffic
Year	-km	Stations	Passenger	Passenger -km	Tons	Ton -km	Density
2018	3,101.2	610	729,003	28,858,887	57,866	14,070,366	13,842,788
2019	3,101.2	611	790,380	29,292,053	57,469	13,837,969	13,907,527
2020	3,120.4	624	819,542	29,579,653	53,527	12,946,839	13,628,539
2021	3,118.3	626	832,999	30,072,758	53,828	12,710,083	13,719,925
2022	3,124.7	630	829,050	32,976,466	43,345	10,372,301	13,872,937
2023	3,118.6	632	825,563	28,605,926	42,081	10,071,972	12,402,327

① 2019년부터 2023년까지 철도키로(Railway-km)는 증감을 반복하고 있다.

② 2018년부터 2023년까지 여객수송 인원(Passenger)은 감소하고 있는 반면에 화물수송의 톤수(Tons)는 매우 증가하고 있다.

③ 2018년부터 2023년 화물수송에 있어서의 톤 키로(Ton-km)는 3,998,394 정도 감소하고 있음을 알 수 있다.

④ 2018년부터 2023년 사이의 수송밀도는 1,440,461 정도 감소되는 결과를 나타내고 있다.

⑤ 2018년부터 2023년까지 역의 수는 점차적으로 증가추세에 있다.

19 X 기업은 자사 컨테이너 트럭과 외주를 이용하여 Y 지점에서 Z 지점까지 월 평균 1,600TEU의 물량을 수송하는 서비스를 제공하고 있다. 아래의 운송조건에서 40feet용 트럭의 1일 평균 필요 외주 대수를 구하면 얼마인가?

- 1일 차량가동횟수 : 1일 2회
- 보유차량 대수 : 40feet 컨테이너 트럭 11대
- 차량 월 평균 가동일 수 : 25일

① 5대
② 7대
③ 8대
④ 10대
⑤ 12대

20 차고 및 A, B, C 간의 거리는 아래의 표와 같다. 차고에서 출발하여 A, B, C 3개의 수요지를 각각 1대의 차량이 방문하는 경우에 비해, 1대의 차량으로 3개의 수요지를 모두 방문하고 차고지로 되돌아오는 경우, 수송 거리가 최대 몇 km 감소되는가?

구분	A	B	C
차고	10	13	12
A	–	5	10
B	–	–	7

① 24
② 30
③ 36
④ 46
⑤ 58

21 다음은 A 공사의 연도별 임직원 현황에 관한 자료이다. 이에 대한 설명 중 옳은 것을 모두 고르면?

구분	연도	2022	2023	2024
국적	한국	9,566	10,197	9,070
	중국	2,636	3,748	4,853
	일본	1,615	2,353	2,749
	대만	1,333	1,585	2,032
	기타	97	115	153
	계	15,247	17,998	18,857
고용형태	정규직	14,173	16,007	17,341
	비정규직	1,074	1,991	1,516
	계	15,247	17,998	18,857
연령	20대 이하	8,914	8,933	10,947
	30대	5,181	7,113	6,210
	40대 이상	1,152	1,952	1,700
	계	15,247	17,998	18,857
직급	사원	12,365	14,800	15,504
	간부	2,801	3,109	3,255
	임원	81	89	98
	계	15,247	17,998	18,857

㉠ 매년 일본, 대만 및 기타 국적 임직원 수의 합은 중국 국적 임직원 수보다 많다.
㉡ 매년 전체 임직원 중 20대 이하 임직원이 차지하는 비중은 50% 이상이다.
㉢ 2023년과 2024년에 전년대비 임직원수가 가장 많이 증가한 국정은 모두 중국이다.
㉣ 2023년에 국적이 한국이면서 고용형태가 정규직이고 직급이 사원인 임직원은 5,000명 이상이다.

① ㉠, ㉡   ② ㉠, ㉢
③ ㉡, ㉣   ④ ㉠, ㉢, ㉣
⑤ ㉠, ㉡, ㉢, ㉣

22 R사는 공작기계를 생산하는 업체이다. 이번 주 R사에서 월요일~토요일까지 생산한 공작기계가 다음과 같을 때, 월요일에 생산한 공작기계의 수량이 될 수 있는 수를 모두 더하면 얼마인가? (단, 1대도 생산하지 않은 날은 없었다.)

- 화요일에 생산된 공작기계는 금요일에 생산된 수량의 절반이다.
- 이 공장의 최대 하루 생산 대수는 9대이고, 이번 주에는 요일별로 생산한 공작기계의 대수가 모두 달랐다.
- 목요일부터 토요일까지 생산한 공작기계는 모두 15대이다.
- 수요일에는 9대의 공작기계가 생산되었고, 목요일에는 이보다 1대가 적은 공작기계가 생산되었다.
- 월요일과 토요일에 생산된 공작기계를 합하면 10대가 넘는다.

① 10   ② 11
③ 12   ④ 13
⑤ 14

23 다음의 내용을 토대로 발생할 수 있는 상황을 바르게 예측한 것은?

인기가수 A는 자신의 사생활을 폭로한 한 신문사 기자 B를 상대로 기사 정정 및 사과를 요구하였다. 그러나 B는 자신은 시민의 알 권리를 보장하기 위해 할 일을 한 것뿐이라며 기사를 정정할 수 없다고 주장하였다. A는 자신을 원고로, B를 피고로 하여 사생활 침해에 대한 위자료 1,000만 원을 구하는 소를 제기하였다. 민사 1심 법원은 기사 내용에 대한 진위 여부를 바탕으로 B의 주장이 옳다고 인정하여, A의 청구를 기각하는 판결을 선고하였다. 이에 대해 A는 항소를 제기하였다.
- 소 또는 상소 제기 시 납부해야 할 송달료
 −민사 제1심 소액사건(소가 2,000만 원 이하의 사건) : 당사자 수 × 송달료 10회분
 −민사 제1심 소액사건 이외의 사건 : 당사자 수 × 송달료 15회분
 −민사 항소사건 : 당사자 수 × 송달료 12회분
 −민사 상고사건 : 당사자 수 × 송달료 8회분
- 당사자 : 원고, 피고

① A가 제기한 소는 민사 제1심 소액사건 이외의 사건에 해당한다.

② 1회 송달료가 3,200원일 경우 A가 소를 제기하기 위해 내야 할 송달료는 48,000원이다.

③ A가 법원의 판결에 불복하고 항소를 제기하는데 드는 송달료는 원래의 소를 제기할 때 들어간 송달료보다 적다.

④ 1회 송달료가 2,500원일 경우 A가 납부한 송달료의 합계는 총 110,000원이다.

⑤ 민사 항소사건의 경우 송달료는 10회분을 납부해야 한다.

| 리모컨 동작이 안돼요. | • 새 건전지로 교체해 보세요.
• TV와 스마트 리모컨을 재 연결해보세요. |

※ 본 제품의 패널은 제조 공정상의 기술적인 한계로 인하여 1PPM 정도의 픽셀이 밝게 보이거나 어둡게 보일 수 있으나, 이것은 제품의 성능에 영향을 주지 않습니다.

※ 소프트웨어 업데이트를 자주 하여 최적의 상태로 유지하세요. 업데이트에 관한 자세한 사항은 'e-설명서 내 일반설정→소프트웨어 업데이트하기'를 참고하세요.

24 다음 글에 나타난 문제점을 해결하기 위한 영준이의 행동으로 옳은 것은?

영준이는 퇴근 후 월드컵 예선전을 시청하기 위해 TV를 켜서 채널을 돌리던 도중 갑자기 화면이 꺼지는 현상을 경험했다. 대수롭지 않게 다시 TV 전원을 켜서 축구 경기를 한 시간 가량 보고 있는데, 다시 TV가 꺼지고 말았다.

① 케이블 방송 수신기의 전원을 킨다.

② TV와 스마트 리모컨을 재 연결한다.

③ 취침 예약이 되어있는지 확인한다.

④ 안테나 케이블의 연결을 확인한다.

⑤ 리모컨을 새 건전지로 교체한다.

24~25 다음은 TV 매뉴얼의 일부이다. 물음에 답하시오.

〈문제해결〉

본 제품이 켜지지 않거나 화면이 나오지 않을 경우, 아래 기술된 항목을 먼저 확인하세요. 또한 본 제품이 작동이 제대로 되지 않을 경우에는 'e-설명서의 문제 진단 및 확인'을 참고하세요. 문제가 해결되지 않는다면, 가까운 서비스센터나 홈페이지로 문의하세요.

문제점	해결 방법
전원이 갑자기 꺼져요.	• 취침 예약이 설정되어 있는지 확인하세요. • 자동 전원 끄기 예약이 설정되어 있는지 확인하세요. • 자동 꺼짐 시간 예약이 설정되어 있는지 확인하세요.
전원이 켜지지 않아요.	• 안테나 케이블의 연결을 확인하세요. • 케이블 방송 수신기의 전원을 켜세요. • 위성 리시버의 전원을 켜세요.
제품에서 똑똑 소리가 나요.	TV 외관의 기구적 수축이나 팽창 때문에 나타날 수 있는 현상입니다. 제품의 고장이 아니므로 안심하고 사용하세요.
제품이 뜨거워요.	• 패널의 열이 제품 상부의 통풍구로 방출되므로, 장시간 사용 시 제품 상단을 만졌을 때 뜨겁게 느낄 수 있으므로 주의하세요. • 특히, 아이와 함께 시청할 때는 제품 상단을 만지지 않도록, 보호자의 주의가 필요합니다. • 열이 발생하는 것은 제품의 결함이나 동작 사용상의 문제가 되는 것이 아니므로 안심하고 사용하세요.

25 위 매뉴얼을 참고하여 해결할 수 없는 문제점은?

① LED 램프에 불이 들어오지 않는 경우

② 전원이 켜지지 않는 경우

③ 전원이 갑자기 꺼지는 경우

④ 제품에서 똑똑 소리가 나는 경우

⑤ 리모컨 작동이 안되는 경우

26 다음 글을 근거로 판단할 때, 김 과장이 단식을 시작한 첫 주 월요일부터 일요일까지 한 끼만 먹은 요일(끼니때)은?

김 과장은 건강상의 이유로 간헐적 단식을 시작하기로 했다. 김 과장이 선택한 간헐적 단식 방법은 월요일부터 일요일까지 일주일 중에 2일을 선택하여 아침 혹은 저녁 한 끼 식사만 하는 것이다. 단, 단식을 하는 날 전후로 각각 최소 2일간은 정상적으로 세 끼 식사를 하고, 업무상의 식사 약속을 고려하여 단식일과 방법을 유동적으로 결정하기로 했다. 또한 단식을 하는 날 이외에는 항상 세 끼 식사를 한다.

간헐적 단식 2주째인 김 과장은 그동안 단식을 했던 날짜를 기록해두기 위해 아래와 같이 최근 식사와 관련된 기억을 떠올렸다.

• 2주차 월요일에는 단식을 했다.
• 지난주에 먹은 아침식사 횟수와 저녁식사 횟수가 같다.
• 지난주 월요일, 수요일, 금요일에는 조찬회의에 참석하여 아침식사를 했다.
• 지난주 목요일에는 업무약속이 있어서 점심식사를 했다.

① 월요일(저녁), 목요일(저녁)
② 화요일(아침), 금요일(아침)
③ 화요일(아침), 금요일(저녁)
④ 화요일(저녁), 금요일(아침)
⑤ 수요일(점심), 목요일(저녁)

27 김 대리는 지난 여름 휴가 때 선박을 이용하여 '포항→울릉도→독도→울릉도→포항' 순으로 여행을 다녀왔다. 다음에 제시된 내용을 바탕으로 김 대리가 휴가를 냈던 기간을 추론하면?

• '포항→울릉도' 선박은 매일 오전 10시, '울릉도→포항' 선박은 매일 오후 3시에 출발하며, 편도 운항에 3시간이 소요된다.
• 울릉도에서 출발해 독도를 돌아보는 선박은 매주 화요일과 목요일 오전 8시에 출발하여 당일 오전 11시에 돌아온다.
• 최대 파고가 3m 이상인 날은 모든 노선의 선박이 운항되지 않는다.
• 김 대리는 매주 금요일에 술을 마시는데, 술을 마신 다음날은 멀미가 심해서 선박을 탈 수 없다.
• 이번 여행 중 김 대리는 울릉도에서 호박엿 만들기 체험을 했는데, 호박엿 만들기 체험은 매주 월·금요일 오후 6시에만 할 수 있다.

〈20XX년 7월 최대 파고〉

㉠ : 최대 파고(단위 : m)

일	월	화	수	목	금	토
16 ㉠ 1.0	17 ㉠ 1.4	18 ㉠ 3.2	19 ㉠ 2.7	20 ㉠ 2.8	21 ㉠ 3.7	22 ㉠ 2.0
23 ㉠ 0.7	24 ㉠ 3.8	25 ㉠ 2.8	26 ㉠ 2.7	27 ㉠ 0.5	28 ㉠ 3.7	29 ㉠ 3.3

① 7월 16일(일)~19일(수)
② 7월 19일(수)~22일(토)
③ 7월 20일(목)~23일(일)
④ 7월 21일(금)~24일(월)
⑤ 7월 23일(일)~26일(수)

28 다음은 A그룹 근처의 〈맛집 정보〉이다. 주어진 평가 기준에 따라 가장 높은 평가를 받은 곳으로 신년회를 예약하라는 지시를 받았다. A그룹의 신년회 장소는?

〈맛집 정보〉

평가항목 음식점	음식종류	이동거리	가격 (1인 기준)	맛 평점 (★ 5개 만점)	방 예약 가능 여부
자금성	중식	150m	7,500원	★★☆	○
샹젤리제	양식	170m	8,000원	★★★	○
경복궁	한식	80m	10,000 원	★★★★	○
도쿄타워	일식	350m	9,000원	★★★★ ☆	×
에밀리아	양식	300m	9,500원	★★★☆	○

※ ☆은 ★의 반 개이다.

〈평가 기준〉
• 평가항목 중 이동거리, 가격, 맛 평점에 대하여 각 항목별로 5, 4, 3, 2, 1점을 각각의 음식점에 하나씩 부여한다.
 −이동거리가 짧은 음식점일수록 높은 점수를 준다.
 −가격이 낮은 음식점일수록 높은 점수를 준다.
 −맛 평점이 높은 음식점일수록 높은 점수를 준다.
• 평가항목 중 음식종류에 대하여 일식 5점, 한식 4점, 양식 3점, 중식 2점을 부여한다.
• 방 예약이 가능한 경우 가점 1점을 부여한다.
• 총점은 음식종류, 이동거리, 가격, 맛 평점의 4가지 평가항목에서 부여 받은 점수와 가점을 합산하여 산출한다.

① 자금성

② 샹젤리제

③ 경복궁

④ 도쿄타워

⑤ 에밀리아

29 다음은 이야기 내용과 그에 관한 설명이다. 이야기에 관한 설명 중 이야기 내용과 일치하는 것은 모두 몇 개인가?

[이야기 내용] A국의 역사를 보면 갑, 을, 병, 정의 네 나라가 시대 순으로 연이어 존재했다. 네 나라의 수도는 각각 달랐는데 관주, 금주, 평주 한주 중 하나였다. 한주가 수도인 나라는 평주가 수도인 나라의 바로 전 시기에 있었고, 금주가 수도인 나라는 관주가 수도인 나라의 바로 다음 시기에 있었으나, 정보다는 이전 시기에 있었다. 병은 가장 먼저 있었던 나라는 아니지만, 갑보다 이전 시기에 있었다. 병과 정은 시대 순으로 볼 때 연이어 존재하지 않았다.

[이야기에 관한 설명]
1. 금주는 갑의 수도이다.
2. 관주는 병의 수도이다.
3. 평주는 정의 수도이다.
4. 을은 갑의 다음 시기에 존재하였다.
5. 평주는 가장 마지막에 존재한 나라의 수도이다.
6. 을과 병은 연이어 존재했다.

① 0개

② 1개

③ 2개

④ 3개

⑤ 4개

30 다음의 기사는 EOQ에 관한 내용을 다루고 있다. 아래의 내용을 참조하여 괄호 안에 들어갈 EOQ의 값을 구하면?

이디야의 이 같은 이익률은 국내 편의점 프랜차이즈 기업인 GS 리테일의 지난해 영업이익률 3.6%, ROE 9.5%보다 양호하다. 같은 기간 국내 상장 기업(금융사 제외)의 평균 영업이익률과 ROE는 각각 5.8%, 6.1%였다.

이디야는 매장 증가에 따른 수익성 개선 못지않게 비용 절감에도 주력하고 있다. 이디야측은 "경기 기흥의 물류 창고에서 전국 가맹점에 주3회 원재료를 배송한다"며 "수요 예측에서 발주까지 재고를 최소화하는 경제적 주문량(EOQ. Economic Order Quantity)을 개발한 상태"라고 밝혔다. 지난해 이디야가 지출한 광고비는 38억 7000만원으로 판매비와 관리비(판관비)의 10.1%였다. 이는 업계 평균 16.5%보다 낮다.

다음으로, 낮은 원가율은 가맹점의 수익성을 높여준다. 프랜차이즈 가맹점의 매출액에서 재료비가 차지하는 비중을 원가율이라고 하는데, 통상적으로 이는 40~50%로 최대 항목을 차지한다. 재료비를 얼마나 낮추느냐는 프랜차이즈 가맹 점주에게는 사활이 걸린 문제임을 알 수 있다. 이디야 가맹점의 원가율은 35% 안팎으로 가장 낮은 수준으로 추정된다.

위의 사례에서 보듯이 EOQ(economic order quantity ; 경제적 주문량)는 쉽게 말하면 주문비용과 재고유지비가 최소가 되게 하는 1회 주문량을 의미한다. 주로 재고관리 비용이 가장 경제적으로 투입되는 재고수준을 유지하기 위한 목적으로 활용되며, 재고관리 의사결정에 필요한 측정값을 빠르고 쉽게 얻을 수 있고, 상황에 맞게 조정·응용할 수 있으므로, 재고분석을 위한 계량적인 모형으로 널리 이용되는 모델이다.

이러한 경제적 주문량의 공식은 $EOQ = \sqrt{\dfrac{2C_oD}{C_h}}$ 으로 나타내며, C_h : 재고유지비용, C_o : 주문비용, D : 연간수요량을 각각 나타낸다.

예제) 아래의 자료를 활용하여 경제적 주문량을 구하면 ( )이 된다.

- 연간 사용량 = 5,000kg (연중사용량은 안정적이고 평준화되어 있음)
- 구입단가 = 1,000원/kg
- 주문비용 = 20,000원/회
- 재고유지비용 = 200원/kg/년

① 1,000 ② 10,000
③ 5,000 ④ 50,000
⑤ 100,000

31 그림과 같은 교차보(Cross Beam) A, B의 최대휨모멘트이 비로서 옳은 것은? (단, 각 부재의 EI는 일정함)

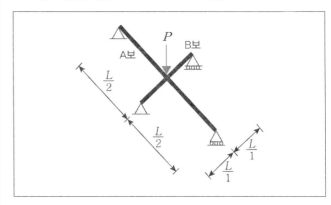

① 1 : 2
② 1 : 3
③ 1 : 4
④ 1 : 6
⑤ 1 : 8

32 그림과 같이 스팬 7.2m, 간격 3m인 합성보 A의 슬래브 유효폭은?

① 1,400mm
② 1,600mm
③ 1,800mm
④ 2,000mm
⑤ 2,400mm

33 철골구조 주각부의 구상요소가 아닌 것은?

① 커버 플레이트

② 앵커볼트

③ 리브 플레이트

④ 베이스 플레이트

⑤ 윙플레이트

34 강구조의 볼트접합 구성에 관한 일반적인 설명으로 바르지 않은 것은?

① 볼트의 중심사이의 간격을 게이지라인이라고 한다.

② 볼트는 가공정밀도에 따라 상볼트, 중볼트, 흑볼트로 나뉜다.

③ 게이지라인과 게이지라인과의 거리를 게이지라고 한다.

④ 배치방식은 정렬배치와 엇모배치가 있다.

⑤ 최외단에 설치한 볼트중심에서 부채끝까지의 거리를 열단거리라고 한다.

35 다음 보의 재질과 단면의 크기가 같을 때 (A)보의 최대처짐은 (B)보의 몇 배인가?

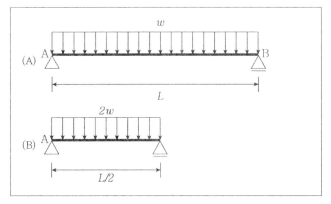

① 2배

② 4배

③ 8배

④ 12배

⑤ 16배

36 다음 중 연약지반의 기초에 관한 대책으로 옳지 않은 것은?

① 건물을 경량화한다.

② 지하실을 설치한다.

③ 마찰 말뚝을 이용한다.

④ 건물의 길이를 길게 한다.

⑤ 온통기초로 한다.

37 철근콘크리트 T형보의 유효폭 산정식에 관련된 사항으로 거리가 먼 것은?

① 보의 폭   ② 슬래브 중심간 거리

③ 슬래브 두께   ④ 보의 춤

⑤ 보의 경간

38 철근의 정착길이에 관한 사항으로 옳지 않은 것은?

① 인장이형철근 및 이형철선의 정착길이는 항상 300mm 이상이어야 한다.

② 압축이형철근의 정착길이 ld는 항상 150mm 이상이어야 한다.

③ 인장 또는 압축을 받는 하나의 다발철근 내에 잇는 개개 철근의 정착길이 ld는 다발철근이 아닌 경우의 각 철근의 정착길이보다 3개의 철근으로 구성된 다발철근에 대해서 20% 증가시켜야 한다.

④ 단부에 표준갈고리를 갖는 인장이형철근의 정착길이는 항상 8db 이상 또한 150mm 이상이어야 한다.

⑤ 다발철근의 정착길이를 계산할 때는 보정계수를 적절하게 선택하기 위해 한 다발 내에 있는 전체 철근 단면적을 등가단면으로 환산하여 산정된 지름으로 된 하나의 철근을 취급해야 한다.

39 철골트러스의 특성에 관한 설명으로 옳지 않은 것은?

① 직선 부재들이 삼각형의 형태로 구성되어 안정적인 거동을 한다.

② 트러스의 개방된 웨브공간으로 전기배선이나 덕트등과 같은 설비배관의 통과가 가능하다.

③ 부정정차수가 낮은 트러스의 경우에는 일부 부재나 접합부의 파괴가 트러스의 붕괴를 야기할 수 있다.

④ 직선 부재로만 구성되기 때문에 비정형 건축물의 구조체에는 적용되지 않는다.

⑤ 프랫트러스는 경사재가 인장재이며 경사방향이 양단에서 중심으로 하향하는 트러스이다.

40 지진하중 설계 시 밑면 전단력과 관계가 없는 것은?

① 유효건물중량

② 중요도계수

③ 지반증폭계수

④ 가스트계수

⑤ 반응수정계수

41 다음 중 강구조에 관한 설명으로 바르지 않은 것은?

① 장스팬의 구조물이나 고층구조물에 적합하다.

② 재료가 불에 타지 않기 때문에 내화성이 크다.

③ 강재는 다른 구조재료에 비하여 균질도가 높다.

④ 단면에 비하여 부재길이가 비교적 길고 두께가 얇아 좌굴하기 쉽다.

⑤ 콘크리트에 철골부재가 매입되기도 하고 강관 내부에 콘크리트가 매입되기도 한다.

42 다음 중 표준시방서에 따른 시스템비계에 관한 기준으로 바르지 않은 것은?

① 수직재와 수직재의 연결은 전용의 연결조인트를 사용하여 견고하게 연결하고, 연결부위가 탈락 또는 꺾어지지 않도록 하여야 한다.

② 수평재는 수직재에 연결핀 등의 결합방법에 의해 견고하게 결합되어 흔들리거나 이탈되지 않도록 해야 한다.

③ 대각으로 설치하는 가새는 비계의 외면으로 수평면에 대해 40~60도 방향으로 설치하며 수평재 및 수직재에 결속한다.

④ 시스템 비계 최하부에 설치하는 수직재는 받침 철물의 조절너트와 밀착되도록 설치해야 하며 수직과 수평을 유지해야 한다. 이때, 수직재와 받침철물의 겹침길이는 받침철물 전체길이의 5분의 1이상이 되도록 해야 한다.

⑤ 수직재 양 단부에 이탈 방지용 핀 구멍이 있는 경우에는 단부에서 핀 구멍까지의 간격은 40㎜ 이상이어야 한다.

43 건설현장에서 공사감리자로 근무하고 있는 A씨가 하는 업무에 해당되지 않는 것은?

① 상세시공도면의 작성

② 공사시공자가 사용하는 건축자재가 관계법령에 의한 기준에 적합한 건축자재인지 여부의 확인

③ 공사현장에서의 안전관리지도

④ 품질시험의 실시여부 및 시험성과의 검토, 확인

⑤ 건축자재가 기준에 적합한지의 여부 확인

44 공사장 부지의 경계선으로부터 50m 이내에 주거·상가건물이 있는 경우에 공사현장 주위에 가설울타리는 최소 얼마 이상으로 해야 하는가?

① 1.5m ② 1.8m

③ 2m ④ 3m

⑤ 5m

45 다음과 같은 원인으로 인하여 발생하는 용접 결함의 종류는?

> 원인 : 도료, 녹, 밀, 스케일, 모재의 수분

① 피트　　　　② 언더컷
③ 오버랩　　　　④ 엔드탭
⑤ 블로우홀

46 경량기포콘크리트(ALC)에 관한 설명으로 옳지 않은 것은?

① 기건 비중은 보통 콘크리트의 약 1/4 정도로 경량이다.
② 열전도율은 보통 콘크리트의 약 1/10 정도로서 단열성이 우수하다.
③ 유기질 소재를 주원료로 사용하여 내화성능이 매우 낮다.
④ 흡음성과 차음성이 우수하다.
⑤ 강도는 일반콘크리트보다 약하다.

47 건축주가 시공회사의 신용, 자산, 공사경력, 보유기자재 등을 고려하여 그 공사에 적격한 하나의 업체를 지명하여 입찰시키는 방법은?

① 공개경쟁입찰　　　　② 제한경쟁입찰
③ 지명경쟁입찰　　　　④ 특명입찰
⑤ 내역입찰

48 다음 중 합성수지에 관한 설명으로 바르지 않은 것은?

① 에폭시 수지는 접착제, 프린트 배선판 등에 사용된다.
② 염화비닐수지는 내후성이 있고, 수도관 등에 사용된다.
③ 아크릴 수지는 내약품성이 있고, 조명기구커버 등에 사용된다.
④ 페놀수지는 알칼리에 매우 강하고, 천장채광판 등에 주로 사용된다.
⑤ 열경화성 수지는 열을 한 번 받아서 경화가 되면 다시 열을 가해도 연화되지 않는다.

49 건설현장에서 굳지 않은 콘크리트에 대해 실시하는 시험으로 바르지 않은 것은?

① 슬럼프(Slump)시험
② 코어(Core) 시험
③ 염화물 시험
④ 공기량 시험
⑤ 흐름(Flow) 시험

50 다음 중 목공사에 사용되는 철물에 대한 설명으로 옳지 않은 것은?

① 감잡이쇠는 큰 보에 걸쳐 작은 보를 받게 하고, 안장쇠는 평보를 대공에 달아매는 경우 또는 평보와 ㅅ자보의 밑에 쓰인다.
② 못의 길이는 박아대는 재두께의 2.5배 이상이며 마구리 등에 박는 것은 3.0배 이상으로 한다.
③ 볼트 구멍은 볼트지름보다 3mm 이상 커서는 안 된다.
④ 듀벨은 볼트와 같이 사용하여 듀벨에는 전단력, 볼트에는 인장력을 분담시킨다.
⑤ 띠쇠는 나무 구조물에 꺾어 대거나 휘어 감아서 두 부재가 벌어지지 않게 하는 좁고 긴 철판이다.

51 다음 중 시멘트 액체방수에 관한 설명으로 바르지 않은 것은?

① 값이 저렴하고 시공 및 보수가 용이한 편이다.
② 바탕의 상태가 습하거나 수분이 함유되어 있더라도 시공할 수 있다.
③ 옥상 등 실외에서는 효력의 지속성을 기대할 수 없다.
④ 바탕콘크리트의 침하, 경화 후의 건조수축, 균열 등 구조적 변형이 심한 부분에도 사용할 수 있다.
⑤ 공사비가 저렴하고 재료의 취급이 용이하며 결함부를 쉽게 발견할 수 있다.

52 압연강재가 냉각될 때 표면에 생기는 산화철 표피를 무엇이라고 하는가?

① 스패터
② 밀스케일
③ 슬래그
④ 비드
⑤ 슬러기

53 다음 중 경량골재 콘크리트와 관련된 기준으로 바르지 않은 것은?

① 단위시멘트량의 최솟값 : 400kg/m³
② 물-결합재비의 최댓값 : 60%
③ 기건단위질량(경량골재 콘크리트 1종) : 1,700~2,000kg/m³
④ 굵은 골재의 최대치수 : 20mm
⑤ 공기량 : 보통 콘크리트 대비 1% 높게 권장

54 건축물에 사용되는 금속제품과 그 용도가 바르게 연결되지 않은 것은

① 피벗 : 문의 하부 발이 닿는 부분에 대하여 문짝이 손상되는 것을 방지하는 철물
② 코너비드 : 벽, 기둥 등의 모서리에 대는 보호용 철물
③ 논슬립 : 계단에 사용하는 미끄럼 방지 철물
④ 조이너 : 천장, 벽 등의 이음새 감추기용 철물
⑤ 인서트 : 구조물 등을 달아매기 위하여 콘크리트 바닥판에 미리묻어 놓는 철물

55 유리섬유(glass fiber)에 관한 설명으로 바르지 않은 것은?

① 단위면적에 따른 인장강도는 다르고, 가는 섬유일수록 인장강도는 크다.
② 탄성이 적고 전기절연성이 크다.
③ 내화성, 단열성, 내수성이 좋다.
④ 경량이면서 굴곡에 강하다.
⑤ 유기 섬유보다 내열성이 높고 불연성이다.

56 콘크리트 보수 및 보강에 관한 설명으로 바르지 않은 것은?

① 주입공법은 작업의 신속성을 위하여 균열부위에 주입파이프를 설치하여 보수재를 고압고속으로 주입하는 공법이다.
② 표면치리 공법은 균열 0.2mm 이하 부위에 수지로 충전하고 균열표면에 보수재료를 씌우는 공법이다.
③ 충전공법 사용재료는 실링재, 에폭시수지 및 폴리머시멘트 모르타르 등이 있다.
④ 탄소섬유접착공법은 탄소섬유판을 에폭시수지 등으로 콘크리트 면에 부착시켜 탄소섬유판의 높은 인장저항성으로 콘크리트를 보강하는 공법이다.
⑤ 강재앵커공법은 균열부분을 U형 앵커체로 통합시켜 내하력을 회복시키는 방법이다.

57 실내의 투시도를 그리는 방법으로 가장 적합한 것은?

① 1소점 투시도
② 2소점 투시도
③ 3소점 투시도
④ 등각 투시도
⑤ 부등각 투상도

58 다음 중 건축허가신청에 필요한 기본설계도서에 해당하지 않는 것은?

① 구조계산서
② 설계설명서
③ 소방설비도
④ 실시설계도
⑤ 건축계획서

59 건축제도에서 원칙으로 하는 치수의 단위는?

① μm
② mm
③ cm
④ km
⑤ inch

60 건축제도에 사용되는 선에 대한 설명으로 옳지 않은 것은?

① 실선은 보이는 부분의 윤곽 표시에 사용된다.

② 파선은 보이지 않는 부분의 표시에 사용된다.

③ 점선은 중심선, 절단선 등의 표시에 사용된다.

④ 1점 쇄선은 기준선, 경계선 등의 표시에 사용된다.

⑤ 2점 쇄선은 상실선 또는 1점 쇄선과 구별이 필요할 때 사용된다.

>>> 철도관련법령

61 철도산업발전기본법령상 철도운영에 해당하지 않는 것은?

① 화물 운송

② 철도시설 및 철도부지 등을 활용한 부대사업개발 및 서비스

③ 열차의 운행관리 및 철도차량의 정비

④ 객차 및 특수차

⑤ 철도 여객

62 철도산업발전기본법령상 철도안전에 관한 설명으로 옳지 않은 것은?

① 국가는 철도안전에 필요한 법적·제도적 장치를 마련하고 재원을 확보하도록 노력하여야 한다.

② 철도시설관리자는 해당 시설과 이를 이용하려는 철도차량 간의 성능검증 및 안전상태 점검 등 안전확보에 필요한 조치를 하여야 한다.

③ 철도운영자는 철도차량 및 장비 등의 안전성을 확보하고 이를 향상시키기 위해 노력하여야 한다.

④ 지방자치단체의 장은 철도사고조사를 위한 전담기구와 전문 인력을 확보하여야 한다.

⑤ 철도차량 및 장비 등의 제조업자는 법령에서 정하는 바에 따라 제조하는 철도차량 및 장비 등의 구조·설비 및 장치의 안전성을 확보하여야 한다.

63 철도산업발전기본법령상 국토교통부장관이 철도청장으로부터 이관 받은 철도청의 시설자산을 위탁할 수 없는 기관은?

① 철도공사

② 국가철도공단

③ 민법에 의해 설립된 영리법인

④ 상법에 의해 설립된 주식회사

⑤ 관련 기관 및 단체

64 철도산업발전기본법령상 국토교통부장관의 승인을 얻어 철도서비스의 제한 또는 중지를 취할 수 있는 경우로 옳지 않은 것은?

① 철도사고의 발생빈도가 높고 공익성이 부족한 경우

② 수지균형의 확보가 극히 곤란하여 경영상 어려움이 발생한 경우

③ 공익서비스비용에 대한 적정한 보상이 이루어지지 아니한 경우

④ 원인제공자가 위원회의 조정에 따르지 아니한 경우

⑤ 공익서비스비용을 원인제공자가 부담하지 아니한 경우

65 한국철도공사법령상 역 시설 개발 및 운영사업으로서 대통령령으로 정하는 사업이 아닌 것은?

① 철도시설의 유지·보수 등 국가로부터 위탁 받은 사업

② 환승시설

③ 철도이용객의 편의를 증진하기 위한 시설

④ 철도운영이나 철도와 다른 교통수단과의 연계운송을 위한 시설

⑤ 역사와 같은 건물 안에 있는 시설로서 문화 및 집회시설

66 한국철도공사법령상 국토교통부장관의 지도·감독을 받아야 할 업무로 옳지 않은 것은?

① 철도서비스 품질 개선에 관한 사항

② 연도별 사업계획 및 예산에 관한 사항

③ 철도사업계획의 이행에 관한 사항

④ 철도의 안전을 확보하기 위한 사항

⑤ 철도공사 임직원에 채용에 관한 사항

67 철도사업법령상 철도차량의 유형을 분류할 때 기준이 되는 것은?

① 운행속도   ② 운행종류

③ 운행거리

④ 운행기간⑤ 운행시간

68 철도사업법령상 열차를 이용하는 여객이 정당한 요금을 지급하지 않고 열차를 이용한 경우 승차구간에 해당하는 운임 외에 징수할 수 있는 부가운임의 범위는?

① 5배의 범위   ② 10배의 범위

③ 15배의 범위   ④ 20배의 범위

⑤ 30배의 범위

69 철도사업법령상 철도사업자에게 사업정지처분을 해야 할 경우 그 사업정지처분을 갈음하여 부과·징수할 수 있는 과징금의 최대금액은?

① 1천만 원   ② 5천만 원

③ 7천만 원   ④ 1억 원

⑤ 2억 원

70 철도사업법령상 국토교통부장관이 철도서비스의 품질평가를 실시한 후 그 결과를 공표할 때 포함해야 할 사항으로 옳지 않은 것은?

① 철도사업자의 재무상태

② 철도사업자별 평가순위

③ 평가지표별 평가결과

④ 철도서비스의 품질 향상도

⑤ 철도서비스에 대한 품질평가결과 국토교통부장관이 공표가 필요하다고 인정하는 사항

코레일(한국철도공사) 필기시험

성 명

아래에 문구를 빈칸에 정자로 기재하시오.

햇볕이 쏟아지는 가을날에 선선한 바람을 맞으며 하루를 보낸다.

필적확인란 :

생년월일

| | 0 | 1 | 2 | 3 | 4 | 5 | 6 | 7 | 8 | 9 |

직업기초능력평가

번호	1	2	3	4	5
1	①	②	③	④	⑤
2	①	②	③	④	⑤
3	①	②	③	④	⑤
4	①	②	③	④	⑤
5	①	②	③	④	⑤
6	①	②	③	④	⑤
7	①	②	③	④	⑤
8	①	②	③	④	⑤
9	①	②	③	④	⑤
10	①	②	③	④	⑤
11	①	②	③	④	⑤
12	①	②	③	④	⑤
13	①	②	③	④	⑤
14	①	②	③	④	⑤
15	①	②	③	④	⑤
16	①	②	③	④	⑤
17	①	②	③	④	⑤
18	①	②	③	④	⑤
19	①	②	③	④	⑤
20	①	②	③	④	⑤
21	①	②	③	④	⑤
22	①	②	③	④	⑤
23	①	②	③	④	⑤
24	①	②	③	④	⑤
25	①	②	③	④	⑤
26	①	②	③	④	⑤
27	①	②	③	④	⑤
28	①	②	③	④	⑤
29	①	②	③	④	⑤
30	①	②	③	④	⑤

직무수행능력평가

번호	1	2	3	4	5
31	①	②	③	④	⑤
32	①	②	③	④	⑤
33	①	②	③	④	⑤
34	①	②	③	④	⑤
35	①	②	③	④	⑤
36	①	②	③	④	⑤
37	①	②	③	④	⑤
38	①	②	③	④	⑤
39	①	②	③	④	⑤
40	①	②	③	④	⑤
41	①	②	③	④	⑤
42	①	②	③	④	⑤
43	①	②	③	④	⑤
44	①	②	③	④	⑤
45	①	②	③	④	⑤
46	①	②	③	④	⑤
47	①	②	③	④	⑤
48	①	②	③	④	⑤
49	①	②	③	④	⑤
50	①	②	③	④	⑤
51	①	②	③	④	⑤
52	①	②	③	④	⑤
53	①	②	③	④	⑤
54	①	②	③	④	⑤
55	①	②	③	④	⑤
56	①	②	③	④	⑤
57	①	②	③	④	⑤
58	①	②	③	④	⑤
59	①	②	③	④	⑤
60	①	②	③	④	⑤

철도관련법령

번호	1	2	3	4	5
61	①	②	③	④	⑤
62	①	②	③	④	⑤
63	①	②	③	④	⑤
64	①	②	③	④	⑤
65	①	②	③	④	⑤
66	①	②	③	④	⑤
67	①	②	③	④	⑤
68	①	②	③	④	⑤
69	①	②	③	④	⑤
70	①	②	③	④	⑤

코레일
(한국철도공사)

건축일반
[건축(일반)]

- 제 3 회 -

성명		생년월일	
시험시간	70분	문항수	70문항

<응시 전 주의사항>

○ 문제지 해당란과 OMR답안지에 성명과 생년월일을 정확하게 기재하십시오.

○ 기재착오, 누락 등으로 인한 불이익은 응시자 본인의 책임이니 OMR 답안지 작성에 유의하십시오.

○ 필기시험의 만점은 100점으로 합니다.

SEOWONGAK
(주)서원각

1 다음 글의 빈칸에 들어갈 내용으로 가장 적절한 것은?

자본주의 경제체제는 이익을 추구하는 인간의 욕구를 최대한 보장해 주고 있다. 기업 또한 이익 추구라는 목적에서 탄생하여, 생산의 주체로서 자본주의 체제의 핵심적 역할을 수행하고 있다. 곧, 이익은 기업가로 하여금 사업을 시작하게 된 동기가 된다. 이익에는 단기적으로 실현되는 이익과 장기간에 걸쳐 지속적으로 실현되는 이익이 있다. 기업이 장기적으로 존속, 성장하기 위해서는 _____ 실제로 기업은 단기 이익의 극대화가 장기 이익의 극대화와 상충될 때에는 단기 이익을 과감하게 포기하기도 한다.

① 두 마리의 토끼를 다 잡으려는 생각으로 운영해야 한다.
② 당장의 이익보다 기업의 이미지를 생각해야 한다.
③ 단기 이익보다 장기 이익을 추구하는 것이 더 중요하다.
④ 장기 이익보다 단기 이익을 추구하는 것이 더 중요하다.
⑤ 아무도 개척하지 않은 길을 개척할 수 있는 도전정신이 필요하다.

2 다음 글 이후에 이어질 만한 내용으로 가장 거리가 먼 것은?

철도교통의 핵심 기능인 정거장의 위치 및 역간거리는 노선, 열차평균속도, 수요, 운송수입 등에 가장 큰 영향을 미치는 요소로 고속화, 기존선 개량 및 신선 건설시 주요 논의의 대상이 되고 있으며, 과다한 정차역은 사업비를 증가시켜 철도 투자를 저해하는 주요 요인으로 작용하고 있다.

한편, 우리나라의 평균 역간거리는 고속철도 46km, 일반철도 6.7km, 광역철도 2.1km로 이는 외국에 비해 59~84% 짧은 수준이다. 경부고속철도의 경우 천안·아산역~오송역이 28.7km, 신경주역~울산역이 29.6km 떨어져 있는 등 1990년 기본계획 수립 이후 오송, 김천·구미, 신경주, 울산역 등 다수의 역 신설로 인해 운행 속도가 저하되어 표정속도가 선진국의 78% 수준이며, 경부선을 제외한 일반철도의 경우에도 표정속도가 45~60km/h 수준으로 운행함에 따라 타 교통수단 대비 속도경쟁력이 저하된 실정이다. 또한, 추가역 신설에 따른 역간거리 단축으로 인해 건설비 및 운영비의 대폭 증가도 불가피한 바, 경부고속철도의 경우 오송역 등 4개 역 신설로 인한 추가 건설비는 약 5,000억 원에 달한다. 운행시간도 당초 서울~부산 간 1시간 56분에서 2시간 18분으로 22분 지연되었으며, 역 추가 신설에 따른 선로분기기, 전환기, 신호기 등 시설물이 추가로 설치됨에 따라 유지보수비 증가 등 과잉 시설의 한 요인으로 작용했다. 이러한 역간 거리와 관련하여 도시철도의 경우 도시철도건설규칙에서 정거장 간 거리를 1km 이상으로 규정함으로써 표준 역간거리를 제시하고 있으나, 고속철도, 일반철도 및 광역철도의 정거장 위치와 역간 거리는 교통수요, 정거장 접근거리, 운행속도, 여객 및 화물열차 운행방법, 정거장 건설 및 운영비용, 선로용량 등 단일 차량과 단일 정차패턴이 기본인 도시철도에 비해 복잡한 변수를 내포함으로써 표준안을 제시하기가 용이하지 않았으며 관련 연구가 매우 부족한 상황이다.

① 외국인 노선별 역간 거리 비교
② 역간 거리가 철도 운행 사업자에게 미치는 영향 분석
③ 역간 거리 연장을 어렵게 하는 사회적인 요인 파악
④ 신설 노선 적정 역간 거리 유지 시 기대효과 및 사회적 비용 절감 요소 분석
⑤ 역세권 개발과 부동산 시장과의 상호 보완요인 파악

3 다음은 '작업 중 스마트폰 사용으로 인한 산업현장 사고'와 관련된 사내 안내문을 작성하기 위한 개요이다. 〈자료〉의 활용 방안으로 적절하지 않은 것은?

주제 : 작업 중 스마트폰 사용으로 인한 산업현장 사고를 방지하기 위해 전사적 차원의 대책을 마련해야 한다.

Ⅰ. 서론 : 현황 ·· ㉠
Ⅱ. 본론
　1. 문제 원인
　　가. 의식적 요인 ······························· ㉡
　　나. 제도적 요인 ······························· ㉢
　2. 문제 해결 방안
　　가. 의식 개선 방안 ·························· ㉣
　　나. 제도 개선 방안 ·························· ㉤
Ⅲ. 결론

〈자료〉
㈎ 신문 기사
　작업 중 스마트폰 사용으로 인한 산업현장 사고가 최근 4년간 1.94배 증가했다. 이는 작업 중 산업현장 사고 증가율 1.1배보다 2배 가까이 높다.
㈏ 관련 담당자 인터뷰
　조사 대상의 84%가 작업 중 스마트폰 사용이 위험하다는 사실을 알고 있지만, 96%는 1일 1회 이상 작업 중 스마트폰을 사용한다고 답했습니다. 그런데 우리 회사에는 아직 이와 관련한 대책이 없습니다.
㈐ 연구 보고서
　안전 의식을 높이기 위한 교육 프로그램 개발, 안전 시설물 설치, 또는 패널티 부과 등 작업 중 스마트폰 사용으로 인한 산업현장 사고 방지를 위해 노력하는 세계 각국의 모습을 참고할 필요가 있다.

① ㉠에 ㈎를 활용하여 작업 중 스마트폰 사용으로 인한 산업현장 사고의 발생률이 증가하고 있음을 언급한다.
② ㉡에 ㈏를 활용하여 작업 중 스마트폰 사용이 위험하다는 사실을 알지 못하는 것이 산업현장 사고 발생 원인의 하나임을 제시한다.
③ ㉢에 ㈏를 활용하여 관련 대책의 부재가 작업 중 스마트폰 사용으로 인한 산업현장 사고를 방지하지 못하는 원인 중 하나임을 언급한다.
④ ㉣에 ㈐를 활용하여 작업 중 스마트폰을 사용하지 않게 하는 전사적 차원의 교육 프로그램을 개발할 것을 제안한다.
⑤ ㉤에 ㈐를 활용하여 패널티 부과 등 작업 중 스마트폰 사용으로 인한 산업현장 사고를 방지할 수 있는 대책을 마련해야 함을 주장한다.

4 다음 밑줄 친 단어의 의미와 동일하게 쓰인 것을 고르시오.

　김동연 경제부총리 겸 기획재정부 장관은 26일 최근 노동이슈 관련 "다음 주부터 시행되는 노동시간 단축 관련 올해 말까지 계도기간을 설정해 단속보다는 제도 정착에 초점을 두고 추진할 것"이라고 밝혔다.
　김동연 부총리는 이날 정부서울청사에서 노동현안 관련 경제현안간담회를 주재하고 "7월부터 노동시간 단축제도가 시행되는 모든 기업에 대해 시정조치 기간을 최장 6개월로 늘리고, 고소·고발 등 법적인 문제의 처리 과정에서도 사업주의 단축 노력이 충분히 참작될 수 있도록 하겠다."라며 이같이 말했다.
　김 부총리는 "노동시간 단축 시행 실태를 면밀히 조사해 탄력 근로단위기간 확대 등 제도개선 방안도 조속히 마련하겠다."라며 "불가피한 경우 특별 연장근로를 인가받아 활용할 수 있도록 구체적인 방안을 강구할 것"이라고 밝혔다.

① 우리는 10년 만에 넓은 평수로 늘려 이사했다.
② 그 집은 알뜰한 며느리가 들어오더니 금세 재산을 늘려 부자가 되었다.
③ 적군은 세력을 늘린 후 다시 침범하였다.
④ 실력을 늘려서 다음에 다시 도전해 보아라.
⑤ 대학은 학생들의 건의를 받아들여 쉬는 시간을 늘리는 방안을 추진 중이다.

5 다음의 내용을 읽고 문맥상 괄호 안에 들어갈 말로 가장 적절한 것을 고르면?

'특정 종교의 행사'라는 이유로 전주역 광장에 기원 탑 설치를 불허했던 코레일 전북본부가 입장을 철회했다. 부처님 오신날 봉축기간에 맞춰 기원 탑을 설치하려던 지역 불교계의 거센 반발에 부딪히자 긍정적 입장에서의 재검토를 약속한 것이다.

코레일 전북본부는 4월 18일 전라북도 부처님 오신 날 봉축위원회(이하 전북 봉축위)에 보낸 공문을 통해 '기원 탑 설치를 위한 전주역 광장 사용 요청에 관해 긍정적으로 승인을 재검토하겠다'고 회신했다. 코레일 전북본부는 "전주역과 귀 위원회 간 '남북평화통일 기원 탑' 설치와 관련 발생된 이견은 전주역과의 구두협의 과정에서 상호이해가 부족했던 사항으로 판단된다"며 "다시 요청을 해주시면 긍정적으로 승인을 재검토 할 수 있다"고 전해왔다. 이어 "귀 위원회에서 추진 중인 '연등회'행사는 국가무형문화재로서 전통문화와 민족정서를 계승하고 있다는 점에 공감하며 성공적으로 마칠 수 있기를 기원한다"고 전해왔다.

코레일 전북본부 관계자는 법보신문과의 통화에서 "전북 봉축위에서 보낸 공식 공문을 17일에야 접수했다. 전주역에서 코레일 전북본부 쪽으로 온 문의는 시설물 설치 안전에 관한 문의였고 '연등회' 행사라는 이야기도 없었다. 안전 등을 생각해 전주역에서 판단할 사항으로 결정했다"며 "공문 접수 후 전주역 광장 사용 허가를 긍정적으로 검토해 전북봉축위에 전달했으나 현재 시일이 촉박하여 이미 다른 장소에 기원 탑을 설치하고 있는 만큼 안전에 문제가 없는 상황에서 내년부터는 전주역 광장을 사용하는 것으로 일단락 지었다"고 말했다. 이와 관련 전북 봉축위 이원일 사무국장은 "행사 일정상 올해에는 전주역에 기원 탑을 설치하는 것이 힘들어 내년부터 전주역 광장을 사용하도록 할 계획"이라며 "하지만 연등회 행사를 특정종교 행사로 인식하고 있는 관계기관의 인식을 바로잡고 잘못된 전례를 남기지 않기 위해서라도 코레일 전북본부의 명확한 답변을 받아냈다"고 말했다.

전북 불교연합대책위 등 지역불교 단체들은 코레일 전북본부의 (   )을/를 긍정적으로 평가하며 "이러한 사태에 엄중히 대응함으로써 후대에 오점을 남기는 일이 없도록 해야 한다"며 "이번 일을 계기로 연등회 준비를 더 빠르게 계획하고 추진해 더욱 내실 있는 행사로 발전시켜 나가겠다"고 입을 모았다.

① 배송(配送)　　　② 면담(面談)
③ 발송(發送)　　　④ 발전(發展)
⑤ 회신(回信)

6 아래의 내용은 코레일의 광명역 도심공항버스(KTX 리무진) 운송약관 제정(안)의 일부를 발췌한 것이다. 아래의 내용을 읽고 잘못 설명된 것을 고르면?

제1장 총칙

제2조(용어의 정의) 이 약관에 사용하는 용어의 정의는 다음과 같다.

① "승차권"이란 운송을 위하여 철도공사가 발행하는 증표(KTX 리무진 승차권)로서, 승차권 발행방법 및 형태 등에 따라 다음과 같이 구분한다.
  1. 종이승차권 : 운행정보 등 운송에 필요한 사항을 KTX 리무진 승차권용 전용 용지에 인쇄한 승차권
  2. 모바일승차권(Mobile-Ticket) : 인터넷 통신과 컴퓨터 지원기능을 갖춘 스마트폰, 태블릿 PC 등으로 철도공사에서 제공 또는 승인한 전용 프로그램(Application)에 운행정보 등 운송에 필요한 사항을 전송받은 승차권
② "운임"이란 철도공사에서 법 제8조의 규정의 의하여 관할관청에 신고 수리된 금액을 말한다.
③ "수하물"이란 여객이 여행 시 휴대하거나 탁송을 의뢰한 소지품 및 물품을 말한다.
④ "Check-in 수하물"이란 여객이 여행 시 탁송을 의뢰하여 백택(Bag Tag)을 부착한 수하물을 말한다.
⑤ "휴대수하물"이란 여객이 소지하는 물품 중 제20조 및 제22조에서 규정한 중량과 용적을 초과하지 않으며, 운송이 금지되지 않은 물품으로, 여객이 휴대할 수 있는 물품을 말한다.
⑥ "초과수하물"이란 무료운송 수하물 허용량을 초과한 수하물을 말한다.
⑦ "수하물표"란 Check-in 수하물이 아닌 수하물의 운송을 위해 철도공사에서 발행하는 증표를 말한다.
⑧ "총중량"이란 실 중량에 포장된 용기의 무게를 포함한 중량을 말한다.

① 승차권은 운송을 위해 철도공사가 발행하는 증표이다.
② 수하물은 고객이 여행 시 휴대하거나 탁송을 의뢰한 소지품 및 물품이다.
③ "종이승차권"은 태블릿 PC 등으로 철도공사에서 제공 또는 승인한 전용 프로그램에 운행정보 등 운송에 필요한 사항을 전송받은 승차권이다.
④ 수하물표는 수하물의 운송을 위해 철도공사에서 발행하는 증표이다.
⑤ 총중량은 실 중량에 포장된 용기의 무게를 포함한 중량이다.

┃5～6┃ 다음 글을 읽고 물음에 답하시오.

저금리가 유지되고 있는 사회에서는 저축에 대한 사람들의 인식이 상당히 회의적이다. 저축은 미래의 소비를 위해 현재의 소비를 억제하는 것을 의미하는데, 이내 그 대가로 주어지는 것이 이자이다. 하지만 저금리 상황에서는 현재의 소비를 포기하는 대가로 보상받는 비용인 이자가 적기 때문에 사람들은 저축을 신뢰하지 못하게 되는 것이다.

화폐의 효용성과 합리적인 손익을 따져 본다면 저금리 시대의 저축률은 줄어드는 것이 당연하다. 물가 상승에 비해 금리가 낮을 때에는 시간이 경과할수록 화폐의 가치가 떨어지게 되어 저축으로부터 얻을 수 있는 실질적인 수익이 낮아지거나 오히려 손해를 입을 수 있기 때문이다.

그런데 한국은행이 발표한 최근 자료를 보면, 금리가 낮은 수준에 머물고 있을 때에도 저축률이 상승하였음을 알 수 있다. 2012년에 3.4%였던 가계 저축률이 2014년에는 6.1%로 상승한 것이다. 왜 그럴까? 사람들이 저축을 하는 데에는 단기적인 금전상의 이익 이외에 또 다른 요인이 작용하기 때문이다. 살아가다 보면 예기치 않은 소득 감소나 질병 등으로 인해 갑자기 돈이 필요한 상황이 생길 수 있다. 이자율이 낮다고 해서 돈이 필요한 상황에 대비할 필요가 없어지는 것은 아니다. 이런 점에서 볼 때 금리가 낮음에도 불구하고 사람들이 저축을 하는 것은 장래에 닥칠 위험을 대비하기 위한 적극적인 의지의 반영인 것이다.

저금리 상황 속에서 저축을 하지 않는 것이 당장은 경제적인 이득을 얻는 것처럼 보일 수 있다. 하지만 이는 미래에 쓸 수 있는 경제 자원을 줄어들게 만들고 개인의 경제적 상황을 오히려 악화시킬 수도 있다. 또한 고령화가 급격하게 진행되는 추세 속에서 노후 생활을 위한 소득 보장의 안전성을 저해하는 등 사회 전반의 불안감을 높일 수도 있다. 따라서 눈앞에 보이는 이익에만 치우쳐서 저축이 가지는 효용 가치를 단기적인 측면으로 한정해서 바라보아서는 안 된다.

우리의 의사 결정은 대개 미래가 불확실한 상황에서 이루어지며 우리가 직면하는 불확실성은 확률적으로도 파악하기 힘든 것이 대부분이다. 따라서 저축의 효용성은 단기적 이익보다 미래의 불확실성에 대비하기 위한 거시적 관점에서 그 중요성을 생각해야 한다.

7 윗글에 대한 평가로 가장 적절한 것은?

① 핵심 개념을 소개한 후 관련 이론을 제시하고 있다.

② 주장을 여러 항목으로 나누어 순차적으로 제시하고 있다.

③ 전문 기관의 자료를 활용하여 논의의 근거로 삼고 있다.

④ 다양한 계층의 시각으로 균형 있는 정보를 제공하고 있다.

⑤ 유사한 사례를 비교하여 공통점과 차이점을 부각하고 있다.

8 윗글의 글쓴이가 다음에 대해 보일 수 있는 반응으로 적절하지 않은 것은?

요즘 저축 이자율은 떨어지고 물가 상승률은 증가하고 있다. 그래서 A는 저축을 하지 않고 있다. 하지만 B는 A에게 저축을 하는 것이 좋겠다고 조언한다.

① A가 저축을 하지 않는 이유는 화폐 가치의 하락을 우려하고 있기 때문이군.

② A가 저축을 하지 않는 이유는 당장의 경제적인 이익을 중요하게 생각하기 때문이군.

③ B가 저축을 해야 한다고 조언하는 이유는 단기적인 금전상의 이익이 아닌 또 다른 요인을 고려하기 때문이군.

④ B가 저축을 해야 한다고 조언하는 이유는 저축을 미래의 불확실성에 대비하기 위한 방안이라고 보기 때문이군.

⑤ B가 저축을 해야 한다고 조언하는 이유는 현재 소비를 포기한 대가로 받는 이자를 더 중요하게 생각하기 때문이군.

9 20XX년 8월 1일 축구로 인해 세계적으로 친해진 지단, 메시, 클로제, 호날두, 앙리는 한국여행을 하기 위해 비행기를 타고 열차를 갈아타서 서울역에 도착하였다. 역에 입성한 이들을 위해 아래의 약관은 역 직원들이 코레일의 광명역 도심공항버스(KTX 리무진) 운송약관 제정(안)의 일부를 발췌하여 제공한 것이다. 다음 중 이를 읽고 내용을 살못 이해하고 있는 사람을 고르면?

제2장 승차권과 운임

제10조(KTX 리무진 승차권의 발행)

① 철도공사는 출발 1개월 전 07:00부터 승차권을 발권하며 제9조에 의하거나 원활한 여객 수송을 위해 필요한 경우 발권방법 · 범위 · 시각 · 순서 · 장소 · 매수 · 횟수 등을 제한 또는 조정할 수 있다.

② 승차권은 예약과 함께 결제 및 발권을 해야 하며, 결제 또는 발권하지 않는 경우 예약사항은 자동 취소된다.

③ 승차권을 발권 받은 사람은 승차일시 · 승차구간 등의 운송 조건을 확인하여야 한다.

④ 여객이 휴대폰으로 전송받을 수 있는 승차권 매수는 1인 1회에 9매까지 가능하다.

⑤ 승차권의 취소, 변경은 다음 각 호에 의한다.

  1. 날짜 지정 출발 일까지 한하여 역 매표창구, 모바일 매체 등을 통하여 미사용 승차권을 취소할 수 있다.

  2. KTX 무진 승차권 변경 시에는 기 발행된 KTX 리무진 승차권을 취소 후, 다시 승차권 발매 서비스를 통하여 발행하여야 한다.

제12조(승차권의 사용)

① 승차권은 기재사항을 준수하여 사용해야 하며, 기재사항을 임의로 말소 개조 또는 승차권을 분실한 경우 철도공사는 해당 승차권을 무효로 한다.

③ 모바일승차권은 지정한 모바일 앱을 통하여 모바일로 전송받은 승차권만 유효하다.

④ 승차권의 임의변경, 복사, 위변조 및 효력이 상실된 승차권을 사용하여, 적발된 경우 형법 제214조(유가증권의 위조 등), 제231조(사문서등의 위조 · 변조), 제236조(사문서의 부정행사)등 관련법에 따라 고발 조치할 수 있다.

⑤ 승차권의 유효기간은 적용일 당회에 한하여 유효함을 기본 원칙으로 한다. 단, 승차권의 기재사항 대로 사용하지 못한 경우 제15조 규정에 의하여 반환 받을 수 있다.

제13조(무임운송과 할인)

① 여객이 동반하는 6세 미만의 소아 1인은 무임으로 운송한다. 다만, 여객이 동반하는 소아가 1인을 초과하거나 좌석을 점유하고자 하는 경우 할인 운임을 적용할 수 있다.

② 제24조의 수하물은 무임으로 운송한다.

③ 13세 미만의 어린이(초등학생)는 할인할 수 있다.

④ 10인 이상의 단체는 할인할 수 있다.

⑤ 제③항 및 제④항에 따라 운임을 할인하는 경우 회사에서 제공하는 다른 할인과는 중복 할인하지 않는다.

---

① 지단 : 약관을 보면 오늘부터 9월 1일 강릉행 열차 티켓을 발권 받을 수 있어.

② 메시 : 승차권 예약과 더불어 결제나 발권을 하지 못하면 자동적으로 취소한다는군.

③ 클로제 : 내 조카는 13세이니까 할인혜택을 받을 수 있어.

④ 호날두 : 한국에 내 친구들이 17명 정도 있으니 이 친구들과 함께하면 할인혜택을 받을 수 있어.

⑤ 앙리 : 내 조카는 현재 4살인데 열차 이용 시 무임으로 운송이 가능하다고 하네.

10 다음 글을 읽고 이에 관련한 내용으로 보기 가장 어려운 것을 고르면?

현대는 소비의 시대다. 소비가 하나의 이데올로기가 된 세상이다. 소비자들은 쏟아져 나오는 여러 상품들을 선택하는 행위를 통해 욕구 충족을 할 뿐 아니라 개인의 개성과 정체성을 형성한다. 소비가 인간을 만드는 것이다. 그뿐 아니다. 다른 사람의 소비를 보면서 그를 평가하기도 한다. 그 사람이 무엇을 소비하느냐에 따라 그 사람의 값을 매긴다.

거기서 자연스럽게 배태되는 게 바로 유행이다. 온통 소비에 신경을 쓰다 보니 유명인이나 트렌드 세터들이 만들어내는 소비패턴에 민감하다. 옷이든 장신구든 아니면 먹거리든 간에 이런 유행을 타지 않은 게 드물 정도다. 유행을 따르지 않으면 어딘지 시대에 뒤지고 소외되는 것 같은 강박관념이 사람들을 짓누르고 있다.

문제는 유행이 무척 짧은 수명을 갖는다는 것이다. 옷 같은 경우는 일 년이 멀다하고 새로운 패션이 밀려온다. 소비시장이 그만큼 다양화, 개성화, 전문화됐다는 뜻이다. 제대로 유행의 첨단에 서자면 정신이 달아날 지경일 것이다.

원래 제품 수명주기이론에서는 제품이 태어나 사라질 때까지를 보통 3~5년 정도로 본다. 즉 도입기와 성장기-성숙기-쇠퇴기를 거치는 데 몇 년 정도는 걸린다는 설명이다. 상품의 생명력이 이 정도 유지되는 게 정상이다. 그래야 생산자들도 어느 정도 이 속도에 맞춰 신상품을 개발하는 등 마케팅 전략을 세울 수 있다.

그런데 최근 풍조는 상품 수명이 1년을 넘기지 못하는 경우가 잦다고 한다. 소득이 늘면서 유행에 목을 매다보니 남보다 한 발짝이라도 빨리 가고 싶은 욕망이 생기고 그것이 유행의 주기를 앞당기는 것이다. 한 때 온 나라를 떠들썩하게 했던 아웃도어 열풍이 급격히 식어가고 있다는 보도다. 업계에 따르면 국내 아웃도어 시장 규모는 2014년 7조 4000억 원을 정점으로 급격한 내림세에 접어들었다. 작년 백화점 등 유통업체들은 아웃도어에서 6~9% 마이너스 성장을 했다. 업체들은 일부 브랜드를 접고 감원에 들어가는가 하면 백화점에서도 퇴점하는 사례가 증가하고 있다.

과거에도 하얀국물 라면 등 음식이나 패션 등 일부 상품에서 빠른 트렌드 변화가 읽혔다. 소비자 요구는 갈수록 복잡다단해지고 기업이 이에 적응하는 데는 한계가 있는 것이다. 피곤한 것은 기업 쪽이다. 한편으로는 갈수록 부박해지는 소비문화가 걱정스럽기도 하다. 환경보호 등 여러 측면에서 소비가 미덕인 시대는 아닌 것 같기 때문이다.

① 사람들은 제품구매를 통해 니즈를 충족하고 그들의 개성을 형성하게 된다.
② 현대에 들어 분야를 막론하고 유행을 좇지 않는 게 거의 없다.
③ 제품수명주기는 도입기 – 성장기 – 성숙기 – 쇠퇴기의 4단계를 겪게 된다.
④ 소득이 증가하면서 제품의 유행주기가 점차적으로 느리게 된다.
⑤ 빠른 트렌드의 변화로 인해 소비자들의 욕구충족이 되는 반면에 기업의 경우에는 이에 맞추기 위해 상당히 피곤해진다.

11 다음은 '철도안전법'의 일부 내용이다. 제시된 글의 내용과 일치하는 것은 어느 것인가?

제47조(여객열차에서의 금지행위) 여객은 여객열차에서 다음 각 호의 어느 하나에 해당하는 행위를 하여서는 아니 된다.
1. 정당한 사유 없이 국토교통부령으로 정하는 여객출입 금지장소에 출입하는 행위
2. 정당한 사유 없이 운행 중에 비상정지버튼을 누르거나 철도차량의 옆면에 있는 승강용 출입문을 여는 등 철도차량의 장치 또는 기구 등을 조작하는 행위
3. 여객열차 밖에 있는 사람을 위험하게 할 우려가 있는 물건을 여객열차 밖으로 던지는 행위
4. 흡연하는 행위
5. 철도종사자와 여객 등에게 성적(性的) 수치심을 일으키는 행위
6. 술을 마시거나 약물을 복용하고 다른 사람에게 위해를 주는 행위
7. 그 밖에 공중이나 여객에게 위해를 끼치는 행위로서 국토교통부령으로 정하는 행위

제48조(철도 보호 및 질서유지를 위한 금지행위) 누구든지 정당한 사유 없이 철도 보호 및 질서유지를 해치는 다음 각 호의 어느 하나에 해당하는 행위를 하여서는 아니 된다.
1. 철도시설 또는 철도차량을 파손하여 철도차량 운행에 위험을 발생하게 하는 행위

2. 철도차량을 향하여 돌이나 그 밖의 위험한 물건을 던져 철도차량 운행에 위험을 발생하게 하는 행위

3. 궤도의 중심으로부터 양측으로 폭 3미터 이내의 장소에 철도차량의 안전 운행에 지장을 주는 물건을 방치하는 행위

4. 철도교량 등 국토교통부령으로 정하는 시설 또는 구역에 국토교통부령으로 정하는 폭발물 또는 인화성이 높은 물건 등을 쌓아 놓는 행위

5. 선로[철도와 교차된 도로(건널목)는 제외한다] 또는 국토교통부령으로 정하는 철도시설에 철도운영자등의 승낙 없이 출입하거나 통행하는 행위

6. 역 시설 등 공중이 이용하는 철도시설 또는 철도차량에서 폭언 또는 고성방가 등 소란을 피우는 행위

7. 철도시설에 국토교통부령으로 정하는 유해물 또는 열차운행에 지장을 줄 수 있는 오물을 버리는 행위

8. 역 시설 또는 철도차량에서 노숙(露宿)하는 행위

9. 열차운행 중에 타고 내리거나 정당한 사유 없이 승강용 출입문의 개폐를 방해하여 열차운행에 지장을 주는 행위

10. 정당한 사유 없이 열차 승강장의 비상정지버튼을 작동시켜 열차운행에 지장을 주는 행위

11. 그 밖에 철도시설 또는 철도차량에서 공중의 안전을 위하여 질서유지가 필요하다고 인정되어 국토교통부령으로 정하는 금지행위

① 열차 밖에 있는 사람을 위험하게 할 의도가 없었다면, 물건을 밖으로 던지는 행위가 금지되어 있지는 않다.

② 열차가 아닌 역사에서 노숙을 하거나 열차 내 승무원이 아닌 승객에게 성희롱을 하는 것은 '철도안전법'에 의한 금지 행위가 아니다.

③ 여객출입 금지 장소인 기관실을 제외하면 어느 구역이든 접근 및 출입은 가능하다.

④ 열차 내에서는 다른 탑승객들이 그 피해를 피할 수 없는 흡연은 금지되어 있으나, 혼자 조용히 술을 마시는 행위는 금지되어 있지 않다.

⑤ 철도 건널목 위를 차량에 탑승하지 아니한 채 도보로 통행하는 것은 금지되어 있지 않지만, 건널목을 조금이라도 벗어나 선로로 진입하는 것은 금지되어 있다.

12 다음 자료는 A회사의 버스 종류별 1대당 1일 총운송비용을 나타낸 자료이다. 이에 대한 설명으로 옳지 않은 것은?

(단위 : 원)

부문	항목	일반버스	굴절버스	저상버스
가동비	운전직 인건비	331,400	331,400	331,400
	연료비	104,649	160,709	133,133
	타이어비	3,313	8,282	4,306
	소계	439,362	500,391	468,839
보유비	관리직 인건비	42,638	42,638	42,638
	차량보험료	16,066	21,641	16,066
	차량 감가상각비	23,944	104,106	24,057
	차고지비	3,029	4,544	3,029
	기타관리비	40,941	40,941	40,941
	정비비	9,097	45,484	13,645
	소계	135,715	259,354	140,376
총운송비용		575,077	759,745	609,215

① 버스의 종류와 상관없이 기타관리비와 인건비는 동일하다.

② 일반버스와 굴절버스 간의 운송항목 비용 중 비용 차이가 가장 큰 항목은 연료비이다.

③ 굴절버스는 다른 버스 종류에 비해 총운송비용에서 보유비가 차지하는 비중이 크다.

④ 굴절버스 정비비는 일반버스 정비비의 약 5배이다.

⑤ 일반버스와 저상버스의 차고지비는 동일하다.

13 다음은 세 골프 선수 갑, 을, 병의 9개 홀에 대한 경기결과를 나타낸 표이다. 이에 대한 설명으로 옳은 것을 모두 고른 것은?

홀 번호	1	2	3	4	5	6	7	8	9	타수 합계
기준 타수	3	4	5	3	4	4	4	5	4	36
甲	0	x	0	0	0	0	x	0	0	34
乙	x	0	0	0	y	0	0	y	0	( )
丙	0	0	0	x	0	0	0	y	0	36

※ 기준 타수 : 홀마다 정해져 있는 타수를 말함

※ x, y는 개인 타수 – 기준 타수의 값

※ 0은 기준 타수와 개인 타수가 동일함을 의미

ㄱ x는 기준 타수보다 1타를 적게 친 것을 의미한다.
ㄴ 9개 홀의 타수의 합은 갑과 을이 동일하다.
ㄷ 세 선수 중에서 타수의 합이 가장 적은 선수는 갑이다.

---

① ㄱ

② ㄱ, ㄴ

③ ㄱ, ㄷ

④ ㄴ, ㄷ

⑤ ㄱ, ㄴ, ㄷ

14 다음은 A 회사의 2010년과 2020년의 출신 지역 및 직급별 임직원 수에 대한 자료이다. 이에 대한 설명으로 옳지 않은 것은?

〈표1〉 2010년의 출신 지역 및 직급별 임직원 수
(단위 : 명)

직급＼지역	서울·경기	강원	충북	충남	경북	경남	진북	전남	합계
이사	0	0	1	1	0	0	1	1	4
부장	0	0	1	0	0	1	1	1	4
차장	4	4	3	3	2	1	0	3	20
과장	7	0	7	4	4	5	11	6	44
대리	7	12	14	12	7	7	5	18	82
사원	19	38	41	37	11	12	4	13	175
합계	37	54	67	57	24	26	22	42	329

〈표2〉 2020년의 출신 지역 및 직급별 임직원 수
(단위 : 명)

직급＼지역	서울·경기	강원	충북	충남	경북	경남	전북	전남	합계
이사	3	0	1	1	0	0	1	2	8
부장	0	0	2	0	0	1	1	0	4
차장	3	4	3	4	2	1	1	2	20
과장	8	1	14	7	6	7	18	14	75
대리	10	14	13	13	7	6	2	12	77
사원	12	35	38	31	8	11	2	11	148
합계	36	54	71	56	23	26	25	41	332

① 출신 지역을 고려하지 않을 때, 2010년 대비 2020년에 직급별 인원의 증가율은 이사 직급에서 가장 크다.

② 출신 지역별로 비교할 때, 2020년의 경우 해당 지역 출신 임직원 중 과장의 비율은 전라북도가 가장 높다.

③ 2010년에 비해 2020년에 과장의 수는 증가하였다.

④ 2010년에 비해 2020년에 대리의 수가 늘어난 출신 지역은 대리의 수가 줄어든 출신 지역에 비해 많다.

⑤ 2010년에 비해 2020년의 전라북도의 전체 임직원 수의 합계는 증가하였다.

15 다음은 서울 및 수도권 지역의 가구를 대상으로 난방방식 현황 및 난방연료 사용현황에 대해 조사한 자료이다. 이에 대한 설명 중 옳은 것을 모두 고르면?

〈표1〉 난방방식 현황

(단위 : %)

종류	서울	인천	경기 남부	경기 북부	전국 평균
중앙난방	22.3	13.5	6.3	11.8	14.4
개별난방	64.3	78.7	26.2	60.8	58.2
지역난방	13.4	7.8	67.5	27.4	27.4

〈표2〉 난방연료 사용현황

(단위 : %)

종류	서울	인천	경기 남부	경기 북부	전국 평균
도시가스	84.5	91.8	33.5	66.1	69.5
LPG	0.1	0.1	0.4	3.2	1.4
등유	2.4	0.4	0.8	3.0	2.2
열병합	12.6	7.4	64.3	27.1	26.6
기타	0.4	0.3	1.0	0.6	0.3

㉠ 경기 북부지역의 경우, 도시가스를 사용하는 가구 수가 등유를 사용하는 가구 수의 20배 이상이다.
㉡ 서울과 인천지역에서는 다른 난방연료보다 도시가스를 사용하는 비율이 높다.
㉢ 지역난방을 사용하는 가구 수의 비율은 서울이 인천의 2배 이상이다.
㉣ 경기지역은 남부가 북부보다 지역난방을 사용하는 비율이 낮다.

① ㉠㉡
② ㉠㉢
③ ㉠㉣
④ ㉡㉣
⑤ ㉡㉢

16 다음은 어느 나라의 성별 흡연율과 금연계획률에 관한 자료이다. 이에 대한 설명으로 옳은 것은?

〈표1〉 성별 흡연율

(단위 : %)

연도 / 성별	2017	2018	2019	2020	2021	2022	2023
남성	45.0	47.7	46.9	48.3	47.3	43.7	42.1
여성	5.3	7.4	7.1	6.3	6.8	7.9	6.1
전체	20.6	23.5	23.7	24.6	25.2	24.9	24.1

〈표2〉 금연계획률

(단위 : %)

연도 / 구분	2017	2018	2019	2020	2021	2022	2023
금연계획률	59.8	( )	57.4	53.5	(㉠)	55.2	56.5
단기 금연계획률	19.4	17.7	18.2	20.8	20.2	19.6	19.3
장기 금연계획률	40.4	39.2	( )	32.7	36.1	35.6	37.2

※ 흡연율(%) = $\dfrac{흡연자\ 수}{인구\ 수} \times 100$

※ 금연계획률(%) = $\dfrac{금연계획자\ 수}{흡연자\ 수} \times 100$
$= 단기\ 금연계획률 + 장기\ 금연계획률$

① 매년 전체 흡연율은 증가하고 있다.
② 매년 남성 흡연율은 여성 흡연율의 7배 이상이다.
③ 금연계획률은 매년 50% 이상이다.
④ ㉠에 들어갈 수치는 55.3이다.
⑤ 매년 단기 금연계획률은 장기 금연계획률보다 높다.

17 다음은 ○○기관의 연도말 부채잔액 및 연간 차입 규모에 대한 자료이다. 자료 분석 결과로 옳지 않은 것은?

① ○○기관의 연도말 부채잔액은 점점 늘어나고 있다.

② 2021~2024년 중 전년대비 연도말 부채잔액이 가장 크게 늘어난 해는 2021년이다.

③ 전체 기간 중 연간 차입액 변화 추이로 볼 때, 2024년은 주목할 만한 변화이다.

④ 2024년 전년대비 늘어난 연도말 부채잔액은 전년대비 줄어든 연간 차입액의 5배가 넘는다.

⑤ 연도말 부채잔액과 연간 차입액의 변화 추이는 서로 다르다.

▌18~19▐ 기술보증기금 ○○지점에서 근무하는 박 차장은 보증서를 발급하면서 고객의 보증료를 산출하고 있다. 보증료 산출에 관한 주요 규정이 다음과 같을 때, 물음에 답하시오.

- 보증료 계산 : 보증금액 × 보증료율 × 보증기간/365
  - 계산은 십원단위로 하고 10원 미만 단수는 버림

- 기준보증료율 기술사업평가등급에 따라 다음과 같이 적용한다.

등급	적용요율	등급	적용요율	등급	적용요율
AAA	0.8%	BBB	1.4%	CCC	1.7%
AA	1.0%	BB	1.5%	CC	1.8%
A	1.2%	B	1.6%	C	2.2%

- 아래에 해당되는 경우 기준보증료율에서 해당 감면율을 감면할 수 있다.

가산사유	가산요율
1. 벤처·이노비즈기업	−0.2%p
2. 장애인기업	−0.3%p
3. 국가유공자기업	−0.3%p
4. 지방기술유망기업	−0.3%p
5. 지역주력산업 영위기업	−0.1%p

※ 감면은 항목은 중복해서 적용할 수 없으며, 감면율이 가장 큰 항목을 우선 적용한다.

※ 사고기업(사고유보기업 포함)에 대해서는 보증료율의 감면을 적용하지 아니한다.

- 아래에 해당되는 경우 산출된 보증료율에 해당 가산율을 가산한다.

가산사유	가산요율
1. 고액보증기업	
가. 보증금액이 15억 원 초과 30억 원 이하 기업	+0.1%p
나. 보증금액이 30억 원 초과 기업	+0.2%p
2. 장기이용기업	
가. 보증이용기간이 5년 초과 10년 이하 기업	+0.1%p
나. 보증이용기간이 10년 초과 15년 이하 기업	+0.2%p
다. 보증이용기간이 15년 초과 기업	+0.3%p

※ 가산사유가 중복되는 경우에는 사유별 가산율을 모두 적용한다.

※ 경영개선지원기업으로 확정된 기업에 대해서는 가산요율을 적용하지 않는다.
■ 감면사유와 가산사유에 모두 해당되는 경우 감면사유를 먼저 적용한 후 가산사유를 적용한다.

18 ㈜서원의 회계과장인 이 과장은 보증서 발급에 앞서 보증료가 얼마나 산출되었는지 박 차장에게 다음과 같이 이메일로 문의하였다. 문의에 따라 보증료를 계산한다면 ㈜서원의 보증료는 얼마인가?

안녕하세요, 박 차장님.
㈜서원의 회계과장인 이□□입니다. 대표님께서 오늘 보증서(보증금액 5억 원, 보증기간 365일)를 발급받으러 가시는데, 보증료가 얼마나 산출되었는지 궁금하여 문의드립니다.
저희 회사의 기술사업평가등급은 BBB등급이고, 지방기술사업을 영위하고 있으며 작년에 벤처기업 인증을 받았습니다. 다른 특이사항은 없습니다.

① 4,000천 원
② 4,500천 원
③ 5,000천 원
④ 5,500천 원
⑤ 6,000천 원

19 박 차장은 아래 자료들을 토대로 갑, 을, 병 3개 회사의 보증료를 산출하였다. 보증료가 높은 순서대로 정렬한 것은?

구분	기술사업 평가등급	특이사항	보증금액 (신규)	보증 기간
갑	BBB	• 국가유공자기업 • 지역주력산업영위기업 • 신규보증금액 포함한 총 보증금액 100억 원 • 보증이용기간 7년	10억 원	365일
을	BB	• 벤처기업 • 이노비즈기업 • 보증이용기간 20년 • 경영개선지원기업	10억 원	365일
병	BB	• 장애인기업 • 이노비즈기업 • 보증이용기간 1년	10억 원	365일

① 갑 – 을 – 병
② 갑 – 병 – 을
③ 을 – 갑 – 병
④ 을 – 병 – 갑
⑤ 병 – 갑 – 을

20 다음 글과 〈법조문〉을 근거로 판단할 때, 甲이 乙에게 2,000만 원을 1년간 빌려주면서 선이자로 800만 원을 공제하고 1,200만 원만을 준 경우, 乙이 갚기로 한 날짜에 甲에게 전부 변제하여야 할 금액은?

돈이나 물품 등을 빌려 쓴 사람이 돈이나 같은 종류의 물품을 같은 양만큼 갚기로 하는 계약을 소비대차라 한다. 소비대차는 이자를 지불하기로 약정할 수 있고, 그 이자는 일정한 이율에 의하여 계산한다. 이런 이자는 돈을 빌려주면서 먼저 공제할 수도 있는데, 이를 선이자라 한다. 한편 약정 이자의 상한에는 법률상의 제한이 있다.

〈법조문〉
제72조
① 금전소비대차에 관한 계약상의 최고이자율은 연 30%로 한다.
② 계약상의 이자로서 제1항에서 정한 최고이자율을 초과하는 부분은 무효로 한다.
③ 약정금액(당초 빌려주기로 한 금액)에서 선이자를 사전공제한 경우, 그 공제액이 '채무자가 실제 수령한 금액'을 기준으로 하여 제1항에서 정한 최고이자율에 따라 계산한 금액을 초과하면 그 초과부분은 약정금액의 일부를 변제한 것으로 본다.

① 760만 원
② 1,000만 원
③ 1,560만 원
④ 1,640만 원
⑤ 1,800만 원

21 갑, 을, 병, 정, 무 5명은 얼마 전 영어시험에서 A~E에 해당하는 점수를 받았다. 아래의 조건을 참고할 때, 같은 점수를 받은 두 사람을 올바르게 짝지은 것은? (단, 최고점인 A는 한명만 받을 수 있다.)

- 갑은 C, D, E를 받지 않았다.
- 을은 B, C, D를 받지 않았다
- 병은 B, D, E를 받지 않았다.
- 정은 B, C, E를 받지 않았다.
- 무는 A, C, E를 받지 않았다.
- 아무도 받지 않은 점수는 C이다.

① 갑, 병
② 을, 무
③ 갑, 정
④ 병, 정
⑤ 정, 무

22 다음은 K공사의 직원 채용 절차와 모집 결과이다. 다음과 같은 조건을 참고할 때, L공사 채용의 총 응시자 수는 모두 몇 명인가?

- 채용절차 : 1차 서류전형 → 2차 필기시험 → 3차 인적성 테스트 → 4차 최종 면접 → 최종 500명 선발
- 각 전형의 선발 인원은 다음 전형 통과 인원의 3배수, 3차 인적성 테스트는 최종 합격자의 1.5배 수
- 1차 서류전형 통과 인원은 총 응시자의 45%
- 최종 선발 인원의 3%는 사회적 약자 집단으로 배분하여 별도 모집
- 인원수는 소수 첫 자리에서 반올림하여 정수로 기산한다.

① 13,950명
② 14,020명
③ 14,320명
④ 14,560명
⑤ 14,800명

23 〈보기〉에 제시된 네 개의 명제가 모두 참일 때, 다음 중 거짓인 것은?

〈보기〉
㉠ 甲 지역이 1급 상수원이면 乙 지역은 1급 상수원이 아니다.
㉡ 丙 지역이 1급 상수원이면 乙 지역도 1급 상수원이다.
㉢ 丁 지역이 1급 상수원이면 甲 지역도 1급 상수원이다.
㉣ 丙 지역이 1급 상수원이 아니면 戊 지역도 1급 상수원이 아니다.

① 甲 지역이 1급 상수원이면 丙 지역도 1급 상수원이다.
② 丁 지역이 1급 상수원이면 丙 지역은 1급 상수원이 아니다.
③ 丙 지역이 1급 상수원이면 甲 지역은 1급 상수원이 아니다.
④ 戊 지역이 1급 상수원이면 丁 지역은 1급 상수원이 아니다.
⑤ 戊 지역이 1급 상수원이면 丁 지역은 1급 상수원이 아니다.

24 고 대리, 윤 대리, 염 사원, 서 사원 중 1명은 갑작스런 회사의 사정으로 인해 오늘 당직을 서야 한다. 이들은 논의를 통해 당직자를 결정하였으나, 동료인 최 대리에게 다음 〈보기〉와 같이 말하였고, 이 중 1명만이 진실을 말하고, 3명은 거짓말을 하였다. 당직을 서게 될 사람과 진실을 말한 사람을 순서대로 알맞게 나열한 것은 어느 것인가?

〈보기〉
고 대리 : "윤 대리가 당직을 서겠다고 했어."
윤 대리 : "고 대리는 지금 거짓말을 하고 있어."
염 사원 : "저는 오늘 당직을 서지 않습니다, 최 대리님."
서 사원 : "당직을 서는 사람은 윤 대리님입니다."

① 고 대리, 서 사원
② 염 사원, 고 대리
③ 서 사원, 윤 대리
④ 염 사원, 윤 대리
⑤ 윤 대리, 염 사원

25 M사의 총무팀에서는 A 부장, B 차장, C 과장, D 대리, E 대리, F 사원이 각각 매 주말마다 한 명씩 사회봉사활동에 참여하기로 하였다. 이들이 다음 〈보기〉에 따라 사회봉사활동에 참여할 경우, 두 번째 주말에 참여할 수 있는 사람으로 짝지어진 것은 어느 것인가?

> 〈보기〉
> 1. B 차장은 A 부장보다 먼저 봉사활동에 참여한다.
> 2. C 과장은 D 대리보다 먼저 봉사활동에 참여한다.
> 3. B 차장은 첫 번째 주 또는 세 번째 주에 봉사활동에 참여한다.
> 4. E 대리는 C 과장보다 먼저 봉사활동에 참여하며, E 대리와 C 과장이 참여하는 주말 사이에는 두 번의 주말이 있다.

① A 부장, B 차장
② D 대리, E 대리
③ E 대리, F 사원
④ B 차장, C 과장, D 대리
⑤ E 대리

▌26~27▌ 덕현과 희선이는 가위바위보를 15번 실시하여 각자가 낸 것을 다음과 같이 표로 정리하였다. 이를 보고 이어지는 물음에 답하시오.

구분	가위	바위	보
덕현	2번	9번	4번
희선	5번	6번	4번

26 위의 표를 참고할 때, 가위바위보의 결과를 올바르게 설명한 것은 어느 것인가? (단, 무승부는 없다고 가정함)

① 덕현의 6승 9패
② 희선의 7승 8패
③ 덕현의 8승 7패
④ 희선의 6승 9패
⑤ 덕현의 10승 5패

27 다음 중 덕현과 희선의 가위바위보 승리 횟수에 따른 최종 승자와 패자가 반드시 뒤바뀔 수 있는 경우는 어느 것인가?

① 덕현의 바위와 보가 각각 1번씩 보와 바위로 바뀐다.
② 덕현과 희선의 바위가 각각 1번씩 가위로 바뀐다.
③ 희선의 가위 2번이 보로 바뀐다.
④ 희선의 바위 2번이 가위로 바뀐다.
⑤ 덕현의 가위 2번이 보로 바뀐다.

28 H공사에 다니는 乙 대리는 우리나라 근로자의 근로 시간에 관한 다음의 보고서를 작성하였는데 이 보고서를 검토한 甲 국장이 〈보기〉와 같은 추가사항을 요청하였다. 乙 대리가 추가로 작성해야 할 자료로 적절한 것은?

> 우리나라의 법정근로시간은 1953년 제정된 근로기준법에서는 주당 48시간이었지만, 이후 1989년 44시간으로, 그리고 2003년에는 40시간으로 단축되었다. 주당 40시간의 법정근로시간은 산업 및 근로자 규모별로 경과규정을 두어 연차적으로 실시하였지만, 2011년 7월 1일 이후는 모든 산업의 5인 이상 근로자에게로 확대되었다. 실제 근로시간은 법정근로시간에 주당 12시간까지 가능한 초과근로시간을 더한 시간을 의미한다.
> 2000년 이후 우리나라 근로자의 근로시간은 지속적으로 감소되어 2016년 5인 이상 임금근로자의 주당 근로시간이 40.6시간으로 감소했다. 이 기간 동안 2004년, 2009년, 2015년 비교적 큰 폭으로 증가했으나 전체적으로는 뚜렷한 감소세를 보인다. 사업체규모별·근로시간별로 살펴보면, 정규직인 경우 5~29인, 300인 이상 사업장의 근로시간이 42.0시간으로 가장 짧고, 비정규직의 경우 시간제 근로자의 비중의 영향으로 5인 미만 사업장의 근로시간이 24.8시간으로 가장 짧다. 산업별로는 광업, 제조업, 부동산업 및 임대업의 순으로 근로시간이 길고, 건설업과 교육서비스업의 근로시간이 가장 짧다.
> 국제비교에 따르면 널리 알려진 바와 같이 한국의 연간 근로시간은 2,113시간으로 멕시코의 2,246시간 다음으로 길다. 이는 OECD 평균의 1.2배, 근로시간이 가장 짧은 독일의 1.54배에 달한다.

〈보기〉

"乙 대리, 보고서가 너무 개괄적이군. 이번 안내 자료 작성을 위해서는 2016년 사업장 규모에 따른 정규직과 비정규직 근로자의 주당 근로시간을 비교할 수 있는 자료가 필요한데, 쉽게 알아볼 수 있는 별도 자료를 도표로 좀 작성해 주겠나?"

①

(단위 : 시간)

구분	근로형태(2016년)			
	정규직	비정규직	재택	파견
주당 근로시간	42.5	29.8	26.5	42.7

②

(단위 : 시간)

구분	2012	2013	2014	2015	2016
주당 근로시간	42.0	40.6	40.5	42.4	40.6

③

(단위 : 시간)

구분	산업별 근로시간(2016년)			
	광업	제조업	부동산업	운수업
주당 근로시간	43.8	43.6	43.4	41.8

④

(단위 : 시간)

구분	국가별 근로시간(2016년)				
	멕시코	한국	그리스	칠레	OECD
연간 근로시간	2,246	2,113	2,032	1,950	1,761

⑤

(단위 : 시간)

구분		사업장 규모(2016년)			
		5인 미만	5~29인	30~299인	300인 이상
주당 근로시간	정규직	42.8	42.0	43.2	42.0
	비정규직	24.8	30.2	34.7	35.8

29 100명의 근로자를 고용하고 있는 ○○기관 인사팀에 근무하는 S는 고용노동법에 따라 기간제 근로자를 채용하였다. 제시된 법령의 내용을 참고할 때, 기간제 근로자로 볼 수 없는 경우는?

제10조
① 이 법은 상시 5인 이상의 근로자를 사용하는 모든 사업 또는 사업장에 적용한다. 다만 동거의 친족만을 사용하는 사업 또는 사업장과 가사사용인에 대하여는 적용하지 아니한다.
② 국가 및 지방자치단체의 기관에 대하여는 상시 사용하는 근로자의 수에 관계없이 이 법을 적용한다.

제11조
① 사용자는 2년을 초과하지 아니하는 범위 안에서(기간제 근로계약의 반복갱신 등의 경우에는 계속 근로한 총 기간이 2년을 초과하지 아니하는 범위 안에서) 기간제 근로자※를 사용할 수 있다. 다만 다음 각 호의 어느 하나에 해당하는 경우에는 2년을 초과하여 기간제 근로자로 사용할 수 있다.
  1. 사업의 완료 또는 특정한 업무의 완성에 필요한 기간을 정한 경우
  2. 휴직·파견 등으로 결원이 발생하여 당해 근로자가 복귀할 때까지 그 업무를 대신할 필요가 있는 경우
  3. 전문적 지식·기술의 활용이 필요한 경우와 박사 학위를 소지하고 해당 분야에 종사하는 경우
② 사용자가 제1항 단서의 사유가 없거나 소멸되었음에도 불구하고 2년을 초과하여 기간제 근로자로 사용하는 경우에는 그 기간제 근로자는 기간의 정함이 없는 근로계약을 체결한 근로자로 본다.

※ 기간제 근로자라 함은 기간의 정함이 있는 근로계약을 체결한 근로자를 말한다.

① 수습기간 3개월을 포함하여 1년 6개월간 A를 고용하기로 근로계약을 체결한 경우
② 근로자 E의 휴직으로 결원이 발생하여 2년간 B를 계약직으로 고용하였는데, E의 복직 후에도 B가 계속해서 현재 3년 이상 근무하고 있는 경우
③ 사업 관련 분야 박사학위를 취득한 C를 계약직(기간제) 연구원으로 고용하여 C가 현재 3년간 근무하고 있는 경우
④ 국가로부터 도급받은 3년간의 건설공사를 완성하기 위해 D를 그 기간 동안 고용하기로 근로계약을 체결한 경우
⑤ 근로자 F가 해외 파견으로 결원이 발생하여 돌아오기 전까지 3년간 G를 고용하기로 근로계약을 체결한 경우

30 ◇◇자동차그룹 기술개발팀은 수소연료전지 개발과 관련하여 다음의 자료를 바탕으로 회의를 진행하고 있다. 잘못된 분석을 하고 있는 사람은?

① 甲 : 현재는 석유와 천연가스 등 화석연료에서 수소를 얻고 있지만, 미래에는 재생에너지나 원자력을 활용한 수소 제조법이 사용될 것이다.

② 乙 : 수소는 기체, 액체, 고체 등 저장 상태에 관계없이 연료전지에 활용할 수 있다는 장점을 갖고 있다.

③ 丙 : 수소저장기술은 기체나 액체 상태로 저장하는 방식과 고체(매체)로 저장하는 방식으로 나눌 수 있다.

④ 丁 : 수소를 제조하는 기술에는 화석연료를 전기분해하는 방법과 재생에너지를 이용하여 물을 열분해하는 두 가지 방법이 있다.

⑤ 戊 : 수소는 물, 석유, 천연가스 및 유기성 폐기물 등에 함유되어 있으므로, 다양한 원료로부터 생산할 수 있다는 장점을 갖고 있다.

31 철골부재의 용접 시 이음 및 접합부위의 용접선의 교차로 재용접된 부위가 열영향을 받아 취약해짐을 방지하기 위하여 모재에 부채꼴 모양으로 모따기를 한 것은?

① 블로우 홀(Blow Hole)

② 언더컷(Under Cut)

③ 엔드탭(End Tap)

④ 크레이터(Crater)

⑤ 스캘럽(Scallop)

32 계측관리 항목 및 기기에 관한 설명으로 바르지 않은 것은?

① 흙막이 벽의 횡력은 변형계를 이용한다.

② 주변건물의 경사는 건물경사계(inclinometer)를 이용한다.

③ 지하수의 간극수압은 지하수위계(water level meter)를 이용한다.

④ 버팀보, 앵커 등을 축하중 변화 상태의 측정은 하중계를 이용한다.

⑤ 인접구조물의 기울기 측정은 트랜싯을 이용한다.

33 달성가치(Earned Value)를 기준으로 원가관리를 시행할 때 실제투입원가와 계획된 일정에 근거한 진행성과의 차이를 의미하는 용어는?

① CV(Cost Variance)

② SV(Schedule Variance)

③ CPI(Cost Performance Index)

④ SPI(Schedule Performance Index)

⑤ EAC(Estimate at Complete)

34 수경성 마무리재료로 가장 적합하지 않은 것은?

① 돌로마이트 플라스터

② 혼합 석고 플라스터

③ 시멘트 모르타르

④ 경석고 플라스터

⑤ 순석고 플라스터

35 백화현상에 관한 설명으로 바르지 않은 것은?

① 시멘트는 수산화칼슘의 주성분인 생석회(CaO)의 다량공급원으로서 백화의 주요원이다.

② 백화현상은 미장표면 분 아니라 벽돌벽체, 타일 및 착색 시멘트 제품 등의 표면에도 발생한다.

③ 겨울철보다 여름철의 높은 온도에서 백화발생빈도가 높다.

④ 배합수 중에 용해되는 가용성분이 시멘트 경화체의 표면 건조 후 나타나는 현상이다.

⑤ 백화현상에 의해 탄산칼슘과 이산화탄소가 생성된다.

36 온열환경에 대한 인체의 쾌적성을 평가하는 PMV(예상온열감)를 산출하는 데 필요한 요소가 아닌 것은?

① 일사량
② 착의량

③ 수중기분압
④ 평균복사온도

⑤ 대사량

37 하중저항계수설계법에 따른 강구조 연결 설계기준을 근거로 할 때 고장력 볼트의 직경이 M24라면 표준구멍의 직경으로 바른 것은?

① 26mm
② 27mm

③ 28mm
④ 30mm

⑤ 32mm

38 내진설계에 있어서 밑면전단력 산정인자가 아닌 것은?

① 건물의 중요도 계수

② 반응수정계수

③ 진도계수

④ 유효건물중량

⑤ 건축물의 고유주기

39 철골구조 주각부의 구성요소가 아닌 것은?

① 커버 플레이트

② 앵커볼트

③ 베이스 모르타르

④ 베이스 플레이트

⑤ 클립앵글

40 철근콘크리트구조물의 내구성 설계에 관한 설명으로 바르지 않은 것은?

① 설계기준 강도가 35MPa를 초과하는 콘크리트는 동해저항 콘크리트에 대한 전체 공기량 기준에서 1%를 감소시킬 수 있다.

② 동해저항 콘크리트에 대한 전체 공기량 기준에서 굵은 골재의 최대치수가 25[mm]인 경우 심한노출에서의 공기량 기준은 6.0%이다.

③ 바닷물에 노출된 콘크리트의 철근부식방지를 위한 보통골재콘크리트의 최대 물결합재비는 40%이다.

④ 철근의 부식방지를 위해 굳지 않은 콘크리트의 전체 염소이온량은 원칙적으로 $0.9kg/m^3$ 이하로 한다.

⑤ 부순모래(쇄사)는 모가 나 있어 콘크리트에 사용할 경우에는 혼화제를 사용하여 단위수량을 줄이는 조치가 필요하다.

41 다음 트러스 구조물에서 부재력이 0이 되는 부재의 개수는?

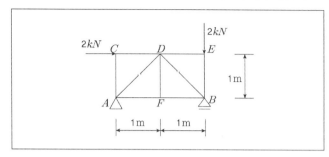

① 1개   ② 2개

③ 3개   ④ 4개

⑤ 0개

42 다음 중 열가소성 수지에 해당하는 것은?

① 페놀수지

② 염화비닐수지

③ 요소수지

④ 멜라민수지

⑤ 에폭시수지

43 다음과 같은 철근콘크리트조 건축물에서 외줄 비계면적으로 바른 것은? (단, 비계높이는 건축물의 높이로 한다.)

① 300m^2 ② 336m^2

③ 372m^2 ④ 400m^2

⑤ 425m^2

44 다음 중 조적벽 치장줄눈의 종류로 바르지 않은 것은?

① 오목줄눈   ② 빗줄눈

③ 통줄눈   ④ 실줄눈

⑤ 민줄눈

45 일반경쟁입찰의 업무순서에 따라 보기의 항목을 옳게 나열한 것은?

〈보기〉	
A. 입찰공고	B. 입찰등록
C. 견적	D. 참가등록
E. 입찰	F. 현장설명
G. 개찰 및 낙찰	H. 계약

① A → B → F → D → C → E → G → H

② A → D → F → C → B → E → G → H

③ A → B → C → F → D → G → E → H

④ A → D → C → F → E → G → B → H

⑤ A → C → D → B → G → F → E → H

46 실의 크기 조절이 필요한 경우 칸막이 기능을 하기 위해 만든 병풍 모양의 문은?

① 여닫이문   ② 자재문

③ 미서기문   ④ 홀딩 도어

⑤ 미닫이문

47 서로 다른 종류의 금속재가 접촉하는 경우 부식이 일어나는 경우가 있는데 부식성이 큰 금속 순으로 옳게 나열된 것은?

① 알루미늄 > 철 > 주석 > 구리

② 주석 > 철 > 알루미늄 > 구리

③ 철 > 주석 > 구리 > 알루미늄

④ 구리 > 철 > 알루미늄 > 주석

⑤ 주석 > 구리 > 철 > 알루미늄

48 다음 중 도장공사 시 주의사항으로 바르지 않은 것은?

① 바탕의 건조가 불충분하거나 공기의 습도가 높을 때에는 시공하지 않는다.
② 불투명한 도장일 때에는 초벌부터 재벌까지 같은 색으로 시공해야 한다.
③ 야간에는 색을 잘못 도장할 염려가 있으므로 시공하지 않는다.
④ 직사광선은 가급적 피하고 도막이 손상될 우려가 있을 경우에는 도장하지 않는다.
⑤ 기온 5℃이하이거나 상대습도가 85%이상에서는 작업을 금지한다.

49 건축공사에서 활용되는 견적방법 중 가장 상세한 공사비의 산출이 가능한 견적법은?

① 명세견적
② 개산견적
③ 입찰견적
④ 실행견적
⑤ 설계견적

50 다음 중 방수공사에 관한 설명으로 바른 것은?

① 보통 수압이 적고 얕은 지하실에는 바깥방수법, 수압이 크고 깊은 지하실에는 안방수법이 유리하다.
② 지하실에 안방수법을 채택하는 경우, 지하실 내부에 설치하는 칸막이벽, 창문틀 등은 방수층 시공 전 먼저 시공하는 것이 유리하다.
③ 바깥 방수법은 안방수법에 비해 하자보수가 곤란하다.
④ 바깥방수법은 보호누름이 필요하지만 안방수법은 없어도 무관하다.
⑤ 안방수는 본 공사에 선행하여 이루어져야 하지만 바깥방수는 공사시기가 자유롭다.

51 다음 중 콘크리트 펌프 사용에 관한 설명으로 바르지 않은 것은?

① 콘크리트 펌프를 사용하여 시공하는 콘크리트는 소요의 워커빌리티를 가지며 시공시 및 경화 후에 소정의 품질을 갖는 것이어야 한다.
② 압송관의 지름 및 배관의 경로는 콘크리트의 종류 및 품질, 굵은 골재의 최대치수, 콘크리트 펌프의 기종, 압송조건, 압송작업의 용이성, 안전성 등을 고려하여 정하여야 한다.
③ 콘크리트 펌프의 형식은 피스톤식이 적당하고 스퀴즈식은 적용이 불가하다.
④ 압송은 계획에 따라 연속적으로 실시하며, 되도록 중단되지 않도록 해야 한다.
⑤ 콘크리트가 장시간에 걸쳐 압송이 중단될 것이 예상되는 경우에는 펌프의 막힘을 방지하기 위해 시간간격을 조정하면서 운전을 실시한다.

52 다음 중 콘크리트용 재료 중 시멘트에 관한 설명으로 바람직하지 않은 것은?

① 중용열 포틀랜드시멘트는 수화작용에 따르는 발열이 적기 때문에 매스콘크리트에 적당하다.
② 조강포틀랜드시멘트는 조기강도가 크기 때문에 한중콘크리트 공사에 주로 사용된다.
③ 알칼리 골재반응을 억제하기 위한 방법으로써 내황산염포틀랜드시멘트를 사용한다.
④ 조강포틀랜드시멘트를 사용한 콘크리트의 7일 강도는 보통포틀랜드시멘트를 사용한 콘크리트의 28일 강도와 거의 비슷하다.
⑤ 시멘트의 응결속도는 알루미나시멘트 > 조강포틀랜드시멘트 > 보통포틀랜드시멘트 > 고로시멘트 > 중용열시멘트 순이다.

53 콘크리트 배합 시 시공연도와 가장 거리가 먼 것은?

① 시멘트 강도　　　　② 골재의 입도
③ 혼화제　　　　　　④ 혼합시간
⑤ 단위수량

54 콘크리트에 사용되는 혼화재 중 플라이애시의 사용에 따른 이점으로 볼 수 없는 것은?

① 유동성의 개선　　　② 초기강도의 증진
③ 수화열의 감소　　　④ 수밀성의 향상
⑤ 단위수량 감소

55 고강도 콘크리트공사에 사용되는 굵은 골재에 대한 품질기준으로 바르지 않은 것은? (단, 건축공사 표준시방서 기준)

① 절대건조밀도 : $2.5g/cm^3$ 이상

② 흡수율 : 3.0% 이하

③ 점토량 : 0.25% 이하

④ 씻기시험에 의한 손실량 : 1.0% 이하

⑤ 실적률 : 59% 이상

56 다음 중 화성암에 속하지 않는 것은?

① 화강암　　　　　　② 섬록암
③ 안산암　　　　　　④ 점판암
⑤ 반려암

57 다음 중 평면도에서 표현되지 않는 것은?

① 계단의 폭　　　　　② 반자의 높이
③ 창문의 위치　　　　④ 각 실의 벽체의 길이
⑤ 벽체의 두께

58 모듈에 의한 치수계획에 대한 설명으로 가장 옳은 것은?

① 프랭크 로이드 라이트(Frank Lloyd Wright)의 모듈러는 인체의 치수를 기본으로 해서 황금비를 적용하여 고안된 것이다.

② 현재 국제표준기구(ISO)에서 MC(Modular Coordination)에 의거하여 사용하고 있는 기본 모듈은 미터법 사용 국가에서는 10mm로 의견이 일치하고 있다.

③ MC(Modular Coordination)의 이점으로는 설계 작업이 단순 간편하고, 구성재의 대량생산이 용이해지며, 현장 작업에서 시공의 균질성을 확보할 수 있다는 점 등이 있다.

④ MC(Modular Coordination)는 합리적인 건축공간 구성 시 여러 치수들을 계열화, 규격화하여 조정해서 사용할 필요에 의해 고려되는 것으로 건축공간의 형태에 창조성을 높이는 데 크게 기여한다.

⑤ 설계에는 적용할 수 있으나 시공에는 적용할 수 없다.

59 다음 중 도면을 묶을 때 묶는 부분에 두어야 하는 여백의 최소 치수는? (단, 제도지가 A3인 경우이다.)

① 10mm　　　　　　② 15mm
③ 20mm　　　　　　④ 25mm
⑤ 30mm

60 다음 그림과 같은 재료 구조 표시 기호(단면용)의 표시 사항으로 옳은 것은?

① 석재　　　　　　　② 벽돌
③ 모조석
④ 콘크리트　　　　　⑤ 샌드위치패널

>>> 철도관련법령

61 다음 중 철도산업발전기본법령상 철도산업위원회에 대한 설명으로 옳은 것은?

① 위원회는 위원장을 포함한 15인 이내의 위원으로 구성한다.
② 철도산업에 관하여 위원장이 회의에 부치는 사항도 위원회의 심의 · 조정 사항에 포함된다.
③ 위원장은 국가철도공단의 이사장이 된다.
④ 공정거래위원회부위원장은 위원회의 위원이 될 수 없다.
⑤ 위원의 임기는 3년으로 한다.

62 철도산업발전기본법령상 철도이용자의 권익보호를 위해 강구해야 할 시책으로 옳지 않은 것은?

① 철도이용자의 생명 · 신체 및 재산상의 위해 방지
② 철도이용자의 불만 및 피해에 대한 신속 · 공정한 구제조치
③ 철도이용자의 요구에 따른 철도운영체계의 개선에 관한 연구
④ 철도이용자의 권익보호를 위한 홍보 · 교육 및 연구
⑤ 철도이용자 보호와 관련된 사항

63 철도산업발전기본법령상 철도자산처리계획에 포함되어야 할 내용으로 옳지 않은 것은?

① 철도자산의 처리방향에 관한 사항
② 철도자산처리의 추진일정에 관한 사항
③ 철도자산의 수탁기관 선정절차에 관한 사항
④ 철도자산의 개요 및 현황에 관한 사항
⑤ 철도자산의 구분기준에 관한 사항

64 철도산업발전기본법령상 2년 이하의 징역 또는 3천만 원 이하의 벌금에 해당하지 않는 것은?

① 허가를 받지 아니하고 철도시설을 사용한 자
② 임시열차의 편성 및 운행의 비상사태 시 처분에 따른 조정 · 명령 등의 조치를 위반한 자
③ 거짓이나 그 밖의 부정한 방법으로 철도시설을 사용하고자 하는 허가를 받은 자
④ 국토교통부장관의 승인을 얻지 아니하고 특정 노선 및 역을 폐지한 자
⑤ 지역별 · 노선별 · 수송대상별 수송 우선순위 부여 등 수송통제를 위반한 자

65 한국철도공사법령상 사업연도 결산 결과 이익금이 생기면 자본금의 2분의 1이 될 때까지 이익금의 얼마 이상을 이익준비금으로 적립하여야 하는가?

① 5분의 1 이상
② 5분의 2 이상
③ 10분의 1 이상
④ 10분의 2 이상
⑤ 10분의 3 이상

66 한국철도공사법상 공사가 아닌 자가 한국철도공사 또는 이와 유사한 명칭을 사용한 경우에 과태료를 부과할 수 있는 금액은?

① 100만 원 이하
② 200만 원 이하
③ 300만 원 이하
④ 500만 원 이하
⑤ 700만 원 이하

67 다음은 철도사업법상 철도사업면허에 대한 결격사유 중 하나이다. 밑줄 친 ㉮에 속하지 않는 법령은?

> 철도사업법 또는 ㉮대통령령으로 정하는 철도 관계 법령을 위반하여 금고 이상의 형의 집행유예를 선고받고 그 유예 기간 중에 있는 임원이 있는 법인은 철도사업의 면허를 받을 수 없다〈철도사업법 제7조 제1호 라목〉.

① 국가철도공단법
② 철도산업발전 기본법
③ 한국고속철도건설공단법
④ 도시철도법
⑤ 철도안전법

68 철도사업법상 철도사업자 또는 철도사업자로부터 승차권 판매 위탁을 받지 않은 자가 해서는 안 되는 행위는?

① 자신이 구입한 가격으로 승차권을 다른 사람에게 판매하는 행위
② 철도사업자로부터 자신이 직접 구입한 가격으로 승차권을 알선하는 행위
③ 할인권·교환권 등을 무료로 다른 사람에게 주는 행위
④ 자신이 구입한 가격을 초과한 금액으로 승차권을 다른 사람에게 판매하는 행위
⑤ 여객 유치를 위한 기념행사 시 여객 운임·요금을 감면하는 행위

69 철도사업법상 고의 또는 중대한 과실에 의하여 발생한 철도사고의 과징금액이 잘못 연결된 것은?

① 1회의 철도사고로 인한 사망자가 6명 발생한 경우 : 500만 원
② 1회의 철도사고로 인한 사망자가 9명 발생한 경우 : 700만 원
③ 1회의 철도사고로 인한 사망자가 15명 발생한 경우 : 1,000만 원
④ 1회의 철도사고로 인한 사망자가 30명 발생한 경우 : 2,000만 원
⑤ 1회의 철도사고로 인한 사망자가 50명 발생한 경우 : 5,000만 원

70 철도사업법령상 전용철도 운영자가 사망한 후 상속인이 전용철도의 운영을 계속하려는 경우 사망신고를 해야 하는 기간은?

① 피상속인이 사망한 날부터 1개월 이내
② 피상속인이 사망한 날부터 3개월 이내
③ 피상속인이 사망신고 한 날부터 5개월 이내
④ 피상속인이 사망신고 한 날부터 6개월 이내
⑤ 피상속인이 사망신고 한 날부터 10개월 이내

코레일(한국철도공사) 필기시험

성	명

아래에 문구를 빈칸에 정자로 기재하시오.

햇볕이 쏟아지는 가을날에 선선한 바람을 맞으며 하루를 보낸다.

필적확인란 :

직업기초능력평가

번호	답안
1	① ② ③ ④ ⑤
2	① ② ③ ④ ⑤
3	① ② ③ ④ ⑤
4	① ② ③ ④ ⑤
5	① ② ③ ④ ⑤
6	① ② ③ ④ ⑤
7	① ② ③ ④ ⑤
8	① ② ③ ④ ⑤
9	① ② ③ ④ ⑤
10	① ② ③ ④ ⑤
11	① ② ③ ④ ⑤
12	① ② ③ ④ ⑤
13	① ② ③ ④ ⑤
14	① ② ③ ④ ⑤
15	① ② ③ ④ ⑤
16	① ② ③ ④ ⑤
17	① ② ③ ④ ⑤
18	① ② ③ ④ ⑤
19	① ② ③ ④ ⑤
20	① ② ③ ④ ⑤
21	① ② ③ ④ ⑤
22	① ② ③ ④ ⑤
23	① ② ③ ④ ⑤
24	① ② ③ ④ ⑤
25	① ② ③ ④ ⑤
26	① ② ③ ④ ⑤
27	① ② ③ ④ ⑤
28	① ② ③ ④ ⑤
29	① ② ③ ④ ⑤
30	① ② ③ ④ ⑤

직무수행능력평가

번호	답안
31	① ② ③ ④ ⑤
32	① ② ③ ④ ⑤
33	① ② ③ ④ ⑤
34	① ② ③ ④ ⑤
35	① ② ③ ④ ⑤
36	① ② ③ ④ ⑤
37	① ② ③ ④ ⑤
38	① ② ③ ④ ⑤
39	① ② ③ ④ ⑤
40	① ② ③ ④ ⑤
41	① ② ③ ④ ⑤
42	① ② ③ ④ ⑤
43	① ② ③ ④ ⑤
44	① ② ③ ④ ⑤
45	① ② ③ ④ ⑤
46	① ② ③ ④ ⑤
47	① ② ③ ④ ⑤
48	① ② ③ ④ ⑤
49	① ② ③ ④ ⑤
50	① ② ③ ④ ⑤
51	① ② ③ ④ ⑤
52	① ② ③ ④ ⑤
53	① ② ③ ④ ⑤
54	① ② ③ ④ ⑤
55	① ② ③ ④ ⑤
56	① ② ③ ④ ⑤
57	① ② ③ ④ ⑤
58	① ② ③ ④ ⑤
59	① ② ③ ④ ⑤
60	① ② ③ ④ ⑤

철도관련법령

번호	답안
61	① ② ③ ④ ⑤
62	① ② ③ ④ ⑤
63	① ② ③ ④ ⑤
64	① ② ③ ④ ⑤
65	① ② ③ ④ ⑤
66	① ② ③ ④ ⑤
67	① ② ③ ④ ⑤
68	① ② ③ ④ ⑤
69	① ② ③ ④ ⑤
70	① ② ③ ④ ⑤

생년월일

생년월일				월		일	
⓪	⓪	⓪	⓪	⓪	⓪	⓪	⓪
①	①	①	①	①	①	①	①
②	②	②	②	②	②	②	②
③	③	③	③	③	③	③	③
④	④	④	④	④	④	④	④
⑤	⑤	⑤	⑤	⑤	⑤	⑤	⑤
⑥	⑥	⑥	⑥	⑥	⑥	⑥	⑥
⑦	⑦	⑦	⑦	⑦	⑦	⑦	⑦
⑧	⑧	⑧	⑧	⑧	⑧	⑧	⑧
⑨	⑨	⑨	⑨	⑨	⑨	⑨	⑨

코레일
(한국철도공사)

건축일반
[건축(일반)]

- 제 4 회 -

성명		생년월일	
시험시간	70분	문항수	70문항

〈응시 전 주의사항〉

○ 문제지 해당란과 OMR답안지에 성명과 생년월일을 정확하게 기재하십시오.

○ 기재착오, 누락 등으로 인한 불이익은 응시자 본인의 책임이니 OMR 답안지 작성에 유의하십시오.

○ 필기시험의 만점은 100점으로 합니다.

SEOWONGAK

(주)서원각

1 다음 글의 중심 내용으로 적절한 것은?

전통은 물론 과거로부터 이어 온 것을 말한다. 이 전통은 대체로 그 사회 및 그 사회의 구성원인 개인의 몸에 배어 있는 것이다. 그러므로 스스로 깨닫지 못하는 사이에 전통은 우리의 현실에 작용하는 경우가 있다. 그러나 과거에서 이어 온 것을 무턱대고 모두 전통이라고 한다면, 인습이라는 것과의 구별이 서지 않을 것이다. 우리는 인습을 버려야 할 것이라고는 생각하지만, 계승해야 할 것이라고는 생각하지 않는다. 여기서 우리는, 과거에서 이어 온 것을 객관화하고, 이를 비판하는 입장에 서야 할 필요를 느끼게 된다. 그 비판을 통해서 현재의 문화 창조에 이바지할 수 있다고 생각되는 것만을 우리는 전통이라고 불러야 할 것이다. 이같이, 전통은 인습과 구별될뿐더러, 또 단순한 유물과도 구별되어야 한다. 현재의 문화를 창조하는 일과 관계가 없는 것을 우리는 문화적 전통이라고 부를 수가 없기 때문이다.

① 전통의 본질
② 인습의 종류
③ 문화 창조의 본질
④ 외래문화 수용 자세
⑤ 과거에 대한 비판

2 다음 글을 바탕으로 하여 빈칸을 쓰되 예시를 사용하여 구체적으로 진술하고자 할 때, 가장 적절한 것은?

사람들은 경쟁을 통해서 서로의 기술이나 재능을 최대한 발휘할 수 있는 기회를 갖게 된다. 즉, 개인이나 집단이 남보다 먼저 목표를 성취하려면 가장 효과적으로 목표에 접근하여야 하며 그러한 경로를 통해 경제적으로나 시간적으로 가장 효율적으로 목표를 성취한다면 사회 전체로 볼 때 이익이 된다. 그러나 이러한 경쟁에 전제되어야 할 것은 많은 사람들의 합의로 정해진 경쟁의 규칙을 반드시 지켜야 한다는 것이다. 즉,

_____

① 농구나 축구, 마라톤과 같은 운동 경기에서 규칙과 스포츠맨십이 지켜져야 하는 것처럼 경쟁도 합법적이고 도덕적인 방법으로 이루어져야 하는 것이다.
② 21세기의 무한 경쟁 시대에 우리가 살아남기 위해서는 기초 과학 분야에 대한 육성노력이 더욱 필요한 것이다.
③ 지구, 금성, 목성 등의 행성들이 태양을 중심으로 공전하는 것처럼 경쟁도 하나의 목표를 향하여 질서 있는 정진(精進)이 필요한 것이다.
④ 가수는 가창력이 있어야 하고, 배우는 연기에 대한 재능이 있어야 하듯이 경쟁은 자신의 적성과 소질을 항상 염두에 두고 이루어져야 한다.
⑤ 모로 가도 서울만 가면 된다고 어떤 수단과 방법을 쓰든 경쟁에서 이기기만 하면 되는 것이다.

3 다음 중 밑줄 친 부분과 같은 의미로 쓰인 것은?

"자숙 <u>말고</u> 자수하라" 이는 공연·연극·문화·예술계 전반에 퍼진 미투(#MeToo) 운동을 지지하는 위드유(with you) 집회에서 울려 퍼진 구호이다. 성범죄 피해자에 대한 제대로 된 사과와 진실규명을 바라는 목소리라고 할 수 있다. 그동안 전○○거리패 연출가를 시작으로 유명한 중견 남성 배우들의 성추행 폭로가 줄을 이었는데, 폭로에 의해 밝혀지는 것보다 스스로 밝히는 것이 나을 것이라 판단한 것인지 자진신고자도 나타났다. 연극계에 오랫동안 몸담고서 영화와 드라마에서도 인상 깊은 연기를 펼쳤던 한 남성 배우는 과거 성추행 사실을 털어놓으며 공식 사과했다.

① 그는 공부 <u>말고</u>도 운동, 바둑, 컴퓨터 등 모든 면에서 너보다 낫다.

② 뜨거운 숭늉에 밥을 <u>말고</u> 한 술 뜨기 시작했다.

③ 그는 땅바닥에 털썩 주저앉아 종이에 담배를 <u>말고</u> 피우기 시작했다.

④ 유치한 소리 <u>말고</u> 가만있으라는 말에 입을 다물었다.

⑤ 거짓말 <u>말고</u> 사실대로 대답하라.

4 다음은 H공단에서 공지한 공고문의 내용이다. 이 공고문의 수정사항을 지적한 〈보기〉와 내용 중, 적절한 것을 모두 고른 것은 어느 것인가?

〈2024년 지정측정기관 평가 실시 공고〉

산업안전보건법 제42조제9항, 시행규칙 제97조, 고용노동부고시 제2023-27호에 따라 「2024년 지정측정기관 평가」 실시계획을 다음과 같이 공고합니다.

1. 평가방법 : 기관별 방문평가
2. 평가표 : 지정측정기관 평가 설명회 시(3월 8일) 배포
3. 평가대상기관 : 산업안전보건법 시행령 제32조의3에 따른 지정측정기관
4. 평가자 : 안전보건공단 직원 및 외부전문가
5. 평가대상 업무 : 2022년도 평가일 기준 최근 2년간 업무 (2022.1.27.~2023.12.31.)
   ※ 평가대상 기관 중 2022.1.27. 이후 지정받은 기관인 경우에는 지정측정기관 지정일로부터 2023.12.31.까지 수행한 업무에 대하여 평가
6. 평가일정
• 평가실시 : 2024. 3월 26일(월)~7월 13일(금) 중 1~2일
   ※ 기관평가 방문일은 평가반별로 해당 기관과 유선 협의 후 확정
• 평가결과(절대점수) 통보 : 2024. 7월 중
• 이의신청 접수 및 처리 : 2024. 8월 중
   ※ 이의신청 내용이 타당한 경우에 한하여 재평가 실시
• 최종 평가결과 평가등급 공표 : 2024. 8월 중

2024년 2월 23일
한국 H공단

(가) 개별 통보기관에 대한 설명이 없어 자사가 대상기관에 해당되는지 알 수 없다.

(나) 날짜를 숫자로 표기할 경우, '일'을 표기하는 숫자 뒤에 마침표를 쓰지 않아야 한다.

(다) 문의사항과 관련한 연락처를 제공하지 않아 불편함이 예상된다.

(라) 평가방법과 평가표에 대한 내용을 먼저 작성하는 것은 순서에 맞지 않는다.

① (나), (다), (라)　　　　② (가), (다), (라)

③ (가), (나), (라)　　　　④ (가), (나), (다)

⑤ (가), (나), (다), (라)

5 다음과 같이 작성된 기후변화에 따른 수자원 전망 보고서 내용을 검토한 팀장의 반응으로 적절하지 않은 것은 다음 보기 중 어느 것인가?

부문		기후변화 영향(2050년)
자연 환경	산림 식생대	• 소나무 식생지역→경기북부, 강원 지역에만 분포 • 동백나무 등 난대 수종→서울에서 관찰 가능
	육상 생태계	• 생태계 변화, 서식지 축소→생물다양성 감소 • 꽃매미 등 남방계 외래 곤충 증가 • 맷돼지 개체수 증가로 농작물 피해 확산
	해양 생태계	• 제주 산호 군락지→백화현상 • 난대성 어종 북상(여름), 한대성 어종 남하(겨울) −꽃게어장 : 연평도 부근→북한 영해 −참조기, 갈치 : 제주→전남 경남 연안 −대구 : 동해, 경남 진해→전남 고흥, 여수
생활 환경	물관리	• 집중호우로 하천 유역, 도심지 홍수발생 가능성 증가 • 가뭄 발생, 생활 · 농업용수 수요 증가→물 부족
	해수면 상승	• 해수면 · 해일고 상승→해안 저지대 범람, 침식 −해수면 상승으로 여의도 면적 7.7배 범람(2020년) • 일부 방조제 · 항구 등 범람에 취약
	건강	• 폭염 · 열대야 1개월간 지속→노인, 환자 등 취약 • 말라리아, 뎅기열 등 아열대성 질병 증가 −기온 1℃ 상승→말라리아(3%), 쯔쯔가무시병(6%) 증가
산업	농업	• 쌀, 과수 · 채소 등 품질저하, 생산성 감소 −매년 2~4만ha 경작지 감소 −기온 2℃ 상승→사과 생산량(34%), 고랭지 배추 재배 면적(70% 이상) 감소 • 품종개량 및 신품종 재배 기회 창출
	수산업	• 수온 상승으로 인한 하천 밑바닥 저산소 현상 확대, 대형 해파리 증가→어업 · 양식업 피해 발생 • 참치 등 난대성 어종 양식 기회 제공
	산업전반	• 산업생산 차질, 전력 수급 불안정 등 발생 • 기후친화형 산업, 관광 · 레저 부문 활성화

① "한파로 인한 겨울철 저수온 현상 때문에 내가 좋아하는 대구가 인천 부근에서도 잡히겠는걸."
② "여름철 폭염과 집중호우가 잦아진다는 얘기군. 대책이 필요하겠어."
③ "제방의 홍수냄어 능력도 감소할 것 같고, 가뭄과 홍수가 보다 빈번해질 것 같아 걱정이 되는군."
④ "수온 상승으로 참치 가격이 내려가겠지만, 하천 밑바닥 저산소 현상으로 어류 생태계도 위험해질 수 있겠네."
⑤ "아프리카로 출장 가는 사람들의 예방 접종률이나 경각심 고취 등에는 도움이 될 만한 변화군."

6 다음은 산재보험의 소멸과 관련된 글이다. 다음 보기 중 글의 내용을 올바르게 이해한 것이 아닌 것은 무엇인가?

가. 보험관계의 소멸사유
- 사업의 폐지 또는 종료 : 사업이 사실상 폐지 또는 종료된 경우를 말하는 것으로 법인의 해산등기 완료, 폐업신고 또는 보험관계소멸신고 등과는 관계없음
- 직권소멸 : 근로복지공단이 보험관계를 계속해서 유지할 수 없다고 인정하는 경우에는 직권소멸 조치
- 임의가입 보험계약의 해지신청 : 사업주의 의사에 따라 보험계약해지 신청가능하나 신청 시기는 보험가입승인을 얻은 해당 보험 연도 종료 후 가능
- 근로자를 사용하지 아니할 경우 : 사업주가 근로자를 사용하지 아니한 최초의 날부터 1년이 되는 날의 다음날 소멸
- 일괄적용의 해지 : 보험가입자가 승인을 해지하고자 할 경우에는 다음 보험 연도 개시 7일 전까지 일괄적용해지신청서를 제출하여야 함

나. 보험관계의 소멸일 및 제출서류
(1) 사업의 폐지 또는 종료의 경우
- 소멸일 : 사업이 사실상 폐지 또는 종료된 날의 다음 날
- 제출서류 : 보험관계소멸신고서 1부
- 제출기한 : 사업이 폐지 또는 종료된 날의 다음 날부터 14일 이내
(2) 직권소멸 조치한 경우
- 소멸일 : 공단이 소멸을 결정·통지한 날의 다음날
(3) 보험계약의 해지신청
- 소멸일 : 보험계약해지를 신청하여 공단의 승인을 얻은 날의 다음 날
- 제출서류 : 보험관계해지신청서 1부
※ 다만, 고용보험의 경우 근로자(적용제외 근로자 제외) 과반수의 동의를 받은 사실을 증명하는 서류(고용보험 해지신청 동의서)를 첨부하여야 함

① 고용보험과 산재보험의 해지 절차가 같은 것은 아니다.
② 사업장의 사업 폐지에 따른 서류 및 행정상의 절차가 완료되어야 보험관계가 소멸된다.
③ 근로복지공단의 판단으로도 보험관계가 소멸될 수 있다.
④ 보험 일괄해지를 원하는 보험가입자는 다음 보험 연도 개시 일주일 전까지 서면으로 요청을 해야 한다.
⑤ 보험계약해지 신청에 대한 공단의 승인이 12월 1일에 났다면 그 보험계약은 12월 2일에 소멸된다.

7 甲의 견해에 근거할 때 정치적으로 가장 불안정할 것으로 예상되는 정치체제의 유형은?

민주주의 정치체제 분류는 선거제도와 정부의 권력구조(이원내각제 혹은 대통령제)를 결합시키는 방식에 따라 크게 A, B, C, D, E 다섯 가지 유형으로 나눌 수 있다. A형은 의원들이 비례대표제에 의해 선출되는 의원내각제의 형태다. 비례대표제는 총 득표수에 비례해서 의석수를 배분하는 방식이다. B형은 단순다수대표제 방식으로 의원들을 선출하는 의원내각제의 형태다. 단순다수대표제는 지역구에서 1인의 의원을 선출하는 방식이다. C형은 의회 의원들을 단순다수대표 선거제도에 의해 선출하는 대통령제 형태다. D형의 경우 의원들은 비례대표제 방식을 통해 선출하며 권력구조는 대통령제를 선택하고 있는 형태다. 마지막으로 E형은 일종의 혼합형으로 권력구조에서는 상당한 권한을 가진 선출직 대통령과 의회에 기반을 갖는 수상이 동시에 존재하는 형태다. 의회 의원은 단순다수대표제에 의해 선출된다.

한편 甲은 "한 국가의 정당체제는 선거제도에 의해 영향을 받는다. 민주주의 국가들에 대한 비교 연구 결과에 의하면 비례대표제를 의회 선거제도로 운용하고 있는 국가들의 정당체제는 대정당과 더불어 군소정당이 존립하는 다당제 형태가 일반적이다. 전국을 다수의 지역구로 나누고 그 지역구별로 1인을 선출하는 단순다수대표제의 경우 군소정당 후보자들에게 불리하며, 따라서 두 개의 지배적인 정당이 출현하는 양당제의 형태가 자리 잡게 된다. 또한 정치적 안정 여부는 정당체제가 어떤 권력 구조와 결합하는가에 따라 결정된다. 의원내각제는 양당제와 다당제 모두와 조화되어 정치적 안정을 도모할 수 있는 반면 혼합형과 대통령제의 경우 정당체제가 양당제일 경우에만 정치적으로 안정되는 현상을 보인다."라고 주장하였다.

① A형
② B형
③ C형
④ D형
⑤ E형

8 다음 글의 내용과 일치하지 않는 것은?

우리는 흔히 나무와 같은 식물이 대기 중에 이산화탄소로 존재하는 탄소를 처리해 주는 것으로 알고 있지만, 바다 또한 중요한 역할을 한다. 예를 들어 수없이 많은 작은 해양생물들은 빗물에 섞인 탄소를 흡수한 후에 다른 것들과 합쳐서 껍질을 만드는 데 사용한다. 결국 해양생물들은 껍질에 탄소를 가두어 둠으로써 탄소가 대기 중으로 다시 증발해서 위험한 온실가스로 축적되는 것을 막아 준다. 이들이 죽어서 바다 밑으로 가라앉으면 압력에 의해 석회석이 되는데, 이런 과정을 통해 땅속에 저장된 탄소의 양은 대기 중에 있는 것보다 수만 배나 되는 것으로 추정된다. 그 석회석 속의 탄소는 화산 분출로 다시 대기 중으로 방출되었다가 빗물과 함께 땅으로 떨어진다. 이 과정은 오랜 세월에 걸쳐 일어나는데, 이것이 장기적인 탄소 순환과정이다. 특별한 다른 장애 요인이 없다면 이 과정은 원활하게 일어나 지구의 기후는 안정을 유지할 수 있다.

그러나 불행하게도 인간의 산업 활동은 자연이 제대로 처리할 수 없을 정도로 많은 양의 탄소를 대기 중으로 방출한다. 영국 기상대의 피터 쿡스에 따르면, 자연의 생물권이 우리가 방출하는 이산화탄소의 영향을 완충할 수 있는 데에는 한계가 있기 때문에, 그 한계를 넘어서면 이산화탄소의 영향이 더욱 증폭된다. 지구 온난화가 걷잡을 수 없이 일어나게 되는 것은 두려운 일이다. 지구 온난화에 적응을 하지 못한 식물들이 한꺼번에 죽어 부패해서 그 속에 가두어져 있는 탄소가 다시 대기로 방출되면 문제는 더욱 심각해질 것이기 때문이다.

① 식물이나 해양생물은 기후 안정성을 유지하는 데에 기여한다.
② 생명체가 지니고 있던 탄소는 땅속으로 가기도 하고 대기로 가기도 한다.
③ 탄소는 화산 활동, 생명체의 부패, 인간의 산업 활동 등을 통해 대기로 방출된다.
④ 극심한 오염으로 생명체가 소멸되면 탄소의 순환 고리가 끊겨 대기 중의 탄소도 사라진다.
⑤ 자연의 생물권은 대기 중 이산화탄소의 영향을 어느 정도 완충할 수 있다.

┃9~10┃ 다음 글을 읽고 물음에 답하시오.

지레는 받침과 지렛대를 이용하여 물체를 쉽게 움직일 수 있는 도구이다. 지레에서 힘을 주는 곳을 힘점, 지렛대를 받치는 곳을 받침점, 물체에 힘이 작용하는 곳을 작용점이라 한다. 받침점에서 힘점까지의 거리가 받침점에서 작용점까지의 거리에 비해 멀수록 힘점에 작은 힘을 주어 작용점에서 물체에 큰 힘을 가할 수 있다. 이러한 지레의 원리에는 돌림힘의 개념이 숨어있다.

물체의 회전 상태에 변화를 일으키는 힘의 효과를 돌림힘이라고 한다. 물체에 회전 운동을 일으키거나 물체의 회전 속도를 변화시키려면 물체에 힘을 가해야 한다. 같은 힘이라도 회전축으로부터 얼마나 멀리 떨어진 곳에 가해 주느냐에 따라 회전 상태의 변화 양상이 달라진다. 물체에 속한 점 X와 회전축을 최단 거리로 잇는 직선과 직각을 이루는 동시에 회전축과 직각을 이루도록 힘을 X에 가한다고 하자. 이때 물체에 작용하는 돌림힘의 크기는 회전축에서 X까지의 거리와 가해 준 힘의 크기의 곱으로 표현되고 그 단위는 N · m(뉴턴미터)이다.

동일한 물체에 작용하는 두 돌림힘의 합을 알짜 돌림힘이라 한다. 두 돌림힘의 방향이 같으면 알짜 돌림힘의 크기는 두 돌림힘의 크기의 합이 되고 그 방향은 두 돌림힘의 방향과 같다. 두 돌림힘의 방향이 서로 반대이면 알짜 돌림힘의 크기는 두 돌림힘의 크기의 차가 되고 그 방향은 더 큰 돌림힘의 방향과 같다. 지레의 힘점에 힘을 주지만 물체가 지레의 회전을 방해하는 힘을 작용점에 주어 지레가 움직이지 않는 상황처럼, 두 돌림힘의 크기가 같고 방향이 반대이면 알짜 돌림힘은 0이 되고 이때를 돌림힘의 평형이라고 한다.

회전 속도의 변화는 물체에 알짜 돌림힘이 일을 해 주었을 때에만 일어난다. 돌고 있는 팽이에 마찰력이 일으키는 돌림힘을 포함하여 어떤 돌림힘도 작용하지 않으면 팽이는 영원히 돈다. 일정한 형태의 물체에 일정한 크기와 방향의 알짜 돌림힘을 가하여 물체를 회전시키면, 알짜 돌림힘이 한 일은 알짜 돌림힘의 크기와 회전 각도의 곱이고 그 단위는 J(줄)이다.

가령, 마찰이 없는 여닫이문이 정지해 있다고 하자. 갑은 지면에 대하여 수직으로 서 있는 문의 회전축에서 1m 떨어진 지점을 문의 표면과 직각으로 300N의 힘으로 밀고, 을은 문을 사이에 두고 갑의 반대쪽에서 회전축에서 2m만큼 떨어진 지점을 문의 표면과 직각으로 200N의 힘으로 미는 상태에서 문이 90° 즉, 0.5π 라디안을 돌면, 알짜 돌림힘이 문에 해 준 일은 50π J이다.

알짜 돌림힘이 물체를 돌리려는 방향과 물체의 회전 방향이 일치하면 알짜 돌림힘이 양(+)의 일을 하고 그 방향이 서로 반대이면 음(−)의 일을 한다. 어떤 물체에 알짜 돌림힘이 양의 일을 하면 그만큼 물체의 회전 운동 에너지는 증가하고 음의 일을 하면 그만큼 회전 운동 에너지는 감소한다. 형태가 일정한 물체의 회전 운동 에너지는 회전 속도의 제곱에 정비례한다. 그러므로 형태가 일정한 물체에 알짜 돌림힘이 양의 일을 하면 회전 속도가 증가하고, 음의 일을 하면 회전 속도가 감소한다.

9 윗글의 내용과 일치하지 않는 것은?

① 물체에 힘이 가해지지 않으면 돌림힘은 작용하지 않는다.
② 물체에 가해진 알짜 돌림힘이 0이 아니면 물체의 회전 상태가 변화한다.
③ 회전 속도가 감소하고 있는, 형태가 일정한 물체에는 돌림힘이 작용한다.
④ 힘점에 힘을 받는 지렛대가 움직이지 않으면 돌림힘의 평형이 이루어져 있다.
⑤ 형태가 일정한 물체의 회전 속도가 2배가 되면 회전 운동 에너지는 2배가 된다.

10 박스 안의 예에서 문이 90° 회전하는 동안의 상황에 대한 이해로 적절한 것은?

① 갑의 돌림힘의 크기는 을의 돌림힘의 크기보다 크다.
② 알짜 돌림힘과 갑의 돌림힘은 방향이 같다.
③ 문에는 돌림힘의 평형이 유지되고 있다.
④ 문의 회전 운동 에너지는 점점 증가한다.
⑤ 알짜 돌림힘의 크기는 점점 증가한다.

11 다음에 제시된 K공단에 관한 글의 단락 ㈎~㈐ 중, 내용상의 성격이 나머지와 다른 하나는 어느 것인가?

㈎ 2013년 말부터 2014년 2월까지 지역별 인적자원개발위원회는 첫 번째 지역별 훈련조사를 실시하였으며, 이후 매년 7~10월 지역별 훈련수요의 정기조사를 실시하고 있다. 이러한 결과를 기반으로 지역·산업맞춤형 훈련을 실시하여 훈련의 충실도와 만족도를 높여가는 한편 중소기업의 직업능력개발 참여 기반 확대를 위하여 기업 규모에 따라 훈련비용을 차등 지원하고 직접 홍보방식을 활용, 사업에 대한 이해도와 참여도를 제고하였다. 2014년 29개 공동훈련센터 운영을 시작으로 2015년에는 51개, 2016년 62개로 확대되어 지역별로 2~9개의 훈련센터를 운영하였다.

㈏ 2014년 5월 「국가기술자격법」 제10조 개정 신설을 통해 과정평가형자격 제도 도입을 위한 법적 근거가 마련된 이후, 기계설계산업기사 등 15종목을 과정평가형자격 신청 대상 종목으로 선정하는 등 과정평가형자격 운영을 위한 인프라를 구축하였다. 이후 2015년 미용사(일반) 등 15종목과 2016년 기계설계기사 등 31종목을 각각 추가 선정하여 과정평가형자격의 확산 기반을 마련하였다.

㈐ 외국인근로자 체류지원 사업은 입국초기 모니터링, 사업장 애로해소 지원, 사업주 외국인고용관리교육, 재직자 직업훈련 등이 있다. 입국초기 모니터링은 2012년까지 일부를 대상으로 사업장 적응을 확인하는 수준이었으나, 2013년을 기점으로 당해 연도 입국한 외국인근로자 전체를 대상으로 확대하여 2016년 5만 7010명의 입국초기 사업장 적응을 지원하는 등 현재에까지 이르고 있다.

㈑ 2017년부터 2022년까지의 중장기 경영목표 체계에서 공단의 미션은 '인적자원 개발·평가·활용을 통한 능력중심사회의 구현'이고, 비전은 '사람과 일터의 가치를 높여주는 인적자원 개발·평가·활용 지원 중심기관'이다. 공단의 미션과 비전의 중심인 '인적자원 개발·평가·활용'은 공단 사업의 다양성을 보여주고 있다. 능력개발사업은 인적자원 개발, 능력평가사업은 인적자원 평가, 외국인력고용지원과 청년해외취업은 인적자원 활용과 관련이 있다. 한국폴리텍대학, 한국기술교육대학교, 한국고용정보원, 한국직업능력개발원, 직업능력심사평가원, 한국기술자격검정원 등이 공단의 일부 기능을 이관 받아 설립된 조직들이고 현재에도 직업능력개발 분야뿐만 아니라 고용 관련 다양한 분야에서 사업을 하는 공단은 창립 제35주년을 맞아 향후 고용 및 인적자원 분야의 허브기관으로서의 역할과 정체성 확립도 함께 고민하여야 한다.

(마) 통합 정보 제공을 위한 플랫폼인 월드잡플러스 역시 주요한 인프라 확대이다. 2015년 이전 해외진출 정보는 각 부처별로 산재되어 있었으나, 2015년 월드잡플러스를 구축하여 해외진출에 대한 모든 정보를 집중하였다. 포털에는 해외취업뿐만 아니라 인턴, 봉사, 창업 등에 관한 정보가 모두 제공되고 있으며, 사이트의 기능을 모두 담고 있는 모바일 앱을 개발, 배포하여 접근성을 높였다. 통합 이후 일평균 방문자수, 회원수 등이 빠르게 증가하여 2016년에는 신규가입자 수가 전년 대비 10배 이상 증가하여 55만 6384명, 일평균 방문자수가 7333명에 이르렀고 누적 회원수는 100만 명을 돌파하였다.

① (가)

② (나)

③ (다)

④ (라)

⑤ (마)

12 다음은 20XX년 분야별 상담 건수 현황에 관한 표이다. 8월의 분야별 상담 건수비율로 적절하지 않은 것은? (단, 소수점 셋째자리에서 반올림한다.)

구분	개인 정보	스팸	해킹 · 바이러스	인터넷 일반	인터넷 주소	KISA 사업 문의	기타	합계
5월	10,307	12,408	14,178	476	182	2,678	10,697	50,926
6월	10,580	12,963	10,102	380	199	2,826	12,170	49,220
7월	13,635	12,905	7,630	393	201	3,120	13,001	50,875
8월	15,114	9,782	9,761	487	175	3,113	11,128	49,560

① 스팸 : 19.74%

② 해킹 · 바이러스 : 19.70%

③ 인터넷 일반 : 1.3%

④ 인터넷 주소 : 0.35%

⑤ 기타 : 22.45%

13 다음은 국내 은행의 당기순이익 및 당기순이익 점유비 추이를 나타낸 표이다. 2024년 C사의 점유비가 재작년보다 7.2%p 감소하였다면 2024년 A사와 B사의 당기순이익 점유비 합은?

(단위 : 억 원, %)

구분	2022년	2023년	2024년
A사	2,106(4.1)	1,624(4.7)	1,100(㉠)
B사	12,996(25.8)	8,775(25.6)	5,512(21.3)
C사	13,429(26.6)	3,943(11.5)	5,024(㉡)
D사	16,496(32.7)	13,414(39.1)	8,507(32.9)
E사	5,434(10.8)	6,552(19.1)	5,701(22.1)
총계	50461(100)	34308(100)	25844(100)

① 22.8%

② 24.3%

③ 25.6%

④ 27.1%

⑤ 29.7%

14 철도 레일 생산업체인 '강한 금속'은 A, B 2개의 생산라인에서 레일을 생산한다. 2개의 생산라인을 하루 종일 가동할 경우 3일 동안 525개의 레일을 생산할 수 있으며, A라인만을 가동하여 생산할 경우 90개/일의 레일을 생산할 수 있다. A라인만을 가동하여 5일간 제품을 생산하고 이후 2일은 B라인만을, 다시 추가로 2일간은 A, B 라인을 함께 가동하여 생산을 진행한다면, 강한 금속이 생산한 총 레일의 개수는 모두 몇 개인가?

① 940개

② 970개

③ 1,050개

④ 1,120개

⑤ 1,270개

15 다음은 L공사의 토지판매 알선장려금 산정 방법에 대한 표와 알선장려금을 신청한 사람들의 정보이다. 이를 바탕으로 지급해야 할 알선장려금이 잘못 책정된 사람을 고르면?

[토지판매 알선장려금 산정 방법]

□ 일반토지(산업시설용지 제외) 알선장려금(부가가치세 포함된 금액)

계약기준금액	수수료율(중개알선장려금)	한도액
4억 원 미만	계약금액 × 0.9%	360만 원
4억 원 이상~ 8억 원 미만	360만 원 + (4억 초과 금액 × 0.8%)	680만 원
8억 원 이상~ 15억 원 미만	680만 원 + (8억 초과 금액 × 0.7%)	1,170만 원
15억 원 이상~ 40억 원 미만	1,170만 원 + (15억 초과 금액 × 0.6%)	2,670만 원
40억 원 이상	2,670만 원 + (40억 초과 금액 × 0.5%)	3,000만 원 (최고한도)

□ 산업·의료시설용지 알선장려금(부가가치세 포함된 금액)

계약기준금액	수수료율(중개알선장려금)	한도액
해당 없음	계약금액 × 0.9%	5,000만 원 (최고한도)

□ 알선장려금 신청자 목록
- 김유진 : 일반토지 계약금액 3억 5천만 원
- 이영희 : 산업용지 계약금액 12억 원
- 심현우 : 일반토지 계약금액 32억 8천만 원
- 이동훈 : 의료시설용지 계약금액 18억 1천만 원
- 김원근 : 일반용지 43억 원

---

① 김유진 : 315만 원

② 이영희 : 1,080만 원

③ 심현우 : 2,238만 원

④ 이동훈 : 1,629만 원

⑤ 김원근 : 3,000만 원

16 다음은 조선시대 한양의 조사시기별 가구수 및 인구수와 가구 구성비에 대한 자료이다. 이에 대한 설명 중 옳은 것만을 모두 고르면?

〈조사시기별 가구수 및 인구수〉

(단위 : 호, 명)

조사시기	가구수	인구수
1729년	1,480	11,790
1765년	7,210	57,330
1804년	8,670	68,930
1867년	27,360	144,140

〈조사시기별 가구 구성비〉

㉠ 1804년 대비 1867년의 가구당 인구수는 증가하였다.

㉡ 1765년 상민가구 수는 1804년 양반가구 수보다 적다.

㉢ 노비가구 수는 1804년이 1765년보다는 적고 1867년보다는 많다.

㉣ 1729년 대비 1765년에 상민가구 구성비는 감소하였고 상민 가구 수는 증가하였다.

---

① ㉠, ㉡

② ㉠, ㉢

③ ㉡, ㉣

④ ㉠, ㉢, ㉣

⑤ ㉠, ㉡, ㉢, ㉣

17 다음은 사원 6명의 A~E항목 평가 자료의 일부이다. 이에 대한 설명 중 옳은 것은?

(단위 : 점)

과목 / 사원	A	B	C	D	E	평균
김영희	( )	14	13	15	( )	( )
이민수	12	14	( )	10	14	13.0
박수민	10	12	9	( )	18	11.8
최은경	14	14	( )	17	( )	( )
정철민	( )	20	19	17	19	18.6
신상욱	10	( )	16	( )	16	( )
계	80	( )	( )	84	( )	( )
평균	( )	14.5	14.5	( )	( )	( )

※ 항목별 평가 점수 범위는 0~20점이고, 모든 항목 평가에서 누락자는 없음

※ 사원의 성취수준은 5개 항목 평가 점수의 산술평균으로 결정함

－평가 점수 평균이 18점 이상 20점 이하 : 우월수준

－평가 점수 평균이 15점 이상 18점 미만 : 우수수준

－평가 점수 평균이 12점 이상 15점 미만 : 보통수준

－평가 점수 평균이 12점 미만 : 기초수준

① 김영희 사원의 성취수준은 E항목 평가 점수가 17점 이상이면 '우수수준'이 될 수 있다.

② 최은경 사원의 성취수준은 E항목 시험 점수에 따라 '기초수준'이 될 수 있다.

③ 신상욱 사원의 평가 점수는 B항목은 13점, D항목은 15점으로 성취수준은 '우수수준'이다.

④ 이민수 사원의 C항목 평가 점수는 정철민 사원의 A항목 평가 점수보다 높다.

⑤ 박수민 사원의 D항목 평가 점수는 신상욱 사원의 평균보다 높다.

18 신입사원 A는 상사로부터 아직까지 '올해의 직원상' 투표에 참여하지 않은 사원들에게 투표 참여 안내 문자를 발송하라는 지시를 받았다. 다음에 제시된 내용을 바탕으로 할 때, A가 문자를 보내야 하는 사원은 몇 명인가?

'올해의 직원人상' 후보에 총 5명(甲~戊)이 올랐다. 수상자는 120명의 신입사원 투표에 의해 결정되며 투표규칙은 다음과 같다.

• 투표권자는 한 명당 한 장의 투표용지를 받고, 그 투표용지에 1순위와 2순위 각 한 명의 후보자를 적어야 한다.

• 투표권자는 1순위와 2순위로 동일한 후보자를 적을 수 없다.

• 투표용지에 1순위로 적힌 후보자에게는 5점이, 2순위로 적힌 후보자에게는 3점이 부여된다.

• '올해의 직원人상'은 개표 완료 후, 총 점수가 가장 높은 후보자가 수상하게 된다.

• 기권표와 무효표는 없다.

현재 투표까지 중간집계 점수는 다음과 같다.

후보자	중간집계 점수
甲	360점
乙	15점
丙	170점
丁	70점
戊	25점

① 50명

② 45명

③ 40명

④ 35명

⑤ 30명

┃19~20┃ 다음 자료를 보고 이어지는 물음에 답하시오.

〈지역별, 소득계층별, 점유형태별 최저주거기준 미달가구 비율〉

(단위 : %)

구분		최저주거기준 미달	면적기준 미달	시설기준 미달	침실기준 미달
지역	수도권	51.7	66.8	37.9	60.8
	광역시	18.5	15.5	22.9	11.2
	도지역	29.8	17.7	39.2	28.0
	계	100.0	100.0	100.0	100.0
소득계층	저소득층	65.4	52.0	89.1	33.4
	중소득층	28.2	38.9	9.4	45.6
	고소득층	6.4	9.1	1.5	21.0
	계	100.0	100.0	100.0	100.0
점유형태	자가	22.8	14.2	27.2	23.3
	전세	12.0	15.3	6.3	12.5
	월세(보증금 有)	37.5	47.7	21.8	49.7
	월세(보증금 無)	22.4	19.5	37.3	9.2
	무상	5.3	3.3	7.4	5.3
	계	100.0	100.0	100.0	100.0

19 다음 중 위의 자료를 바르게 분석하지 못한 것은?

① 점유형태가 무상인 경우의 미달가구 비율은 네 가지 항목 모두에서 가장 낮다.

② 침실기준 미달 비율은 수도권, 도지역, 광역시 순으로 높다.

③ 지역과 소득계층 면에서는 광역시에 거주하는 고소득층의 면적기준 미달 비율이 가장 낮다.

④ 저소득층은 중소득층보다 침실기준 미달 비율이 더 낮다.

⑤ 수도권 가구 수가 광역시와 도지역 가구 수의 합과 동일하다면 최저주거기준 미달가구는 수도권이 나머지 지역의 합보다 많다.

20 광역시의 시설기준 미달가구 비율 대비 수도권의 시설기준 미달가구 비율의 배수와 저소득층의 침실기준 미달가구 비율 대비 중소득층의 침실기준 미달가구 비율의 배수는 각각 얼마인가? (단, 반올림하여 소수 둘째 자리까지 표시함)

① 1.52배, 1.64배

② 1.58배, 1.50배

③ 1.66배, 1.37배

④ 1.72배, 1.28배

⑤ 1.74배, 1.22배

21 다음은 20XX년 6월 10일 오전 인천공항 제1여객터미널의 공항 예상 혼잡도에 대한 자료이다. 자료를 잘못 분석한 것은?

(단위 : 명)

시간	입국장				출국장			
	A/B	C	D	E/F	1/2	3	4	5/6
0~1시	0	714	0	0	0	0	471	0
1~2시	0	116	0	0	0	0	350	0
2~3시	0	0	0	0	0	0	59	0
3~4시	0	0	0	0	0	0	287	0
4~5시	0	998	0	0	0	0	1,393	0
5~6시	0	1,485	1,298	0	0	0	3,344	0
6~7시	1,573	1,327	1,081	542	714	488	2,261	739
7~8시	3,126	549	132	746	894	1,279	1,166	1,778
8~9시	978	82	82	1,067	1,110	1,432	1,371	1,579
9~10시	1,187	376	178	1,115	705	955	1,374	1,156
10~11시	614	515	515	140	724	911	1,329	1,344
11~12시	1,320	732	1,093	420	747	851	1,142	1,024
합계	8,798	6,894	4,379	4,030	4,894	5,916	14,547	7,620

① 이날 오전 가장 많은 사람이 이용한 곳은 출국장 4이다.

② 이날 오전 출국장을 이용한 사람은 입국장을 이용한 사람보다 많다.

③ 9~12시 사이에 출국장 1/2를 이용한 사람 수는 이날 오전 출국장 1/2를 이용한 사람 수의 50% 이상이다.

④ 입국장 A/B와 출국장 5/6은 가장 혼잡한 시간대가 동일하다.

⑤ 10~11시 사이 가장 혼잡했던 입국장 이용객 수는 7~8시 사이에 가장 혼잡했던 출국장 이용객 수의 30% 이상이다.

22 다음은 A사에서 사원에게 지급하는 수당에 대한 자료이다. 20XX년 7월 현재 부장 甲의 근무연수는 12년 2개월이고, 기본급은 300만 원이다. 20XX년 7월 甲의 월급은 얼마인가? (단, A사 사원의 월급은 기본급과 수당의 합으로 계산되고 제시된 수당 이외의 다른 수당은 없으며, 10년 이상 근무한 직원의 정근수당은 기본급의 50%를 지급한다.)

구분	지급 기준	비고
정근수당	근무연수에 따라 기본급의 0~50% 범위 내 차등 지급	매년 1월, 7월 지급
명절 휴가비	기본급의 60%	매년 2월(설), 10월(추석) 지급
가계 지원비	기본급의 40%	매년 홀수 월에 지급
정액 급식비	130,000원	매월 지급
교통 보조비	• 부장 : 200,000원 • 과장 : 180,000원 • 대리 : 150,000원 • 사원 : 130,000원	매월 지급

① 5,830,000원 ② 5,880,000원
③ 5,930,000원 ④ 5,980,000원
⑤ 6,030,000원

23 다음에 제시된 정보를 종합할 때, 서류장 10개와 의자 10개의 가격은 테이블 몇 개의 가격과 같은가?

• 홍보팀에서는 테이블, 의자, 서류장을 다음과 같은 수량으로 구입하였다.
• 테이블 5개와 의자 10개의 가격은 의자 5개와 서류장 10개의 가격과 같다.
• 의자 5개와 서류장 15개의 가격은 의자 5개와 테이블 10개의 가격과 같다.

① 8개 ② 9개
③ 10개 ④ 11개
⑤ 12개

24 김 사원, 이 사원, 박 사원, 정 사원, 최 사원은 신입사원 오리엔테이션을 받으며 왼쪽부터 순서대로 앉아 강의를 들었다. 각기 다른 부서로 배치된 이들은 4년 후 신규 대리 진급자 시험을 보기 위해 다시 같은 강의실에 모이게 되었다. 다음의 〈조건〉을 모두 만족할 때, 어떤 경우에도 바로 옆에 앉는 두 사람은 누구인가?

〈조건〉
A. 신규 대리 진급자 시험에 응시하는 사람은 김 사원, 이 사원, 박 사원, 정 사원, 최 사원뿐이다.
B. 오리엔테이션 당시 앉았던 위치와 같은 위치에 앉아서 시험을 보는 직원은 아무도 없다.
C. 김 사원과 박 사원 사이에는 1명이 앉아 있다.
D. 이 사원과 정 사원 사이에는 2명이 앉아 있다.

① 김 사원, 최 사원 ② 이 사원, 박 사원
③ 김 사원, 이 사원 ④ 정 사원, 최 사원
⑤ 박 사원, 정 사원

25 다음은 이야기 내용과 그에 관한 설명이다. 이야기에 관한 설명 중 이야기 내용과 일치하는 것은 모두 몇 개인가?

[이야기 내용] A사에서 올해 출시한 카메라 P와 Q는 시중의 모든 카메라보다 높은 화소를 가졌고, 모든 카메라보다 가볍지는 않다. Q와 달리 P는 셀프카메라가 용이한 틸트형 LCD를 탑재하였으며 LCD 터치 조작이 가능하다. 이처럼 터치조작이 가능한 카메라는 A사에서 밖에 제작되지 않는다. Q는 P에 비해 본체 사이즈가 크지만 여러 종류의 렌즈를 바꿔 끼울 수 있고, 무선 인터넷을 통해 SNS 등으로 바로 사진을 옮길 수 있다.
[이야기에 관한 설명]
1. P와 Q는 서로 다른 화소를 가졌다.
2. 터치조직이 가능한 카메라는 P뿐이다.
3. Q는 다양한 렌즈를 사용할 수 있다.
4. P보다 가벼운 카메라는 존재하지 않는다.
5. P와 Q는 같은 회사에서 출시되었다.
6. Q는 무선 인터넷 접속이 가능하다.

① 0개 ② 1개
③ 2개 ④ 3개
⑤ 4개

┃26~27┃ 당신은 영업사원이다. 오늘 안에 외근을 하며 들러야 할 지점의 목록은 다음과 같다. 교통수단으로는 지하철을 이용하는데, 한 정거장을 이동할 때는 3분이 소요되며, 환승하는 경우 환승시간은 10분이 소요된다. 각 물음에 답하시오.

(1) 업체목록
① A증권
　　주소 : 서울 성동구 행당로 87
② B인쇄소
　　주소 : 서울 강남구 학동로 508
③ C서점
　　주소 : 서울 중랑구 면목로 330-1
④ D본사
　　주소 : 서울 영등포구 여의대로 56

⑤ E마트
　　주소 : 서울 동작구 남부순환로 2089
⑥ F은행
　　주소 : 서울 성동구 동호로 21
(2) 지하철 노선도

26 당신은 신당역에서 10시에 출발하여 먼저 F은행에 들러서 서류를 받아 C서점에 전달해야 한다. 소요시간을 고려할 때, 가장 효율적으로 이동할 수 있는 순서를 고르면?

① 신당 - 을지로3가 - 옥수 - 고속터미널 - 사가정
② 신당 - 을지로3가 - 옥수 - 교대 - 건대입구 - 사가정
③ 신당 - 약수 - 옥수 - 고속터미널 - 사가정
④ 신당 - 약수 - 옥수 - 교대 - 건대입구 - 사가정
⑤ 신당 - 약수 - 교대 - 옥수 - 건대입구 - 사가정

27 C서점에 주문한 책이 아직 나오지 않아 금일 방문하지 않게 되었다. 또한, 한 팀이 합세하여, 그 팀이 D본사와 A증권을 방문하기로 했다. 당신은 F은행에서 출발해서 남은 지점민 방문하면 된다. 소요시간을 최소로 하여 이동할 때 이동하는 정거장 수와 환승하는 횟수를 짝지은 것으로 적절한 것을 고르시면?

	이동하는 정거장 수	환승하는 횟수
①	20	2
②	18	2
③	20	3
④	17	3
⑤	21	4

28 K공사는 직원들의 창의력을 증진시키기 위하여 '창의 테마파크'를 운영하고자 한다. 다음의 프로그램들을 대상으로 전문가와 사원들이 평가를 실시하여 가장 높은 점수를 받은 프로그램을 최종 선정하여 운영한다고 할 때, '창의 테마파크'에서 운영할 프로그램은?

분야	프로그램명	전문가 점수	사원 점수
미술	내 손으로 만드는 철로	26	32
인문	세상을 바꾼 생각들	31	18
무용	스스로 창작	37	25
인문	역사랑 놀자	36	28
음악	연주하는 사무실	34	34
연극	연출노트	32	30
미술	예술캠프	40	25

※ 전문가와 사원은 후보로 선정된 프로그램을 각각 40점 만점제로 우선 평가하였다.
※ 전문가 점수와 사원 점수의 반영 비율을 3 : 2로 적용하여 합산한 후, 하나밖에 없는 분야에 속한 프로그램에는 취득 점수의 30%를 가산점으로 부여한다.

① 연주하는 사무실　　　　② 스스로 창작
③ 역사랑 놀자　　　　　　④ 연출노트
⑤ 예술캠프

29 호텔 연회부에 근무하는 A는 연회장 예약일정 관리를 담당하고 있다. 다음과 같이 예약이 되어있는 상황에서 "12월 첫째 주 또는 둘째 주에 회사 송년의 밤 행사를 위해서 연회장을 예약하려고 합니다. 총 인원은 250명이고 월, 화, 수요일은 피하고 싶습니다. 예약이 가능할까요?"라는 고객의 전화를 받았을 때, A의 판단으로 옳지 않은 것은?

〈12월 예약 일정〉

	※ 예약 : 연회장 이름(시작시간)					
월	화	수	목	금	토	일
1 실버 (13) 블루 (14)	2 레드 (16)	3 블루 (13) 골드 (14)	4 골드 (13) 블루 (17)	5 골드 (14) 실버 (17)	6 실버 (13) 골드 (15)	7 레드 (10) 블루 (16)
8	9 실버 (13) 블루 (16)	10 레드 (16)	11 골드 (14) 블루 (17)	12 레드 (13) 골드 (17)	13 골드 (12)	14 실버 (10) 레드 (15)

〈호텔 연회장 현황〉

연회장 구분	수용 가능 인원	최소 투입인력	연회장 이용시간
레드	200명	25명	3시간
블루	300명	30명	2시간
실버	200명	30명	3시간
골드	300명	40명	3시간

※ 오후 9시에 모든 업무를 종료함
※ 연회부의 동 시간대 투입 인력은 총 70명 이상을 투입할 수 없음
※ 연회시작 전, 후 1시간씩 연회장 세팅 및 정리

① 인원을 고려했을 때 블루 연회장과 골드 연회장이 적합하겠군.
② 송년의 밤 행사이니 저녁 시간대 중 가능한 일자를 확인해야 해.
③ 목요일부터 일요일까지 일정을 확인했을 때 평일은 예약이 불가능해.
④ 모든 조건을 고려했을 때 가능한 연회장은 13일 블루 연회장뿐이구나.
⑤ 5일에 실버 연회장 예약이 취소된다면 그 날 예약이 가능하겠군.

30 다음은 「보안업무규칙」의 일부이다. A연구원이 이 내용을 보고 알 수 있는 사항이 아닌 것은?

제3장 인원보안
제7조 인원보안에 관한 업무는 인사업무 담당부서에서 관장한다.
제8조 ① 비밀취급인가 대상자는 별표 2에 해당하는 자로서 업무상 비밀을 항상 취급하는 자로 한다.
② 원장, 부원장, 보안담당관, 일반보안담당관, 정보통신보안담당관, 시설보안담당관, 보안심사위원회 위원, 분임보안담당관과 문서취급부서에서 비밀문서 취급담당자로 임용되는 자는 II급 비밀의 취급권이 인가된 것으로 보며, 비밀취급이 불필요한 직위로 임용되는 때에는 해제된 것으로 본다.
제9조 각 부서장은 소속 직원 중 비밀취급인가가 필요하다고 인정되는 때에는 별지 제1호 서식에 의하여 보안담당관에게 제청하여야 한다.
제10조 보안담당관은 비밀취급인가대장을 작성·비치하고 인가 및 해제사유를 기록·유지한다.
제11조 다음 각 호의 어느 하나에 해당하는 자에 대하여는 비밀취급을 인가해서는 안 된다.
  1. 국가안전보장, 연구원 활동 등에 유해로운 정보가 있음이 확인된 자
  2. 3개월 이내 퇴직예정자
  3. 기타 보안 사고를 일으킬 우려가 있는 자
제12조 ① 비밀취급을 인가받은 자에게 규정한 사유가 발생한 경우에는 그 비밀취급인가를 해제하고 해제된 자의 비밀취급인가증은 그 소속 보안담당관이 회수하여 비밀취급인가권자에게 반납하여야 한다.

① 비밀취급인가 대상자에 관한 내용
② 취급인가 사항에 해당되는 비밀의 분류와 내용
③ 비밀취급인가의 절차
④ 비밀취급인가의 제한 조건 해당 사항
⑤ 비밀취급인가의 해제 및 취소

31 사질토의 상대밀도를 측정하는 방법으로 가장 적합한 것은?

① 표준관입시험

② 베인테스트

③ 깊은 우물공법

④ 아일랜드 공법

⑤ 3축압축시험

32 콘크리트를 타설하면서 거푸집을 수직방향으로 이동시켜 연속 작업을 할 수 있도록 한 것으로 사일로 등의 건설공사에 적합한 것은?

① Euro Form

② Sliding Form

③ Air tube Form

④ Traveling Form

⑤ Table Form

33 기계가 위치한 곳보다 높은 곳의 굴착에 가장 적당한 건설기계는?

① Dragline

② Back hoe

③ Power Shovel

④ Scraper

⑤ Clam Shell

34 건설원가의 구성체계에서 직접 공사비를 구성하는 주요요소와 가장 거리가 먼 것은?

① 일반관리비   ② 노무비

③ 경비   ④ 자재비

⑤ 외주비

35 어떤 실의 취득열량이 현열 35,000W, 잠열 15,000W이었을 때 현열비는?

① 0.3   ② 0.4

③ 0.7   ④ 2.3

⑤ 2.6

36 철골조의 경량형강에 대한 설명으로 옳지 않은 것은?

① 실내구조물 및 보조개로 사용된다.

② 경량이기 때문에 비교적 경제적이다.

③ 단면적에 비해 단면계수를 작게 한 것이다.

④ 접합이 불리하며, 국부좌굴, 뒤틀림 등이 발생한다.

⑤ 공사장비가 소형이고 시공기간이 짧아 공사비가 절약된다.

37 저층 강구조 장스팬 건물의 구조계획에서 고려해야 할 사항으로 가장 관계가 적은 것은?

① 층고, 지붕형태 등 건물의 형상선정

② 적절한 골조간격의 선정

③ 강절점, 활절점에 대한 부재의 접합방법 선정

④ 풍하중에 의한 횡변위 제어방법

⑤ 주로 고정하중에 의한 설계이며 처짐에 대한 검토 필요

38 원형단면에 전단력 S = 30kN이 작용할 때 단면의 최대 전단응력도는? (단, 단면의 반경은 180mm이다.)

① 0.19MPa

② 0.24MPa

③ 0.39MPa

④ 0.44MPa

⑤ 0.48MPa

39 다음 그림과 같이 수평하중 30[kN]이 작용하는 라멘구조에서 E점에서의 휨모멘트값(절댓값)은?

① 40[kN·m]

② 45[kN·m]

③ 60[kN·m]

④ 90[kN·m]

⑤ 0[kN·m]

40 강도설계법에서 D22 압축철근의 기본정착길이는? (단, 경량콘크리트 계수는 1.0이며, $f_{ck} = 27MPa$, $f_y = 400MPa$이다.)

① 200.5mm

② 352mm

③ 423.4mm

④ 604.6mm

⑤ 715.2mm

41 다음 중 철근의 부착성능에 영향을 주는 요인에 관한 설명으로 옳지 않은 것은?

① 이형철근이 원형철근보다 부착강도가 크다.

② 블리딩의 영향으로 수직철근이 수평철근보다 부착강도가 작다.

③ 보통의 단위중량을 갖는 콘크리트의 부착강도는 콘크리트의 인장강도, 즉 $\sqrt{f_{ck}}$ 에 비례한다.

④ 피복두께가 크면 부착강도가 크다.

⑤ 콘크리트의 강도가 클수록 부착강도가 증가한다.

42 콘크리트 균열의 발생시기에 따라 구분할 때 콘크리트의 경화 전 균열의 원인이 아닌 것은?

① 크리프 수축

② 거푸집의 변형

③ 침하

④ 소성수축

⑤ 자기수축균열

43 보통 콘크리트용 부순 골재의 원석으로서 가장 적합하지 않은 것은?

① 현무암

② 응회암

③ 안산암

④ 화강암

⑤ 화산암

44 열적외선을 반사하는 은소재 도막으로 코팅하여 방사율과 열관류율을 낮추고 가시광선 투과율을 높인 유리는?

① 스팬드럴 유리

② 접합유리

③ 배강도유리

④ 로이유리

⑤ 강화유리

45 TQC를 위한 7가지 도구 중 다음 설명에 해당하는 것은?

> 모집단에 대한 품질특성을 알기 위하여 모집단의 분포상태, 분포의 중심위치, 분포의 산포 등을 쉽게 파악할 수 있도록 막대그래프 형식으로 작성한 도수분포도를 말한다.

① 히스토그램

② 특성요인도

③ 파레토도

④ 체크시트

⑤ 층별

46 타일 108mm 각으로, 줄눈을 5mm로 벽면 $6m^2$를 붙일 때 필요한 타일의 장수는? (단, 정미량으로 계산)

① 350장

② 400장

③ 470장

④ 520장

⑤ 615장

47 스프레이 도장방법에 관한 설명으로 옳지 않은 것은?

① 도장거리는 스프레이 도장면에서 150mm를 표준으로 하고 압력에 따라 가감한다.

② 스프레이할 때에는 매끈한 평면을 얻을 수 있도록 하고, 항상 평행이동하면서 운행의 한 줄마다 스프레이 너비의 1/3 정도를 겹쳐 뿜는다.

③ 각 회의 스프레이 방향은 전회의 방향에 직각으로 한다.

④ 에어레스 스프레이 도장은 1회 도장에 두꺼운 도막을 얻을 수 있고 짧은 시간에 넓은 면적을 도장할 수 있다.

⑤ 불투명한 도장일 때에는 하도, 중도, 상도 공정의 각 도막층별로 색깔을 될 수 있는 한 달리하여 몇 번째의 도장 도막인가를 판별할 수 있도록 한다.

48 건축공사에서 공사원가를 구성하는 직접공사비에 포함되는 항목을 바르게 나열한 것은?

① 자재비, 노무비, 이윤, 일반관리비

② 자재비, 노무비, 이윤, 경비

③ 자재비, 노무비, 외주비, 경비

④ 자재비, 노무비, 외주비, 일반관리비

⑤ 자재비, 외주비, 부가가치세

49 다음 중 돌로마이트 플라스터 바름에 관한 설명으로 바르지 않은 것은?

① 실내온도가 5℃ 이히일 때는 공사를 중단하거나 난방을 하여 5℃ 이상으로 유지해야 한다.

② 정벌바름용 반죽은 물과 혼합한 후 4시간 정도 지난 다음 사용하는 것이 바람직하다.

③ 초벌바름에 균열이 없을 때에는 고름질한 후 7일 이상 두어 고름질면의 건조를 기다린 후 균열이 발생하지 아니함을 확인한 다음 재벌바름을 실시한다.

④ 재벌바름이 지나치게 건조한 때에는 적당히 물을 뿌리고 정벌바름을 한다.

⑤ 바름작업 중에는 될 수 있는대로 통풍을 피하는 것이 좋으나 초벌바름 후, 고름질 후, 특히 정벌 바름 후 적당히 환기하여 바름면이 서서히 건조되도록 한다.

50 가치공학 수행계획의 4단계로 바른 것은?

① 정보(Informative)-제안(Proposal)-고안(Speculative)-분석(Analytical)

② 정보(Informative)-고안(Speculative)-분석(Analytical)-제안(Proposal)

③ 분석(Analytical)-정보(Informative)-제안(Proposal)-고안(Speculative)

④ 제안(Proposal)-정보(Informative)-고안(Speculative)-분석(Analytical)

⑤ 고안(Speculative)-정보(Informative)-제안(Proposal)--분석(Analytical)

51 다음 중 도장공사를 위한 목부 바탕만들기 순서로 바른 것은? (문제에 오류가 있어 수정했습니다.)

① 오염물제거 → 투명도장 → 연마 → 옹이땜 → 구멍땜 → 송진처리

② 오염물제거 → 옹이땜 → 송진처리 → 연마 - 구멍땜 → 투명도장

③ 오염물제거 → 구멍땜 → 투명도장 → 송진처리 → 연마 → 옹이땜

④ 오염물제거 → 송진처리 → 옹이땜 → 연마 → 구멍땜 → 투명도장

⑤ 오염물제거 → 송진처리 → 연마 → 옹이땜 → 구멍땜 → 투명도장

52 다음 중 무기질의 단열재료가 아닌 것은?

① 셀룰로오스 섬유판
② 세라믹 섬유
③ 펄라이트 판
④ ALC 패널
⑤ 글라스 울

53 철골재의 수량산출에서 사용되는 재료별 할증률로 옳지 않은 것은?

① 고장력볼트 : 5%
② 강판 : 10%
③ 봉강 : 5%
④ 강관 : 5%
⑤ 대형형강 : 7%

54 고층건축물 공사의 반복작업에서 각 작업조의 생산성을 기울기로 하는 직선으로 각 반복작업의 진행을 표시하여 전체공사를 도식화하는 기법은?

① CPM
② PERT
③ PDM
④ LOB
⑤ TACT

55 비철금속에 관한 설명으로 바르지 않은 것은?

① 동에 아연을 합금시킨 일반적인 황동은 아연함유량이 40% 이하이다.
② 구조용 알루미늄 합금은 4~5%의 동을 함유하므로 내식성이 좋다.
③ 주로 합금재료로 쓰이는 주석은 유기산에는 거의 침해되지 않는다.
④ 아연은 침강의 방식용에 피복재로서 사용할 수 있다.
⑤ 청동은 구리와 주석의 합금으로서 내식성과 가공성이 우수하다.

56 건축 모듈계획에 관한 설명 중 옳지 않은 것은?

① 국내에서는 일반적으로 10cm를 최소기준 모듈로 사용한다.
② 국내에서는 현재 모든 공동주택에 원칙적으로 중심선치수를 사용하도록 주택건설기준 등에 관한 규칙에서 규정하고 있다.
③ 인치나 피트법을 사용하는 나라는 MC에 의거하여 기본모듈 4인치를 일반적으로 사용한다.
④ 르 꼬르뷔지에(Le Corbusier)는 인체척도를 기준으로 하는 르 모듈러(Le Modular)를 설계에 적용하였다.
⑤ 국내에서는 거실 및 침실의 평면 각변의 길이는 5센티미터를 단위로 한 것을 기준척도로 한다.

57 래드번(Radburn) 계획의 기본원리로 바르지 않은 것은?

① 기능에 따른 4가지 종류의 도로구분
② 보도망 형성 및 보도와 차도의 평면직 분리
③ 자동차 통과도로 배제를 위한 슈퍼블록 구성
④ 주택단지 어디로나 통할 수 있는 공동 오픈스페이스 조성
⑤ Cul-de-sac형의 세가로망 구성

58 테라스하우스에 관한 설명으로 바르지 않은 것은?

① 각 호마다 전용의 뜰(정원)을 갖는다.
② 각 세대의 깊이는 7.5m이상으로 해야 한다.
③ 진입방식에 따라 하향식과 상향식으로 나눌 수 있다.
④ 시각적인 인공테라스형은 위층으로 갈수록 건물의 내부면적이 작아지는 형태이다.
⑤ 경사지에서는 스플릿 레벨(split level) 구성이 가능하다.

59 건축제도 통칙(KS F 1501)에 정의된 축척의 종류에 속하지 않는 것은?

① $\frac{1}{20}$ ② $\frac{1}{25}$
③ $\frac{1}{40}$ ④ $\frac{1}{60}$
⑤ $\frac{1}{100}$

60 건축 도면에 사용되는 표시 기호와 표시사항의 연결이 옳지 않은 것은?

① L-길이 ② A-용적
③ H-높이 ④ R-반지름
⑤ THK-두께

>>> 철도관련법령

61 다음 중 철도산업발전기본법령상 철도기술의 진흥 및 육성을 위하여 철도기술전반에 대한 연구 및 개발에 노력하여야 하는 주체는?

① 국가
② 지방자치단체의 장
③ 국토교통부장관
④ 행정안전부장관
⑤ 한국철도공사 사장

62 철도산업발전기본법령상 철도산업구조개혁의 기본방향에 대한 설명으로 옳은 것은?

① 국가는 철도산업의 경쟁력을 강화하기 위해 철도시설 부문과 철도운영 부문을 통합하여 운영해야 한다.
② 철도산업구조개혁은 철도시설 부문과 철도운영 부문의 완전한 단절을 목표로 한다.
③ 국가는 철도시설 부문과 철도운영 부문을 분리하는 구조개혁을 추진하여야 한다.
④ 철도산업구조개혁은 민간 기업의 철도 운영 참여를 전면 금지하는 것을 목표로 한다.
⑤ 국가는 국토교통부령으로 정하는 바에 의하여 상호협력체계 구축 등 필요한 조치를 마련하여야 한다.

63 철도산업발전기본법령상 철도시설관리권이란?

① 고속철도건설공단이 건설 중인 시설자산의 이전할 수 있는 권리를 말한다.
② 철도시설을 관리하고 그 철도시설을 사용하거나 이용하는 자로부터 사용료를 징수할 수 있는 권리를 말한다.
③ 철도청과 고속철도건설공단이 철도운영 등을 주된 목적으로 취득한 재산·시설에 관한 권리를 말한다.
④ 철도청이 건설 중인 시설자산의 이전·관리할 수 있는 권리를 말한다.
⑤ 철도시설을 건설하고 그 철도시설을 관리하는 권리를 말한다.

64 한국철도공사법령상 한국철도공사에 대한 설명 중 옳은 것은?

① 공사의 주된 사무소의 소재지는 공사가 정한다.
② 공고의 방법은 설립등기사항에 포함되지 않는다.
③ 공사는 하부조직을 이전한 경우에는 이전 후 2주일 이내에 주된 사무소의 소재지에서 새 소재지와 이전 연월일을 등기해야 한다.
④ 공사는 업무수행을 위하여 국토교통부령이 정하는 바에 따라 필요한 곳에 하부조직을 둘 수 있다
⑤ 공사는 설립등기사항에 변경이 있는 때에는 주된 사무소의 소재지에서는 3주일 이내에 그 변경된 사항을 등기하여야 한다.

65 한국철도공사법령상 사채청약서는 사장이 작성해야 한다. 다음 중 사채청약서의 기재사항이 아닌 것은?

① 공사 임원이 인적사항
② 사채의 종류별 액면금액
③ 사채의 이율
④ 이자지급의 방법 및 시기
⑤ 사채상환의 방법 및 시기

66 철도사업법의 목적에서 지향하는 바로 옳지 않은 것은?

① 국민경제의 발전에 이바지

② 철도사업자의 자율적 요금설정

③ 철도이용자의 편의도모

④ 철두사업의 건전한 발전

⑤ 철도사업에 관한 질서 확립

67 철도사업법령상 철도사업자가 운송을 시작하여야 하는 적절한 시기는?

① 국토교통부장관이 지정하는 기간

② 국토교통부장관이 지정하는 월

③ 국토교통부장관이 지정하는 년도

④ 국토교통부장관으로부터 승인 받은 날

⑤ 국토교통부장관으로부터 승인 받은 월

68 철도사업법령상 사업계획의 변경에 있어서 국토교통부장관의 인가를 받아야 하는 경우가 아닌 것은?

① 화물열차의 운행구간을 변경하는 경우

② 벽지노선에서 철도운송서비스의 종류를 추가하는 경우

③ 사업용철도 노선별로 10분의 1 이상 여객열차의 운행횟수를 변경하는 경우

④ 여객열차의 운행구간을 변경하는 경우

⑤ 사업용철도 노선별로 여객열차의 정차역을 10분의 2 이상 변경하는 경우

69 철도사업법령상 철도사업자가 관계 역·영업소 및 사업소 등에 갖추어 두어야 하는 것이 아닌 것은?

① 철도사업약관

② 여객요금표

③ 여객운임표

④ 감면사항

⑤ 철도사업자의 정관

70 철도사업법령상 점용허가 취소사유에 해당하지 않는 것은?

① 점용허가를 받은 자가 스스로 점용허가의 취소를 신청하는 경우

② 점용료를 납부하지 않은 경우

③ 점용허가 목적과 다른 목적으로 철도시설을 점용한 경우

④ 시설물의 종류와 경영하는 사업이 철도사업에 지장을 주게 된 경우

⑤ 점용허가를 받은 자의 개인적인 사정으로 철도시설 점용이 불가능해진 경우

코레일(한국철도공사) 필기시험

성 명

아래에 문구를 빈칸에 정자로 기재하시오.

햇볕이 쏟아지는 가을날에 선선한 바람을 맞으며 하루를 보낸다.

필적확인란 :

직업기초능력평가

번호	①	②	③	④	⑤
1	①	②	③	④	⑤
2	①	②	③	④	⑤
3	①	②	③	④	⑤
4	①	②	③	④	⑤
5	①	②	③	④	⑤
6	①	②	③	④	⑤
7	①	②	③	④	⑤
8	①	②	③	④	⑤
9	①	②	③	④	⑤
10	①	②	③	④	⑤
11	①	②	③	④	⑤
12	①	②	③	④	⑤
13	①	②	③	④	⑤
14	①	②	③	④	⑤
15	①	②	③	④	⑤
16	①	②	③	④	⑤
17	①	②	③	④	⑤
18	①	②	③	④	⑤
19	①	②	③	④	⑤
20	①	②	③	④	⑤
21	①	②	③	④	⑤
22	①	②	③	④	⑤
23	①	②	③	④	⑤
24	①	②	③	④	⑤
25	①	②	③	④	⑤
26	①	②	③	④	⑤
27	①	②	③	④	⑤
28	①	②	③	④	⑤
29	①	②	③	④	⑤
30	①	②	③	④	⑤

직무수행능력평가

번호	①	②	③	④	⑤
31	①	②	③	④	⑤
32	①	②	③	④	⑤
33	①	②	③	④	⑤
34	①	②	③	④	⑤
35	①	②	③	④	⑤
36	①	②	③	④	⑤
37	①	②	③	④	⑤
38	①	②	③	④	⑤
39	①	②	③	④	⑤
40	①	②	③	④	⑤
41	①	②	③	④	⑤
42	①	②	③	④	⑤
43	①	②	③	④	⑤
44	①	②	③	④	⑤
45	①	②	③	④	⑤
46	①	②	③	④	⑤
47	①	②	③	④	⑤
48	①	②	③	④	⑤
49	①	②	③	④	⑤
50	①	②	③	④	⑤
51	①	②	③	④	⑤
52	①	②	③	④	⑤
53	①	②	③	④	⑤
54	①	②	③	④	⑤
55	①	②	③	④	⑤
56	①	②	③	④	⑤
57	①	②	③	④	⑤
58	①	②	③	④	⑤
59	①	②	③	④	⑤
60	①	②	③	④	⑤

철도관련법령

번호	①	②	③	④	⑤
61	①	②	③	④	⑤
62	①	②	③	④	⑤
63	①	②	③	④	⑤
64	①	②	③	④	⑤
65	①	②	③	④	⑤
66	①	②	③	④	⑤
67	①	②	③	④	⑤
68	①	②	③	④	⑤
69	①	②	③	④	⑤
70	①	②	③	④	⑤

생 년 월 일

⓪	①	②	③	④	⑤	⑥	⑦	⑧	⑨

코레일
(한국철도공사)

건축일반
[건축(일반)]

- 제 5 회 -

성명		생년월일	
시험시간	70분	문항수	70문항

〈응시 전 주의사항〉

○ 문제지 해당란과 OMR답안지에 성명과 생년월일을 정확하게 기재하십시오.

○ 기재착오, 누락 등으로 인한 불이익은 응시자 본인의 책임이니 OMR 답안지 작성에 유의하십시오.

○ 필기시험의 만점은 100점으로 합니다.

SEOWONGAK
(주)서원각

1 밑줄 친 ㉠, ㉡과 동일한 의미관계를 갖는 것은?

우리는 영화나 드라마에서 흔히 주인공이 첫사랑을 다시 만나 심장이 두근거리는 장면을 보곤 한다. 이렇게 영화나 드라마처럼 정말 심장이 사랑하는 사람을 알아볼 수 있을까? 사실 첫사랑을 보고 심장이 뛰는 현상은 심장이 과거에 사랑했던 사람을 알아보아서 마구 뛴 것이 아니라 우리의 '뇌'가 그 사람을 기억하고 알아차려 신경을 통해 심장을 더 빠르게 뛰도록 조절했기 때문이다.

심장은 심방과 심실이라는 네 개의 작은 방으로 나누어져 있다. 오른쪽 심실에서 나온 혈액은 허파를 지나 산소가 풍부한 혈액으로 바뀌어 왼쪽 심방으로 들어온다. 이렇게 들어온 혈액은 왼쪽 심실의 펌프질을 통해 온몸으로 퍼지게 되는데, 오른쪽 심방 벽에 주기 조정자가 있다. 이곳에서 전기파를 방출하면 이로 인해 심장의 근육들은 하나의 박자에 맞춰 ㉠수축과 ㉡이완을 반복함으로써 펌프질을 하게 되는 것이다. 즉, 심장은 뇌에서 내린 명령에 따라 오른쪽 심방 벽에서 방출하는 전기파에 맞춰 혈액을 펌프질하는 역할만 할 뿐이다.

① 동물 : 사슴
② 시계 : 바늘
③ 압축 : 복원
④ 은총 : 총애
⑤ 손(手) : 손(客)

2 다음 글의 내용과 일치하지 않는 것은?

국민연금법이 정한 급여의 종류에는 노령연금, 장애연금, 유족연금, 반환일시금이 있다. 그 중 노령연금은 국민연금에 10년 이상 가입하였던 자 또는 10년 이상 가입 중인 자에게만 60세가 된 때부터 그가 생존하는 동안 지급하는 급여를 말한다. 노령연금을 받을 권리자(노령연금 수급권자)와 이혼한 사람도 일정한 요건을 충족하면 노령연금을 분할한 일정 금액의 연금을 받을 수 있는데, 이를 분할연금이라 한다. 분할연금은 혼인기간 동안 보험료를 내는 데 부부가힘을 합쳤으니 이혼 후에도 연금을 나누는 것이 공평하다는 취지가 반영된 것이다. 분할연금을 받기 위해서는 혼인기간(배우자의 국민연금 가입기간 중의 혼인기간만 해당)이 5년 이상인자로서, 배우자와 이혼하였고, 배우자였던 사람이 노령연금 수급권자이며, 만 60세 이상이 되어야 한다. 이러한 요건을 모두 갖추게 된 때부터 3년 이내에 분할연금을 청구하면, 분할연금 수급권자는 생존하는 동안 분할연금을 수령할 수 있다. 한편 공무원연금, 군인연금, 사학연금 등에서는 연금가입자와 이혼한 사람에게 분할연금을 인정하고 있지 않다.

① 요건을 모두 갖추었더라도 3년 내에 청구하지 않으면 분할연금을 받을 수 없다.
② 국민연금 가입기간이 10년째인 남자와 결혼한 여자가 4년 만에 이혼한 경우 여자는 남자가 받는 노령연금의 분할연금을 받을 수 있다.
③ 이혼자가 분할연금을 받을 수 있는 이유는 혼인기간동안 보험료를 내는데 부부가 힘을 합쳤기 때문이다.
④ 모든 연금법에서 이혼자에 대한 분할연금을 인정하고 있지는 않다.
⑤ 국민연금법이 정한 급여의 종류에는 노령연금 외에도 장애연금과 유족연금, 반환일시금이 있다.

3 다음 밑줄 친 단어의 의미와 동일하게 쓰인 것을 고르시오.

농림축산식품부를 비롯한 농정 유관기관들이 제7호 태풍 '쁘라삐룬'과 집중호우 피해 최소화에 총력을 모으고 나섰다.
농식품부는 2일 오전 10시 농식품부 소관 실국과 농촌진흥청, 농어촌공사, 농협중앙회 등 유관기관이 참여하는 '태풍 쁘라삐룬 2차 대책회의'를 열고 집중호우에 따른 농업분야 피해 및 대책 추진상황을 긴급 점검했다.
농식품부가 지자체 등의 보고를 토대로 집계한 농업분야 피해는 이날 오전 6시 현재 농작물 4258ha, 저수지 1개소 제방 유실, 용수간선 4개소 유실·매몰 피해가 발생했다.

① 안전기의 스위치를 열고 퓨즈가 끊어진 것을 확인한다.
② 아직 교육의 혜택을 제대로 받지 못한 오지에 학교를 열었다.
③ 정상회담에 앞서서 준비회담을 열었으나 그 회담 내용은 알려지지 않았다.
④ 사람들이 토지에 정착하여 살 수 있게 됨으로써 인류 역사에 농경 시대를 열게 되었다.
⑤ 모든 사람에게 마음을 열고 살기 위해서는 무엇보다도 타인에 대한 사랑과 이해가 우선되어야 한다.

4 밑줄 친 부분과 바꾸어 쓰기에 가장 적절한 것은?

전 지구적인 해수의 연직 순환은 해수의 밀도 차이에 의해 발생한다. 바닷물은 온도가 낮고 염분 농도가 높아질수록 밀도가 높아져 아래로 가라앉는다. 이 때문에 북대서양의 차갑고 염분 농도가 높은 바닷물은 심층수를 이루며 적도로 천천히 이동한다.
그런데 지구 온난화로 인해 북반구의 고위도 지역의 강수량이 증가하고 극지방의 빙하가 녹은 물이 대량으로 바다에 유입되면 어떻게 될까? 북대서양의 염분 농도가 감소하여 바닷물이 가라앉지 못하는 일이 벌어질 수 있다. 과학자들은 컴퓨터 시뮬레이션을 통해 차가운 북대서양 바닷물에 빙하가 녹은 물이 초당 십만 톤 이상 들어오면 전 지구적인 해수의 연직 순환이 느려져 지구의 기후가 변화한다는 사실을 알아냈다

① 침강(沈降)　　② 침식(侵蝕)
③ 침체(沈滯)　　④ 침범(侵犯)
⑤ 침해(침害)

5 다음은 S철도공사의 종합관제운영 및 보수내규 중 통신관제 부분에 해당하는 규정이다. 다음 중 이 규정과 부합하는 내용으로 볼 수 없는 것은?

제5절 통신관제
제31조(통신관제의 임무) 통신관제의 임무는 다음 각 호와 같다.
1. 통신설비의 감시 및 제어
2. 통신관제 설비의 운용 및 보수
3. 통신설비의 장애 또는 사고 발생 시 통신지원에 관한 조치
4. 통신설비에 영향을 줄 수 있는 점검 및 작업의 통제
5. 업무수행을 위하여 필요한 정보의 파악, 자료수집
6. 통신회선의 통제 및 임시 통신망 구성, 관련부서와 협의
7. 기타 통신관제 업무에 관련된 사항
제32조(현장통제) 통신관제의 현장통제는 다음 각 호에 의한다.
1. 통신설비의 장애 및 사고발생 시는 신호전자사업소장에게 통보하여 통신설비를 확인 조치토록 하여야 한다.
2. 신호전자사업소장으로부터 통신설비의 일시 사용중지나 변경이 필요한 작업계획을 보고 받았을 경우 그 작업이 열차 안전운행에 지장이 있다고 판단될 때에는 그 작업의 취소를 지시하여야 한다.
3. 통신설비가 타 설비와 계통적으로 관련이 있는 사항은 신호전자사업소장과 긴밀한 협의를 통하여 통신설비의 운용에 차질이 없도록 하여야 한다. 또한, 신호전자사업소장이 관제설비와 동일망(광단국)으로 연결된 통신설비의 유지보수 시에는 통신관제와 상호협의·협조하여야 한다.
제33조(통화의 기록) ① 종합관제소에서 사용 중인 유무선통화기기의 통화 내용을 모두 녹음하여야 한다.
② 열차의 안전운행에 중대한 영향을 미치거나, 설비의 사고에 대한 중요 통화내용은 1년간 보존하여야 한다.
③ 평상시 업무에 대한 통화내용은 1개월간 보존하여야 한다.
④ 녹음내용에 대하여는 보안을 유지하여야 하며, 사고 발생 등 특별한 경우 녹음내용의 청취 및 음성데이터 반출 요청이 있을 때에는 관제소장의 승인을 얻은 후 별지 제5호 서식에 의한 녹음청취열람기록부에 기록하여야 한다.

① 통신관제의 임무를 맡은 자는 업무와 관련한 정보도 파악하고 수집하여야 한다.
② 신호전자사업소장으로부터 통신설비가 중단되어야 하는 작업을 계획 중이라는 보고를 받으면 즉시 통신설비 사용 중지를 명하여야 한다.
③ 종합관제소 내에서의 모든 통화 기록은 녹음을 하여야 한다.
④ 열차의 안전과 관련된 통화내용의 보존 기간은 1년이며, 평소 업무 관련 통화기록의 보존 기간은 1개월이다.
⑤ 녹음 내용을 반출해야 할 경우에는 관제소장의 사전 승인이 있어야 한다.

6 다음 ㈎~㈐에 공통으로 나타나는 설명 방식이 사용된 문장은?

㈎ 호랑이는 가축을 해치고 사람을 다치게 하는 일이 많았던 모양이다. 그래서 설화 중에는 사람이나 가축이 호랑이한테 해를 당하는 이야기가 많이 있다. 사냥을 하던 아버지가 호랑이에게 해를 당하자 아들이 원수를 갚기 위해 그 호랑이와 싸워 이겼다는 통쾌한 이야기가 있는가 하면, 밤중에 변소에 갔던 신랑이 호랑이한테 물려 가는 것을 본 신부가 있는 힘을 다하여 호랑이의 꼬리를 붙잡고 매달려 신랑을 구했다는 흐뭇한 이야기도 있다. 이러한 이야기들은 호랑이의 사납고 무서운 성질을 바탕으로 하여 꾸며진 것이다.

㈏ 설화 속에서 호랑이는 산신 또는 산신의 사자로 나타나기도 하고, 구체적인 설명 없이 신이한 존재로 나타나기도 한다. '효녀와 산신령' 이야기에서 산신령은 호랑이의 모습으로 나타나, 겨울철 눈 속에서 병든 어머니께 드릴 잉어를 찾는 소녀에게 잉어를 잡아 준다. 또한 '장화홍련전'에서 계모의 아들 장쇠는 장화를 재촉하여 물에 빠지게 하고 돌아오는 길에 호랑이한테 물려 죽는데 이때의 호랑이는 징벌자 역할을 하고 있다.

㈐ 설화 속에서 호랑이는 사람과 마찬가지로 따뜻한 정과 의리를 지니고 있는 것으로 나타나기도 하는데, 인간의 효성에 감동한 호랑이 이야기가 많이 있다. 여름철에 홍시를 구하려는 효자를 등에 태워 홍시가 있는 곳으로 데려다 준 호랑이 이야기, 고개를 넘어 성묘 다니는 효자를 날마다 태워다 준 호랑이 이야기 등이 그 예다.

① 자동차는 엔진, 바퀴, 배기 장치 등으로 구성된다.
② 팬에 기름을 두른 후 멸치를 넣고 볶은 다음, 양념을 한다.
③ 지문은 손가락 안쪽 끝에 있는 피부의 무늬나 그것이 남긴 흔적을 말한다.
④ 지구의 기온이 상승하면 남극과 북극의 빙하가 녹게 되어 해수면이 상승한다.
⑤ 한국의 철새 중 여름새의 대표적인 예로는 뻐꾸기, 꾀꼬리, 백로, 제비 등이 있다.

7 다음 글의 내용과 일치하지 않는 것은?

미국 코넬 대학교 심리학과 연구 팀은 1992년 하계 올림픽 중계권을 가졌던 엔비시(NBC)의 올림픽 중계 자료를 면밀히 분석했는데, 메달 수상자들이 경기 종료 순간에 어떤 표정을 짓는지 감정을 분석하는 연구였다.

연구 팀은 실험 관찰자들에게 23명의 은메달 수상자와 18명의 동메달 수상자의 얼굴 표정을 보고 경기가 끝나는 순간에 이들의 감정이 '비통'에 가까운지 '환희'에 가까운지 10점 만점으로 평정하게 했다. 또한 경기가 끝난 후, 시상식에서 선수들이 보이는 감정을 동일한 방법으로 평정하게 했다. 시상식에서 보이는 감정을 평정하기 위해 은메달 수상자 20명과 동메달 수상자 15명의 시상식 장면을 분석하게 했다.

분석 결과, 경기가 종료되고 메달 색깔이 결정되는 순간 동메달 수상자의 행복 점수는 10점 만점에 7.1로 나타났다. 비통보다는 환희에 더 가까운 점수였다. 그러나 은메달 수상자의 행복 점수는 고작 4.8로 평정되었다. 환희와 거리가 먼 감정 표현이었다. 객관적인 성취의 크기로 보자면 은메달 수상자가 동메달 수상자보다 더 큰 성취를 이룬 것이 분명하다. 그러나 은메달 수상자와 동메달 수상자가 주관적으로 경험한 성취의 크기는 이와 반대로 나왔다. 시상식에서도 이들의 감정 표현은 역전되지 않았다. 동메달 수상자의 행복 점수는 5.7이었지만 은메달 수상자는 4.3에 그쳤다.

왜 은메달 수상자가 3위인 동메달 수상자보다 결과를 더 만족스럽게 느끼지 못하는가? 이는 선수들이 자신이 거둔 객관적인 성취를 가상의 성취와 비교하여 주관적으로 해석했기 때문이다. 은메달 수상자들에게 그 가상의 성취는 당연히 금메달이었다. 최고 도달점인 금메달과 비교한 은메달의 주관적 성취의 크기는 선수 입장에서는 실망스러운 것이다. 반면 동메달 수상자들이 비교한 가상의 성취는 '노메달'이었다. 까딱 잘못했으면 4위에 그칠 뻔했기 때문에 동메달의 주관적 성취의 가치는 은메달의 행복 점수를 뛰어넘을 수밖에 없다.

① 연구 팀은 선수들의 표정을 통해 감정을 분석하였다.
② 연구 팀은 경기가 끝나는 순간과 시상식에서 선수들이 보이는 감정을 동일한 방법으로 평정하였다.
③ 경기가 끝나는 순간 동메달 수상자는 비통보다는 환희에 더 가까운 행복 점수를 보였다.
④ 동메달 수상자와 은메달 수상자가 주관적으로 경험한 성취의 크기는 동일하게 나타났다.
⑤ 은메달 수상자와 동메달 수상자의 가상의 성취는 달랐다.

8 다음 글에 대한 평가로 가장 적절한 것은?

요즘에는 낯선 곳을 찾아갈 때, 지도를 해석하며 어렵게 길을 찾지 않아도 된다. 기술력의 발달에 따라, 제공되는 공간 정보를 바탕으로 최적의 경로를 탐색할 수 있게 되었기 때문이다. 이는 어떤 곳의 위치 좌표나 지리적 형상에 대한 정보뿐만 아니라 시간에 따른 공간의 변화를 포함한 공간 정보를 이용할 수 있게 되면서 가능해진 것이다. 이처럼, 공간 정보가 시간에 따른 변화를 반영할 수 있게 된 것은 정보를 수집하고 분석하는 정보 통신 기술의 발전과 밀접한 관련이 있다.

공간 정보의 활용은 '위치정보시스템(GPS)'과 '지리정보시스템(GIS)' 등의 기술적 발전과 휴대 전화나 태블릿 PC 등 정보 통신 기기의 보급을 기반으로 한다. 위치정보시스템은 공간에 대한 정보를 수집하고 지리정보시스템은 정보를 저장, 분류, 분석한다. 이렇게 분석된 정보는 사용자의 요구에 따라 휴대 전화나 태블릿 PC 등을 통해 최적화되어 전달된다.

길 찾기를 예로 들어 이 과정을 살펴보자. 휴대 전화 애플리케이션을 이용해 사용자가 가려는 목적지를 입력하고 이동 수단으로 버스를 선택하였다면, 우선 사용자의 현재 위치가 위치정보시스템에 의해 실시간으로 수집된다. 그리고 목적지와 이동 수단 등 사용자의 요구와 실시간으로 수집된 정보에 따라 지리정보시스템은 탑승할 버스 정류장의 위치, 다양한 버스 노선, 최단 시간 등을 분석하여 제공한다. 더 나아가 교통 정체와 같은 돌발 상황과 목적지에 이르는 경로의 주변 정보까지 분석하여 제공한다.

공간 정보의 활용 범위는 계속 확대되고 있다. 예를 들어, 여행지와 관련한 공간 정보는 여행자의 요구와 선호에 따라 선별적으로 분석되어 활용된다. 나아가 유동 인구를 고려한 상권 분석과 교통의 흐름을 고려한 도시 계획 수립에도 공간 정보 활용이 가능하게 되었다. 획기적으로 발전되고 있는 첨단 기술이 적용된 공간 정보가 국가 차원의 자연재해 예측 시스템에도 활발히 활용된다면 한층 정밀한 재해 예방 및 대비가 가능해질 것이다. 이로 인해 우리의 삶도 더 편리하고 안전해질 것으로 기대된다.

① 공간 정보 활용 범위의 확대 사례를 제시하여 내용을 타당성 있게 뒷받침하고 있다.
② 전문 기관의 자료를 바탕으로 공간 정보 활용에 대한 믿을 만한 근거를 제시하고 있다.
③ 위치 정보에 접근하는 방식의 차이점을 지역별로 비교하여 균형 있는 주장을 하고 있다.
④ 구체적 수치 자료를 근거로 하여 공간 정보 활용 비율을 신뢰성 있게 제시하고 있다.
⑤ 설문 조사 결과를 활용하여 공간 정보의 영향력에 대해 다양성 있는 주장을 하고 있다.

9 다음 글에서 언급하지 않은 내용은?

독일의 학자 아스만(Asmann. A)은 장소가 기억의 주체, 기억의 버팀목이 될 수도 있고, 인간의 기억을 초월하는 의미를 제공할 수도 있다고 하였다. 그렇다면 하루가 다르게 변해 가는 오늘날의 삶에서 장소에 대한 기억이 우리에게 주는 의미는 무엇인가?

장소에 대한 기억에 대해 사람들은 다소 애매하면서도 암시적인 표현을 사용한다. 이는 사람들이 장소를 기억하는 것인지, 아니면 장소에 대한 기억, 곧 어떤 장소에 자리하고 있는 기억을 말하는 것인지 분명하지 않기 때문이다. 이에 대해 아스만은 전자를 '기억의 장소', 후자를 '장소의 기억'으로 구분한다. 그녀의 구분에 의하면 기억의 장소는 동일한 내용을 불러일으키는 것을 목적으로 하는 장소로, 내용을 체계적으로 저장하고 인출하기 위한 암기의 수단으로 쓰인다. 이와 달리 장소의 기억은 특정 장소와 결부되어 있는 기억이다. 사람들은 그들의 관점과 시각, 욕구에 따라 과거를 현재화하며, 기억하는 사람에 따라 다르게 장소의 기억을 형성한다.

오늘날의 사회에서는 시대의 변화로 인해 기억의 장소에서 시선을 옮겨 장소의 기억에 주목하고 있다. 기억의 장소의 경우, 넘쳐 나게 된 정보와 지식들로 인해 암기 차원의 기억은 정보 기술 분야에서 다룰 수 있으므로 그 기능을 잃게 되었다.

한편, 현대인의 삶이 파편화되고 공유된 장소가 개별화되면서 공동체가 공유하고 있는 정체성까지도 단절되고 있다. 마치 오랜 세월 동안 사람들의 일상 속에서 과거의 기억과 삶의 정취를 고스란히 담아 온 골목이 단순한 통로, 주차장, 혹은 사적 소유지로 변해 버린 것과 같다. 이러한 단절을 극복하고 공동의 정체성을 회복할 수 있는 방안으로 중요하게 기능하는 것이 장소의 기억이다. 장소의 기억은 특정 장소에 대하여 각자의 기억들을 공유한다. 그리고 여러 시대에 걸쳐 공유해 온 장소의 기억은 장소를 매개로 하여 다시 전승되어 가며 공동의 기억과 공동의 정체성을 형성해 나간다. 개별화된 지금의 장소가 다시 공유된 장소로 회복될 때 장소의 기억이 공유될 수 있다. 또 이를 통해 우리의 파편화된 삶은 다시 그 조각들을 맞추어 나갈 수 있게 될 것이다. 장소의 공유 안에서 단절되었던 공동체적 성제성도 전승되어 가는 것이다.

장소는 오래 전의 기억을 현재 시점으로 불러올 수 있는 중요한 수단이다. 이제는 시간의 흔적이 겹겹이 쌓인 장소의 기억에서 과거와의 유대를 활성화해 나갈 시점이다.

① '기억의 장소'의 특징
② '기억의 장소'의 구체적 사례
③ '장소의 기억'의 형성 과정
④ '장소의 기억'의 현대적 가치
⑤ '기억의 장소'와 '장소의 기억'의 차이점

10 다음 글의 내용을 사실과 의견으로 구분할 때, 사실인 것은?

ㄱ 우리 지역 축제에 유명 연예인을 초청해야 한다고 생각합니다. ㄴ 그 이유는 지역 주민의 축제 참여율을 높일 필요가 있기 때문입니다. ㄷ 지난 3년간 축제 참여 현황을 보면 지역 주민의 참여율이 전체 주민의 10% 미만으로 매우 저조하고, 이마저도 계속 낮아지는 추세입니다. ㄹ 우리 지역에서는 연예인을 직접 볼 기회가 많지 않으므로 유명 연예인을 초청하면 지역 주민들이 축제에 더 많은 관심을 보일 것입니다. ㅁ 따라서 유명 연예인을 초청하여 지역 주민의 축제 참여를 유도할 필요가 있습니다.

① ㄱ
② ㄴ
③ ㄷ
④ ㄹ
⑤ ㅁ

11 빅데이터에 대한 이해로 적절하지 않은 것은?

빅데이터는 그 규모가 매우 큰 데이터를 말하는데, 이는 단순히 데이터의 양이 매우 많다는 것뿐 아니라 데이터의 복잡성이 매우 높다는 의미도 내포되어 있다. 데이터의 복잡성이 높다는 말은 데이터의 구성 항목이 많고 그 항목들의 연결 고리가 함께 수록되어 있다는 것을 의미한다. 데이터의 복잡성이 높으면 다양한 파생 정보를 끌어낼 수 있다. 데이터로부터 정보를 추출할 때에는, 구성 항목을 독립적으로 이용하기도 하고, 두 개 이상의 항목들의 연관성을 이용하기도 한다. 일반적으로 구성 항목이 많은 데이터는 한 번에 얻기 어렵다. 이런 경우에는, 따로 수집되었지만 연결 고리가 있는 여러 종류의 데이터들을 연결하여 사용한다.

가령 한 집단의 구성원의 몸무게와 키의 데이터가 있다면, 각 항목에 대한 구성원의 평균 몸무게, 평균 키 등의 정보뿐만 아니라 몸무게와 키의 관계를 이용해 평균 비만도 같은 파생 정보도 얻을 수 있다. 이때는 반드시 몸무게와 키의 값이 동일인의 것이어야 하는 연결 고리가 있어야 한다. 여기에다 구성원들의 교통 카드 이용 데이터를 따로 얻을 수 있다면, 이것을 교통 카드의 사용자 정보를 이용해 사용자의 몸무게와 키의 데이터를 연결할 수 있다. 이렇게 연결된 데이터 세트를 통해 비만도와 대중교통의 이용 빈도 간의 파생 정보를 추출할 수 있다. 연결할 수 있는 데이터가 많을수록 얻을 수 있는 파생 정보도 늘어난다.

① 빅데이터 구성 항목을 독립적으로 이용하여 정보를 추출하기도 한다.
② 빅데이터를 구성하는 데이터의 양은 매우 많다.
③ 빅데이터를 구성하는 데이터의 복잡성은 매우 높다.
④ 빅데이터에는 구성 항목들 간의 연결 고리가 함께 포함되어 있다.
⑤ 빅데이터에서는 파생 정보를 얻을 수 없다.

12 다음은 B사의 2017년 추진 과제의 전공별 연구책임자 현황에 대한 자료이다. 전체 연구책임자 중 공학 전공의 연구책임자가 차지하는 비율과 전체 연구책임자 중 의학전공의 여자 연구책임자가 차지하는 비율의 차이는? (단, 소수 둘째 자리에서 반올림한다)

(단위 : 명, %)

연구책임자 전공	남자		여자	
	연구책임자 수	비율	연구책임자 수	비율
이학	2,833	14.8	701	30.0
공학	11,680	61.0	463	19.8
농학	1,300	6.8	153	6.5
의학	1,148	6.0	400	17.1
인문사회	1,869	9.9	544	23.3
기타	304	1.6	78	3.3
계	19,134	100.0	2,339	100.0

① 51.1%p
② 52.3%p
③ 53.5%p
④ 54.7%p
⑤ 55.9%p

13 A, B, C 직업을 가진 부모 세대 각각 200명, 300명, 400명을 대상으로 자녀도 동일 직업을 갖는지 여부를 물은 설문조사 결과가 다음과 같았다. 다음 조사 결과를 올바르게 해석한 설명을 〈보기〉에서 모두 고른 것은 어느 것인가?

〈세대 간의 직업 이전 비율〉

(단위 : %)

부모 직업 \ 자녀 직업	A	B	C	기타
A	35	20	40	5
B	25	25	35	15
C	25	40	25	10

* 모든 자녀의 수는 부모 당 1명으로 가정한다.

〈보기〉
㈎ 부모와 동일한 직업을 갖는 자녀의 수는 C직업이 A직업보다 많다.
㈏ 부모의 직업과 다른 직업을 갖는 자녀의 비중은 B와 C직업이 동일하다.
㈐ 응답자의 자녀 중 A직업을 가진 사람은 B직업을 가진 사람보다 더 많다.
㈑ 기타 직업을 가진 자녀의 수는 B직업을 가진 부모가 가장 많다.

① ㈏, ㈐, ㈑
② ㈎, ㈏, ㈑
③ ㈎, ㈐, ㈑
④ ㈎, ㈏, ㈐
⑤ ㈎, ㈏, ㈐, ㈑

14 다음은 A시의 교육여건 현황을 나타낸 자료이다. 이에 대한 설명 중 옳지 않은 것을 고르면?

교육여건 \ 학교급	전체 학교 수	학교당 학급 수	학급당 주간 수업시수 (시간)	학급당 학생 수	학급당 교원 수	교원당 학생 수
초등학교	150	30	28	32	1.3	25
중학교	70	36	34	35	1.8	19
고등학교	60	33	35	32	2.1	15

① 모든 초등학교와 중학교의 학생 수 차이는 모든 중학교와 고등학교의 학생 수 차이보다 크다.
② 모든 초등학교의 교원 수는 모든 중학교와 고등학교의 교원 수의 합보다 크다.
③ 모든 초등학교의 주간 수업시수는 모든 중학교의 주간 수업시수보다 많다.
④ 모든 중학교의 교원당 학생 수는 80,000명 이상이다.
⑤ 모든 고등학교의 학급 수는 모든 중학교의 학급수의 80% 이하이다.

15 다음 자료를 통해 알 수 있는 사항을 바르게 설명하지 못한 것은 어느 것인가?

〈기업규모별 매출, 영업이익〉

(단위 : 조 원)

〈기업 및 종사자 현황〉

(단위 : 개, 만 명)

구분	대기업	중견기업	중소기업
기업 수	2,191(0.3%)	3,969(0.6%)	660,003(99.1%)
종사자 수	204.7(20.4%)	125.2(12.5%)	675.3(67.1%)

① 1개 기업당 매출액과 영업이익 실적은 대기업에 속한 기업이 가장 우수하다.

② 기업규모별 매출액 대비 영업이익률은 대기업, 중견기업, 중소기업 순으로 높다.

③ 전체 기업 수의 약 99%에 해당하는 기업이 전체 매출액의 40% 이상을 차지한다.

④ 전체 기업 수의 약 1%에 해당하는 기업이 전체 영업이익의 70% 이상을 차지한다.

⑤ 1개 기업 당 종사자 수는 대기업이 중견기업의 3배에 육박한다.

16 A생산라인을 먼저 32시간 가동한 후, B생산라인까지 두 생산라인을 모두 가동하여 최종 10,000개의 정상제품을 납품하였다면 두 생산라인을 모두 가동한 시간은 얼마인가?

〈생산성 조건〉

• 불량률 체크 전 단계의 시제품 100개를 만드는 데 A생산라인만을 이용할 때는 4시간, B생산라인만을 이용할 때는 2시간이 걸린다.

• 두 라인을 동시에 가동하면 시간 당 정상제품 생산량이 각각 20%씩 상승한다.

① 105시간

② 110시간

③ 115시간

④ 120시간

⑤ 125시간

17 다음의 자료를 보고 바르게 해석한 것을 모두 고르면?

〈2024년 국내 A지역, B지역의 기온과 전력사용량 (평일 일 평균 기준)〉

〈A지역〉

〈B지역〉

〈국내 경제성장률과 전력소비량 증가율〉

ㄱ 평일 일 평균 전력사용량은 계절과 관계없이 B지역이 A지역보다 항상 많을 것이다.
ㄴ A지역은 여름과 겨울에 전력사용량이 증가하는 것으로 보아 주택용보다 산업용 전력사용량 비중이 높을 것이다.
ㄷ 경제 성장에 따른 최대 전력 수요 증가가 예상될 경우, 발전설비 확충 등을 통해 전력 공급 능력을 향상시켜야 한다.
ㄹ 공급 능력이 8,000만kW, 최대 전력 수요가 7,200만kW라면 공급예비율이 10% 이하로 유지되도록 대책을 마련해야 한다.

① ㄱ, ㄴ ② ㄱ, ㄷ
③ ㄴ, ㄷ ④ ㄴ, ㄹ
⑤ ㄷ, ㄹ

18 다음은 ○○손해보험에서 화재손해 발생 시 지급 보험금 산정 방법과 피보험물건(A~E)의 보험금액 및 보험가액을 나타낸 자료이다. 화재로 입은 손해액이 A~E 모두 6천만 원으로 동일할 때, 지급 보험금이 많은 것부터 순서대로 나열하면?

〈표1〉 지급 보험금 산정방법

피보험물건 유형	조건	지급 보험금
일반물건, 창고물건, 주택	보험금액 ≥ 보험가액의 80%	손해액 전액
	보험금액 < 보험가액의 80%	손해액 × $\dfrac{보험금액}{보험가액의\ 80\%}$
공장물건, 동산	보험금액 ≥ 보험가액	손해액 전액
	보험금액 < 보험가액	손해액 × $\dfrac{보험금액}{보험가액}$

1) 보험금액 : 보험사고가 발생한 때에 보험회사가 피보험자에게 지급해야 하는 금액의 최고한도
2) 보험가액 : 보험사고가 발생한 때에 피보험자에게 발생 가능한 손해액의 최고한도

〈표2〉 피보험물건의 보험금액 및 보험가액

피보험물건	피보험물건 유형	보험금액	보험가액
A	주택	9천만 원	1억 원
B	일반물건	6천만 원	8천만 원
C	창고물건	7천만 원	1억 원
D	공장물건	9천만 원	1억 원
E	동산	6천만 원	7천만 원

① A − B − D − C − E
② A − D − B − E − C
③ B − A − C − D − E
④ B − D − A − C − E
⑤ D − B − A − E − C

19 다음 〈표〉는 주식매매 수수료율과 증권거래세율에 대한 자료이다. 주식매매 수수료는 주식 매도 시 매도자에게, 매수 시 매수자에게 부과되며 증권거래세는 주식 매도 시에만 매도자에게 부과된다고 할 때, 이에 대한 〈보기〉의 설명 중 옳은 것을 모두 고르면?

〈표 1〉 주식매매 수수료율과 증권거래세율

(단위 : %)

연도 구분	2020	2021	2022	2023	2024
주식매매 수수료율	0.1949	0.1805	0.1655	0.1206	0.0993
유관기관 수수료율	0.0109	0.0109	0.0093	0.0075	0.0054
증권사 수수료율	0.1840	0.1696	0.1562	0.1131	0.0939
증권거래세율	0.3	0.3	0.3	0.3	0.3

〈표 2〉 유관기관별 주식매매 수수료율

(단위 : %)

연도 유관기관	2020	2021	2022	2023	2024
한국거래소	0.0065	0.0065	0.0058	0.0045	0.0032
예탁결제원	0.0032	0.0032	0.0024	0.0022	0.0014
금융투자협회	0.0012	0.0012	0.0011	0.0008	0.0008
합계	0.0109	0.0109	0.0093	0.0075	0.0054

※ 주식거래 비용 = 주식매매 수수료 + 증권거래세

※ 주식매매 수수료 = 주식매매 대금 × 주식매매 수수료율

※ 증권거래세 = 주식매매 대금 × 증권거래세율

ⓐ 2020년에 '갑'이 주식을 매수한 뒤 같은 해에 동일한 가격으로 전량 매도했을 경우, 매수 시 주식거래 비용과 매도 시 주식거래 비용의 합에서 증권사 수수료가 차지하는 비중은 50%를 넘지 않는다.

ⓑ 2022년에 '갑'이 1,000만원 어치의 주식을 매수할 때 '갑'에게 부과되는 주식매매 수수료는 16,550원이다.

ⓒ 모든 유관기관은 2024년 수수료율을 2023년보다 10% 이상 인하하였다.

ⓓ 2024년에 '갑'이 주식을 매도할 때 '갑'에게 부과되는 주식거래 비용에서 유관기관 수수료가 차지하는 비중은 2% 이하이다.

① ㉠, ㉡   ② ㉠, ㉢

③ ㉡, ㉢   ④ ㉡, ㉣

⑤ ㉢, ㉣

┃20~21┃ 다음은 A시의 연도별·혼인종류별 건수와 관련된 자료이다. 자료를 보고 이어지는 물음에 답하시오.

〈A시의 연도별·혼인종류별 건수〉

(단위 : 건)

구분		2015	2016	2017	2018	2019	2020	2021	2022	2023	2024
남자	초혼	279	270	253	274	278	274	272	257	253	㉠
	재혼	56	58	52	53	47	55	48	47	45	㉡
여자	초혼	275	266	248	269	270	272	267	255	249	231
	재혼	60	62	57	58	55	57	53	49	49	49

(단위 : 건)

구분	2015	2016	2017	2018	2019	2020	2021	2022	2023	2024
남(초) + 여(초)	260	250	235	255	260	255	255	241	( )	( )
남(재) + 여(초)	15	16	13	14	10	17	12	14	( )	( )
남(초) + 여(재)	19	20	18	19	18	19	17	16	( )	( )
남(재) + 여(재)	41	42	39	39	37	38	36	33	( )	( )

※ 초 : 초혼, 재 : 재혼

20 아래 자료를 참고할 때, 위의 빈 칸 ㉠, ㉡에 들어갈 알맞은 수치는 얼마인가?

구분	2023년의 2015년 대비 증감 수	2022~2024년의 연평균 건수
남(초) + 여(초)	−22	233
남(재) + 여(초)	−4	12
남(초) + 여(재)	−4	16
남(재) + 여(재)	−7	33

① 237, 53   ② 240, 55

③ 237, 43   ④ 240, 43

⑤ 240, 40

21 위의 상황을 근거로 한 다음 〈보기〉와 같은 판단 중 타당한 것으로 볼 수 있는 것을 모두 고르면?

〈보기〉

(가) 자신은 초혼이지만 상대방은 재혼이라도 괜찮다고 생각한 것은 남성이 여성보다 매년 더 많다.

(나) 이혼율이 증가하면 초혼 간의 혼인율이 감소한다.

(다) 여성의 재혼 건수가 전년보다 증가한 해는 남성의 재혼 건수도 항상 전년보다 증가한다.

(라) 2024년에는 10년 전보다 재혼이 증가하고 초혼이 감소하였다.

① (가), (나) ② (가), (다)
③ (나), (다) ④ (나), (라)
⑤ (다), (라)

22 甲 주식회사의 감사위원회는 9인으로 구성되어 있다. 다음에 제시된 법률 규정에서 밑줄 친 부분에 해당하지 않는 사람은?

감사위원회는 3인 이상의 이사로 구성한다. 다만 다음 각 호에 해당하는 자가 위원의 3분의 1을 넘을 수 없다.

1. 회사의 업무를 담당하는 이사 및 피용자(고용된 사람) 또는 선임된 날부터 2년 이내에 업무를 담당한 이사 및 피용자이었던 자
2. 최대 주주가 자연인인 경우 본인, 배우자 및 직계존·비속
3. 최대 주주가 법인인 경우 그 법인의 이사, 감사 및 피용자
4. 이사의 배우자 및 직계존·비속
5. 회사의 모회사 또는 자회사의 이사, 감사 및 피용자
6. 회사와 거래관계 등 중요한 이해관계에 있는 법인의 이사, 감사 및 피용자
7. 회사의 이사 및 피용자가 이사로 있는 다른 회사의 이사, 감사 및 피용자

① 甲 주식회사 최대 주주 A의 법률상의 배우자
② 甲 주식회사와 하청계약을 맺고 있는 乙 주식회사의 감사 B
③ 甲 주식회사 이사 C의 자녀
④ 甲 주식회사 자재부장 D가 이사로 있는 丙 주식회사의 총무과장 E
⑤ 甲 주식회사의 모회사인 丁 주식회사의 최대 주주 F

23 다음에 제시된 명제들이 모두 참일 경우, 이 조건들에 따라 내릴 수 있는 결론으로 적절한 것은?

㉠ 인사팀을 좋아하지 않는 사람은 생산팀을 좋아한다.
㉡ 기술팀을 좋아하지 않는 사람은 홍보팀을 좋아하지 않는다.
㉢ 인사팀을 좋아하는 사람은 비서실을 좋아하지 않는다.
㉣ 비서실을 좋아하지 않는 사람은 홍보팀을 좋아한다.

① 홍보팀을 싫어하는 사람은 인사팀을 좋아한다.
② 비서실을 싫어하는 사람은 생산팀도 싫어한다.
③ 기술팀을 싫어하는 사람은 생산팀도 싫어한다.
④ 생산팀을 좋아하는 사람은 기술팀을 싫어한다.
⑤ 생산팀을 좋아하지 않는 사람은 기술팀을 좋아한다.

24 조향사인 수호는 여러 가지 향기 시료를 조합하여 신상품을 개발하고 있다. 다음을 근거로 판단할 때, 수호가 시료 조합을 통해 만들 수 있는 향기로 옳지 않은 것은?

• 수호는 현재 딸기향, 바다향, 바닐라향, 파우더향, 커피향 시료를 10㎖씩 가지고 있다.
• 시료는 한 번 조합할 때 10㎖를 사용하며, 이미 조합한 시료를 다시 조합할 수 있다.
• 시료는 2개씩만 조합할 수 있고, 서로 다른 향기의 시료를 조합하면 다음과 같이 향이 변한다.
- 딸기향 시료와 바다향 시료를 조합하면, 모두 숲속향 시료가 된다.
- 딸기향 시료와 바닐라향 시료를 조합하면 두 층으로 분리되며 각각 딸기향 시료와 베리향 시료가 된다.
- 바다향 시료와 바닐라향 시료를 조합하면 두 층으로 분리되며 각각 바다향 시료와 나무향 시료가 된다.
- 파우더향 시료를 다른 향기의 시료와 조합하면, 모두 그 다른 향기의 시료가 된다.
- 커피향 시료를 다른 향기의 시료와 조합하면, 모두 커피향 시료가 된다.

① 딸기향 10㎖, 바다향 10㎖, 숲속향 20㎖, 커피향 10㎖
② 베리향 10㎖, 바다향 10㎖, 바닐라향 10㎖, 커피향 20㎖
③ 딸기향 10㎖, 베리향 10㎖, 바다향 20㎖, 커피향 10㎖
④ 숲속향 30㎖, 나무향 10㎖, 커피향 10㎖
⑤ 딸기향 20㎖, 나무향 10㎖, 커피향 20㎖

25 5명(A ~ E)이 다음 규칙에 따라 게임을 하고 있다. 4→1→1 의 순서로 숫자가 호명되어 게임이 진행되었다면 네 번째 술래는?

- A→B→C→D→E 순으로 반시계방향으로 동그랗게 앉아 있다.
- 한 명의 술래를 기준으로, 술래는 항상 숫자 3을 배정받고, 반시계방향으로 술래 다음 사람이 숫자 4를, 그 다음 사람이 숫자 5를, 술래 이전 사람이 숫자 2를, 그 이전 사람이 숫자 1을 배정받는다.
- 술래는 1 ~ 5의 숫자 중 하나를 호명하고, 호명된 숫자에 해당하는 사람이 다음 술래가 된다. 새로운 술래를 기준으로 다시 위의 조건에 따라 숫자가 배정되며 게임이 반복된다.
- 첫 번째 술래는 A다.

---

① A
② B
③ C
④ D
⑤ E

| 26~27 | 다음은 K지역의 지역방송 채널 편성정보이다. 다음을 보고 이어지는 물음에 답하시오.

[지역방송 채널 편성규칙]
- K시의 지역방송 채널은 채널1, 채널2, 채널3, 채널4 네 개이다.
- 오후 7시부터 12시까지는 다음을 제외한 모든 프로그램이 1시간 단위로만 방송된다.

시사정치	기획물	예능	영화 이야기	지역 홍보물
최소 2시간 이상	1시간 30분	40분	30분	20분

- 모든 채널은 오후 7시부터 12시까지 뉴스 프로그램이 반드시 포함되어 있다.

[오후 7시~12시 프로그램 편성내용]
- 채널1은 3개 프로그램이 방송되었으며, 9시 30분부터 시사정치를 방송하였다.
- 채널2는 시사정치와 지역 홍보물 방송이 없었으며, 기획물, 예능, 영화 이야기가 방송되었다.

- 채널3은 6시부터 시작한 시사정치 방송이 9시에 끝났으며, 바로 이어서 뉴스가 방송되었고 기획물도 방송되었다.
- 채널4에서는 예능 프로그램이 연속 2회 편성되었고, 예능을 포함한 4종류의 프로그램이 방송되었다.

---

26 다음 중 위의 자료를 참고할 때, 오후 7시~12시까지의 방송 프로그램에 대하여 바르게 설명하지 못한 것은? (단, 프로그램의 중간에 광고방송 시간은 고려하지 않는다.)

① 채널1에서 기획물이 방송되었다면 예능은 방송되지 않았다.
② 채널2는 정확히 12시에 프로그램이 끝나며 새로 시작되는 프로그램이 있을 수 없다.
③ 채널3에서 영화 이야기가 방송되었다면, 정확히 12시에 어떤 프로그램이 끝나게 된다.
④ 채널4에서 예능 프로그램이 연속 2회 방송되기 위해서는 반드시 뉴스보다 먼저 방송되어야 한다.
⑤ 채널4에서 영화 이야기가 방송되었다면 시사정치도 방송되었다.

---

27 다음 중 각 채널별로 정각 12시에 방송하던 프로그램을 마치기 위한 방법을 설명한 것으로 옳지 않은 것은? (단, 프로그램의 중간에 광고방송 시간은 고려하지 않는다.)

① 채널1에서 기획물을 방송한다면 시사정치를 2시간 반만 방송한다.
② 채널2에서 지역 홍보물 프로그램을 추가한다.
③ 채널3에서 영화 이야기 프로그램을 추가한다.
④ 채널4에서 시사정치를 적어도 11시 반까지는 방송한다.
⑤ 채널2에서 영화 이야기 프로그램 편성을 취소한다.

28 다음은 L사의 사내 전화번호부 사용법과 일부 직원들의 전화번호이다. 신입사원인 A씨가 다음 내용을 보고 판단한 것으로 적절하지 않은 것은 어느 것인가?

- 일반 전화걸기 : 회사 외부로 전화를 거는 경우 수화기를 들고 0번을 누른 후 지역번호부터 누른다.
- 타 직원에게 전화 돌려주기 : 수화기를 들고 # 버튼을 누른 후 원하는 직원의 내선번호를 누른다.
- 직원 간 내선통화 : 수화기를 들고 직원의 내선번호를 누른다.
- 전화 당겨 받기 : 수화기를 들고 * 버튼을 두 번 누른다.
- 통화대기 : 통화 도중 통화대기 버튼을 누르고 수화기를 내린다. 다시 통화하려면 수화기를 들고 통화대기 버튼을 누른다.

부서	이름	내선번호	부서	이름	내선번호
기획팀	신 과장	410	총무팀	김 과장	704
	최 대리	413	영업1팀	신 대리	513
인사팀	김 사원	305		오 사원	515
	백 대리	307	영업2팀	이 대리	105
마케팅팀	이 부장	201		정 과장	103

① 내선번호에는 조직의 편제에 따른 구분이 감안되어 있다.

② 통화 중인 이 부장과의 통화를 위해 대기 중이던 김 과장은 이 부장의 통화가 끝나면 수화기를 들고 201을 눌러야 한다.

③ 신 대리에게 걸려 온 전화를 오 사원이 당겨 받으려면 신 대리의 내선번호를 누르지 않아도 된다.

④ 최 대리가 이 대리에게 전화를 연결해 주려면 반드시 105번을 눌러야 한다.

⑤ 통화 중이던 백 대리가 # 버튼을 누르게 되면 상대방은 아직 통화가 끝나지 않은 것이다.

29 ○○커피에 근무하는 甲은 신규 매장 오픈을 위한 위치 선정을 하고 있다. 다음은 기존 매장의 위치를 표시한 것으로 아래의 조건에 따라 신규 매장 위치를 선정한다고 할 때, ⓐ~ⓔ 중 신규 매장이 위치힐 수 없는 곳은 어디인가?

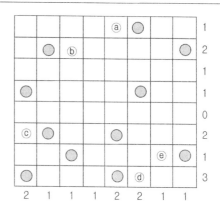

- 신규 매장은 바로 인접한 하나의 기존 매장으로부터 재료를 반드시 공급받아야 하고, 대각선 방향의 기존 매장은 이용할 수 없다.
- 기존 매장 하나는 하나의 신규 매장에만 재료를 공급할 수 있으며, 두 개의 신규 매장은 인접해서 위치하지 않고 대각선으로도 놓여있지 않다.
- 그림 밖의 숫자는 가로, 세로 줄에 위치할 신규 매장 수이다.

① ⓐ

② ⓑ

③ ⓒ

④ ⓓ

⑤ ⓔ

30 공무원연금공단은 다음 기준에 따라 사망조위금을 지급하고 있다. 기준을 근거로 판단할 때 옳게 판단한 직원을 모두 고르면? (단, 사망조위금은 최우선 순위의 수급권자 1인에게만 지급한다)

〈사망조위금 지급기준〉

사망자	수급권자 순위	
공무원의 배우자·부모 (배우자의 부모 포함) ·자녀	해당 공무원이 1인인 경우	해당 공무원
	해당 공무원이 2인 이상인 경우	1. 사망한 자의 배우자인 공무원 2. 사망한 자를 부양하던 직계비속인 공무원 3. 사망한 자의 최근친 직계비속인 공무원 중 최연장자 4. 사망한 자의 최근친 직계비속의 배우자인 공무원 중 최연장자 직계비속의 배우자인 공무원
공무원 본인	1. 사망한 공무원의 배우자 2. 사망한 공무원의 직계비속 중 공무원 3. 장례와 제사를 모시는 자 중 아래의 순위 가. 사망한 공무원의 최근친 직계비속 중 최연장자 나. 사망한 공무원의 최근친 직계존속 중 최연장자 다. 사망한 공무원의 형제자매 중 최연장자	

- 甲 : A와 B는 비(非)공무원 부부이며 공무원 C(37세)와 공무원 D(32세)를 자녀로 두고 있다. 공무원 D가 부모님을 부양하던 상황에서 A가 사망하였다면, 사망조위금 최우선 순위 수급권자는 D이다.
- 乙 : A와 B는 공무원 부부로 비공무원 C를 아들로 두고 있으며, 공무원 D는 C의 아내이다. 만약 C가 사망하였다면, 사망조위금 최우선 순위 수급권자는 A이다.
- 丙 : 공무원 A와 비공무원 B는 부부이며 비공무원 C(37세)와 비공무원 D(32세)를 자녀로 두고 있다. A가 사망하고 C와 D가 장례와 제사를 모시는 경우, 사망조위금 최우선 순위 수급권자는 C이다.

① 甲   ② 乙
③ 丙   ④ 甲, 乙
⑤ 甲, 丙

31 사무소 건축의 코어유형에 관한 설명으로 바르지 않은 것은?

① 중심코어형은 유효율이 높은 계획이 가능하다.
② 양단코어형은 2방향 피난에 이상적이며 방제상 유리하다.
③ 편심코어형은 각 층 바닥면적이 소규모인 경우에 적합하다.
④ 독립코어형은 구조적으로 가장 바람직한 유형으로 고층, 초고층사무소 건축에 주로 사용한다.
⑤ 독립코어형은 내진구조에는 불리하다.

32 다음 중 국토의 계획 및 이용에 관한 법령에 따른 용도지역안에서의 건폐율 최대 한도가 가장 높은 것은?

① 준주거지역
② 중심상업지역
③ 일반상업지역
④ 유통상업지역
⑤ 계획관리지역

33 대지 면적이 1000m²인 건축물의 옥상에 조경 면적을 90m² 설치한 경우, 대지에 설치하여야 하는 최소 조경 면적은? (단, 조경설치기준은 대지면적의 10%)

① 10m²
② 40m²
③ 50m²
④ 100m²
⑤ 200m²

34 주당 평균 40시간을 수업하는 어느 학교에서 음악실에서의 수업이 총 20시간이며 이 중 15시간은 음악시간으로 나머지 5시간은 학급토론 시간으로 사용되었다면, 이 교실의 이용률과 순수율은?

① 이용률 37.5%, 순수율 75%

② 이용률 75%, 순수율 37.5%

③ 이용률 50%, 순수율 75%

④ 이용률 75%, 순수율 50%

⑤ 이용률 37.5%, 순수율 50%

35 다음 중 주심포식 건물이 아닌 것은?

① 강릉 객사문

② 수덕사 대웅전

③ 봉정사 극락전

④ 무위사 극락전

⑤ 서울 남대문

36 H-300×150×6.5×9인 형강보가 10kN의 전단력을 받을 때 웨브에 생기는 전단응력도의 크기는 약 얼마인가? (단, 웨브전단면적 산정 시 플랜지의 두께는 제외한다.)

① 3.46MPa

② 4.46MPa

③ 5.46MPa

④ 6.46MPa

⑤ 8.16MPa

37 보 또는 보의 역할을 하는 리브나 지판이 없이 기둥으로 하중을 전달하는 2방향으로 철근이 배치된 콘크리트 슬래브는?

① 워플 슬래브

② 플랫 플레이트

③ 플랫 슬래브

④ 데크플레이트 슬래브

⑤ 장선 슬래브

38 그림과 같은 보의 C점에서의 최대처짐은?

① $\dfrac{PL^3}{2EI}$

② $\dfrac{PL^3}{48EI}$

③ $\dfrac{PL^3}{384EI}$

④ $\dfrac{5PL^3}{384EI}$

⑤ $\dfrac{3PL^3}{64EI}$

39 각 지반의 허용지내력의 크기가 큰 것부터 순서대로 올바르게 나열한 것은?

> A. 자갈
> B. 모래
> C. 연암반
> D. 경암반

① B > A > C > D

② A > B > C > D

③ D > C > A > B

④ D > C > B > A

⑤ C > B > D > A

40 보의 유효깊이 d=550mm, 보의 폭 $b_w = 300mm$ 인 보에서 스트럽이 부담할 전단력 $V_s = 200kN$일 경우 수직스터럽 간격으로 가장 적절한 것은? (단, 수직스터럽 면적 $A_v = 142mm^2(2 - D10)$, 스터럽의 설계기준 항복강도 $f_{yt} = 400MPa$, 콘크리트 압축강도 $f_{ck} = 24MPa$이다.)

① 120mm

② 150mm

③ 180mm

④ 200mm

⑤ 220mm

41 고층건물의 구조형식 중에서 건물의 중간층에 대형 수평부재를 설치하여 횡력을 외곽기둥이 분담할 수 있도록 한 형식은?

① 트러스구조

② 튜브구조

③ 골조 아웃리거 구조

④ 스페이스 프레임 구조

⑤ 이중골조시스템

42 다음 중 프리스트레스트 콘크리트(Prestressed Concrete)에 대한 설명으로 바르지 않은 것은?

① 포스트텐션공법은 콘크리트의 강도가 발현된 후 프리스트레스를 도입하는 현장형 공법이다.

② 구조물의 자중을 경감할 수 있으며, 부재단면을 줄일 수 있다.

③ 화재에 강하며, 내화피복이 불필요하다.

④ 고강도이면서 수축 또는 크리프 등의 변형이 적은 균일한 품질의 콘크리트가 요구된다.

⑤ 부재의 단면이 일반 철근콘크리트부재보다 작으므로 진동과 처짐에 대한 고려가 필요하다.

43 목재의 접착제로 활용되는 수지와 가장 거리가 먼 것은?

① 요소수지

② 멜라민수지

③ 에폭시수지

④ 페놀수지

⑤ 폴리스티렌수지

44 타격에 의한 말뚝박기공법을 대체하는 저소음, 저진동의 말뚝공법에 해당하지 않는 것은?

① 압입공법

② 사수(Water Jetting) 공법

③ 프리보링 공법

④ 바이브로 콤포저 공법

⑤ 중공굴착공법

45 경량형 강재의 특징에 관한 설명으로 옳지 않은 것은?

① 경량형 강재는 중량에 대한 단면 계수, 단면 2차 반경이 큰 것이 특징이다.

② 경량형 강재는 일반구조용 열간 압연한 일반형 강재에 비하여 단면형이 크다.

③ 경량형 강재는 판두께가 얇지만 두께에 비해서 판의 국부 좌굴이나 국부변형이 잘 생기지 않는다.

④ 일반구조용 열간 압연한 일반형 강재에 비하여 판두께가 얇고 강재량이 적으면서 휨강도는 크고 좌굴 강도도 유리하다.

⑤ 부식에 약해 방청도료를 사용해야 하며 외부사용 및 접합이 어렵다.

46 수장공사 적산 시 유의사항에 관한 설명으로 옳지 않은 것은?

① 수장공사는 각종 마감재를 사용하여 바닥 벽 천장을 치장하므로 도면을 잘 이해하여야 한다.

② 최종 마감재만 포함하므로 설계도서를 기준으로 각종 부속공사는 제외하여야 한다.

③ 마무리 공사로서 자재의 종류가 다양하게 포함되므로 자재별로 잘 구분하여 시공 및 관리하여야 한다.

④ 공사범위에 따라서 주자재, 부자재, 운반등을 포함하고 있는지 파악하여야 한다.

⑤ 천장마감, 도배는 정미면적을 기준으로 하여 산정한다.

47 창호철물 중 여닫이문에 사용하지 않는 것은?

① 도어 행거(door hanger)

② 도어 체크(door check)

③ 실린더 록(cylinder lock)

④ 플로어 힌지(floor hinge)

⑤ 레버토리 힌지(Laboratory Hinge)

48 다음 중 수밀콘크리트에 관한 설명으로 바르지 않은 것은?

① 콘크리트의 소요 슬럼프는 되도록 작게 하여 180[mm]를 넘지 않도록 해야 한다.

② 콘크리트의 워커빌리티를 개선시키기 위해 공기연행제, 공기연행감수제 또는 고성능 공기연행감수제를 사용하는 경우라도 공기량은 25% 이하가 되게 한다.

③ 물결합재비는 50% 이하를 표준으로 한다.

④ 콘크리트 타설 시 다짐을 충분히 하여 가급적 이어붓기를 하지 않아야 한다.

⑤ 단위 굵은골재량을 크게 해야 한다.

49 철근콘크리트 슬래브와 철골보가 일체로 되는 합성구조에 관한 설명으로 바르지 않은 것은?

① 쉐어커넥터가 요구된다.

② 바닥판의 강성을 증기시키는 효과가 크다.

③ 자재를 절감하므로 경제적이다.

④ 경간이 작은 경우에 주로 사용된다.

⑤ 합성보란 철골보와 콘크리트 슬래브를 전단연결재로 연결하여 구조체를 일체화시킴으로써 내력과 강성을 향상시킨 보이다.

50 다음 중 도장공사 시 희석제 및 용제로 활용되지 않는 것은?

① 테레빈유

② 벤젠

③ 티탄백

④ 나프타

⑤ 에탄올

51 다음 조건에 따라 바닥재로 화강석을 사용할 경우 소요되는 화강석의 재료량(할증률 고려)로 바른 것은?

> • 바닥면적 : 300m^2
> • 화강석 판의 두께 : 40mm
> • 정형돌
> • 습식공법

① 315m^2 ② 321m^2

③ 330m^2 ④ 345m^2

⑤ 350m^2

52 다음 중 실링공사의 재료에 관한 설명으로 바르지 않은 것은?

① 가스켓은 콘크리트의 균열부위를 충전하기 위하여 사용하는 부정형 재료이다.
② 프라이머는 접착면과 실링재와의 접착성을 좋게 하기 위하여 도포하는 바탕처리 재료이다.
③ 백업재는 소정의 줄눈깊이를 확보하기 위하여 줄눈 속을 채우는 재료이다.
④ 마스킹테이프는 시공 중에 실링재 충전개소 이외의 오염방지와 줄눈선을 깨끗이 마무리하기 위한 보호테이프이다.
⑤ 보강포는 바탕에 균열이 생겼을 때 방수층의 동시파단 또는 크리프파단의 위험을 경감하고 균일한 도막두께를 확보하기 위한 재료이다.

53 다음 중 비철금속에 해당되지 않는 것은?

① 알루미늄   ② 탄소강

③ 동   ④ 아연

⑤ 니켈

54 다음 중 건축재료의 수량산출 시 적용하는 할증률로서 바르지 않은 것은?

① 유리 : 1%
② 단열재 : 5%
③ 붉은 벽돌 : 3%
④ 이형철근 : 3%
⑤ 시멘트블록 : 4%

55 토공사용 기계에 관한 설명 중 바르지 않은 것은?

① 파워쇼벨(Power shovel)은 지반보다 낮은 곳을 깊게 팔 수 있는 기계로서 보통 약 5m까지 팔 수 있다.
② 드래그라인(Drag line)은 기계를 설치한 지반보다 낮은 장소 또는 수중을 굴착하는데 사용된다.
③ 불도저(Bull dozer)는 일반적으로 흙의 표면을 밀면서 깎아 단거리 운반을 하거나 정지를 한다.
④ 클램쉘(Clamshell)은 수직굴착 등 일반적으로 협소한 장소의 굴착에 적합한 것으로 자갈 등의 적재에도 사용된다.
⑤ 트렌처(Trencher)는 도랑파기나 줄기초파기에 사용된다.

56 BIM(Building Information Modeling) 도입으로 설계 단계에서 얻을 수 있는 장점이 아닌 것은?

① 설계 자동화로 인해 설계에 투입되는 인력과 제반 비용의 절감에 유리하다.
② 다양한 설계 분야의 조기 협업이 용이하다.
③ 설계 진행 단계에서 공사비 견적 산출이 가능하다.
④ 설계 단계에서 설계 오류와 시공 오차를 최소화할 수 있다.
⑤ 하나의 건축물이 지어지는 과정을 처음부터 끝까지 연속적으로 살펴볼 수 있다.

57 다음 중 척도조정(Modular Coordination)에 대한 설명으로 가장 옳지 않은 것은?

① 설계의 치수조정을 통하여 부품화를 이루고 합리적인 건축생산을 하는 것을 건축척도조정이라고 한다.

② 건물의 라이프 사이클(Life Cycle)에 의한 자재의 호환성을 얻을 수 있다.

③ 표준화된 재료를 기준으로 설계·시공되어 지나친 통일성에 따른 시각적 단조로움이 생길 수 있다.

④ 현장에서의 정교한 작업이 건축품질을 좌우하므로 상세도면의 수가 증가한다.

⑤ 대량생산이 용이해지고 공기가 단축된다.

58 다음 그림과 같은 블록 내력벽체의 X방향 벽량은?

① 0.2m/m^2

② 0.225m/m^2

③ 0.325m/m^2

④ 0.525m/m^2

⑤ 0.615m/m^2

59 용도에 따른 선의 종류가 옳지 않은 것은?

① 단면선 – 실선

② 기준선 – 1점 쇄선

③ 치수보조선 – 실선

④ 절단선 – 파선

⑤ 경계선 – 2점 쇄선

60 건축도면에서 "NS(No Scale)"의 의미로 가장 알맞은 것은?

① 그림의 형태가 치수의 1/2이다.

② 그림의 형태가 치수의 2배이다.

③ 그림의 형태가 치수와 동일하다.

④ 그림의 형태가 치수에 비례하지 않는다.

⑤ 그림의 형태가 치수보다 작다.

61 철도산업발전기본법령상 철도산업정보화기본계획의 내용에 포함되는 사항이 아닌 것은?

① 철도산업정보화와 관련된 기술개발의 지원에 관한 사항
② 철도산업정보화의 육성시책 및 시설건설에 관한 사항
③ 철도산업정보화에 필요한 비용
④ 철도산업정보의 수집 및 조사계획
⑤ 철도산업정보화의 여건 및 전망

62 철도산업발전기본법령상 국토교통부장관이 설치·운영해야 하는 철도교통관제시설의 목적에 부합하지 않는 것은?

① 적법운행 여부에 대한 지도·감독
② 철도차량 등의 운행정보의 제공
③ 선로의 유지보수·개량 및 건설정보의 제공
④ 사고발생시 사고복구 지시
⑤ 철도차량 등에 대한 운행통제

63 철도산업발전기본법령상 철도시설(선로등)에 대하여 선로등사용계약을 체결하려는 경우 충족해야 하는 사용기간은?

① 1년을 초과하지 않을 것
② 2년을 초과하지 않을 것
③ 3년을 초과하지 않을 것
④ 5년을 초과하지 않을 것
④ 7년을 초과하지 않을 것

64 한국철도공사법령상 한국철도공사의 자본금은 얼마인가?

① 5조 원
② 13조 원
③ 15조 원
④ 20조 원
⑤ 22조 원

65 한국철도공사법령상 역세권 개발 사업에 대한 설명으로 가장 옳은 것은?

① 철도사업과 관련하여 역세권 개발 사업은 국토교통부가 하여야 한다.
② 역세권 개발 사업으로 철도사업과 관련하여 여객자동차터미널 및 화물터미널 등을 할 수 있다.
③ 해당 지방자치단체는 역세권 개발 사업에 행정적 또는 재정적 지원을 할 수 있다.
④ 공사는 역세권 개발사업의 일환으로 호텔카지노업을 할 수 있다.
⑤ 역세권 개발 사업으로 업무시설이나 주차장은 할 수 없다.

66 철도사업법령상 용어의 설명이 잘못된 것을 고르면?

① 사업용 철도란 철도사업을 목적으로 설치하거나 운영하는 철도를 말한다.
② 철도사업자란 한국철도공사 또는 철도사업 면허를 신청한 자를 말한다.
③ 전용철도운영자란 전용철도 등록을 한 자를 말한다.
④ 철도란 여객 또는 화물을 운송하는 데 필요한 철도시설과 철도차량 및 이와 관련된 운영·지원체계가 유기적으로 구성된 운송체계를 말한다.
⑤ 철도사업이란 다른 사람의 수요에 응하여 철도차량을 사용하여 유상(有償)으로 여객이나 화물을 운송하는 사업을 말한다.

67 다음 중 철도사업법령상 여객 운임·요금에 대한 설명으로 바르지 않은 것은?

① 여객의 운임·요금과 여객운송과 관련된 설비·용역에 대가를 국토교통부장관에게 신고하여야 한다.

② 여객에 대한 운임이란 여객운송에 대한 직접적인 대가를 말한다.

③ 여객 운임·요금을 인상할 경우 변경신고서를 제출하여야 한다.

④ 여객 운임의 상한을 지정한 경우에는 관보에 고시하여야 한다.

⑤ 철도사업자는 여객 유치를 위한 기념행사 등에는 여객 운임·요금을 감면할 수 있다

68 다음은 철도사업법 제13조(공동운수협정) 제1항이다. 밑줄 친 ㉮의 신고를 받은 국토교통부장관이 수리여부를 신고인에게 통지해야 하는 기한은?

> 철도사업자는 다른 철도사업자와 공동경영에 관한 계약이나 그 밖의 운수에 관한 협정(이하 "공동운수협정"이라 한다)을 체결하거나 변경하려는 경우에는 국토교통부령으로 정하는 바에 따라 국토교통부장관의 인가를 받아야 한다. 다만, 국토교통부령으로 정하는 경미한 사항을 변경하려는 경우에는 국토교통부령으로 정하는 바에 따라 ㉮국토교통부장관에게 신고하여야 한다.

① 신고를 받은 날부터 3일 이내

① 신고를 받은 날부터 5일 이내

③ 신고를 받은 날부터 7일 이내

④ 신고를 받은 날부터 14일 이내

⑤ 신고를 받은 날부터 15일 이내

69 철도사업법령상 관리지원센터의 업무로 옳지 않은 것은?

① 운영평가와 관련한 자문 및 지원

② 민자철도의 유지·관리 및 운영에 관한 기준과 관련한 자문 및 지원

③ 국토교통부장관이 위탁하는 업무

④ 실시협약 변경 등의 요구와 관련한 자문 및 지원

⑤ 민자철도의 주요 재정 결정에 대한 자문 및 지원

70 철도사업법령상 다음에 해당하는 벌칙은?

> 거짓이나 그 밖의 부정한 방법으로 전용철도의 등록을 한 자

① 5년 이하의 징역 또는 5천만 원 이하의 벌금

② 2년 이하의 징역 또는 2천만 원 이하의 벌금

③ 1년 이하의 징역 또는 1천만 원 이하의 벌금

④ 500만 원 이하의 벌금

코레일(한국철도공사) 필기시험

성	명

아래에 문구를 빈칸에 정자로 기재하시오.

햇볕이 쏟아지는 가을날에 신선한 바람을 맞으며 하루를 보낸다.

필적확인란 :

직업기초능력평가

1	① ② ③ ④ ⑤	16	① ② ③ ④ ⑤
2	① ② ③ ④ ⑤	17	① ② ③ ④ ⑤
3	① ② ③ ④ ⑤	18	① ② ③ ④ ⑤
4	① ② ③ ④ ⑤	19	① ② ③ ④ ⑤
5	① ② ③ ④ ⑤	20	① ② ③ ④ ⑤
6	① ② ③ ④ ⑤	21	① ② ③ ④ ⑤
7	① ② ③ ④ ⑤	22	① ② ③ ④ ⑤
8	① ② ③ ④ ⑤	23	① ② ③ ④ ⑤
9	① ② ③ ④ ⑤	24	① ② ③ ④ ⑤
10	① ② ③ ④ ⑤	25	① ② ③ ④ ⑤
11	① ② ③ ④ ⑤	26	① ② ③ ④ ⑤
12	① ② ③ ④ ⑤	27	① ② ③ ④ ⑤
13	① ② ③ ④ ⑤	28	① ② ③ ④ ⑤
14	① ② ③ ④ ⑤	29	① ② ③ ④ ⑤
15	① ② ③ ④ ⑤	30	① ② ③ ④ ⑤

직무수행능력평가

31	① ② ③ ④ ⑤	46	① ② ③ ④ ⑤
32	① ② ③ ④ ⑤	47	① ② ③ ④ ⑤
33	① ② ③ ④ ⑤	48	① ② ③ ④ ⑤
34	① ② ③ ④ ⑤	49	① ② ③ ④ ⑤
35	① ② ③ ④ ⑤	50	① ② ③ ④ ⑤
36	① ② ③ ④ ⑤	51	① ② ③ ④ ⑤
37	① ② ③ ④ ⑤	52	① ② ③ ④ ⑤
38	① ② ③ ④ ⑤	53	① ② ③ ④ ⑤
39	① ② ③ ④ ⑤	54	① ② ③ ④ ⑤
40	① ② ③ ④ ⑤	55	① ② ③ ④ ⑤
41	① ② ③ ④ ⑤	56	① ② ③ ④ ⑤
42	① ② ③ ④ ⑤	57	① ② ③ ④ ⑤
43	① ② ③ ④ ⑤	58	① ② ③ ④ ⑤
44	① ② ③ ④ ⑤	59	① ② ③ ④ ⑤
45	① ② ③ ④ ⑤	60	① ② ③ ④ ⑤

철도관련법령

61	① ② ③ ④ ⑤
62	① ② ③ ④ ⑤
63	① ② ③ ④ ⑤
64	① ② ③ ④ ⑤
65	① ② ③ ④ ⑤
66	① ② ③ ④ ⑤
67	① ② ③ ④ ⑤
68	① ② ③ ④ ⑤
69	① ② ③ ④ ⑤
70	① ② ③ ④ ⑤

생년월일

	생 년		월		일		
⓪	⓪	⓪	⓪	⓪	⓪	⓪	⓪
①	①	①	①	①	①	①	①
②	②	②	②	②	②	②	②
③	③	③	③	③	③	③	③
④	④	④	④	④	④	④	④
⑤	⑤	⑤	⑤	⑤	⑤	⑤	⑤
⑥	⑥	⑥	⑥	⑥	⑥	⑥	⑥
⑦	⑦	⑦	⑦	⑦	⑦	⑦	⑦
⑧	⑧	⑧	⑧	⑧	⑧	⑧	⑧
⑨	⑨	⑨	⑨	⑨	⑨	⑨	⑨

코레일
(한국철도공사)

건축일반
[건축(일반)]

제1회~제3회

- 정답 및 해설 -

SEOWONGAK
(주)서원각

1 ⑤

작자는 오래된 물건의 가치를 단순히 기능적 편리함 등의 실용적인 면에 두지 않고 그것을 사용해 온 시간, 그 동안의 추억 등에 두고 있으며 그렇기 때문에 오래된 물건이 아름답다고 하였다.

2 ①

② 위력이나 위엄으로 세력이나 기세 따위를 억눌러서 통제함
③ 필요한 것을 사거나 만들거나 하여 갖춤
④ 어떠한 현상을 일으키거나 영향을 미침
⑤ 앞으로 해야 할 일이나 겪을 일에 대한 마음의 준비

3 ②

① 필요할 때는 쓰고 필요 없을 때는 야박하게 버리는 경우를 이르는 말
③ 원수를 갚거나 마음먹은 일을 이루기 위하여 온갖 어려움과 괴로움을 참고 견딤
④ 공적인 일을 먼저 하고 사사로운 일은 뒤로 미룸
⑤ 고국의 멸망을 한탄함을 이르는 말

4 ③

ⓒ 당시 미국 산림청장은 핀쇼이다.

5 ①

㉠의 의미는 ①에 해당한다.

6 ③

아리스토텔레스는 모든 자연물이 목적을 추구하는 본성을 타고나며, 외적 원인이 아니라 내재적 본성에 따른 운동을 한다는 목적론을 제시하였다. 아리스토텔레스에 따르면 이러한 본성적 운동의 주체는 단순히 목적을 갖는 데 그치는 것이 아니라 목적을 실현할 능력도 타고난다.

7 ④

①⑤ 소스 부호화는 데이터를 압축하기 위해 기호를 0과 1로 이루어진 부호로 변환하는 과정이다. 오류를 검출하고 정정하기 위하여 부호에 잉여 정보를 추가하는 과정은 채널 부호화이다.
② 송신기에서 부호를 전송하면 채널의 잡음으로 인해 오류가 발생한다.
③ 잉여 정보는 오류를 검출하고 정정하기 위하여 부호에 추가하는 정보이다.

8 ②

② 기호 집합의 평균 정보량을 기호 집합의 엔트로피라고 하는데 모든 기호들이 동일한 발생 확률을 가질 때 그 기호 집합의 엔트로피는 최댓값을 갖는다. 기호들의 발생 확률이 서로 다르므로 평균 정보량이 최댓값을 갖지 않는다.

9 ⑤

⑤ 삼중 반복 부호화는 0을 000으로 부호화하는데, 두 개의 비트에 오류가 있으면 110, 101, 011이 되어 1로 판단하므로 오류는 정정되지 않는다.

10 ①

주택담보대출의 경우이므로 3개월의 연체기간을 월별로 나누어 계산해 보면 다음 표와 같이 정리될 수 있다.

연체기간	계산방법	연체이자
연체발생 ~30일분	지체된 약정이자(50만 원)× 연8%(5%+3%)×30/365	3,288원
연체 31일 ~60일분	지체된 약정이자(100만 원)× 연8%(5%+3%)×30/365	6,575원
연체 61일 ~90일분	원금(1억2천만 원)×연8%(5% +3%)×30/365	789,041원
합계		798,904원

따라서 798,904원이 정답이 된다.

11 ③

③ 지문 및 얼굴 정보 제공은 17세 이상의 외국인에 해당한다.

12 ③

㉠ 직원들의 평균 실적은 $\frac{2+6+4+8+10}{6}=5$건 이다.

㉣ 여자 직원이거나 실적이 7건 이상인 직원은 C, E, F로 전체 직원 수의 50% 이상이다.

㉡ 남자이면서 실적이 5건 이상인 직원은 F뿐이므로 전체 남자 직원 수의 25%이다.

㉢ 실적이 2건 이상인 남자 직원은 B, D, F이고, 실적이 4건 이상인 여자 직원은 C, E이다.

13 ①

• 총 45지점이므로 $A+B+C=10$
• PO터미날과 PO휴먼스의 직원 수가 같으므로 $5+B=6+1$, $\therefore B=2$
• PO메이트의 공장 수는 PO휴먼스의 공장 수의 절반 이므로 $\therefore A=6\times\frac{1}{2}=3$
• PO메이트의 공장 수와 PO터미날의 공장 수를 합하면 PO기술투자의 공장 수와 같으므로 $A+B=C$, $\therefore C=5$

따라서 $A=3$, $B=2$, $C=5$이므로 두 번째로 큰 값은 3(A)이다.

14 ④

구분 \ 물품	A	B	C	D	E	F	G	H
조달단가 (억 원)	3	4	5	6	7	8	10	16
구매 효용성	1	0.5	1.8	2.5	1	1.75	1.9	2
정량적 기대효과	3	2	9	15	7	14	19	32

따라서 20억 원 이내에서 구매예산을 집행한다고 할 때, 정량적 기대효과 총합이 최댓값이 되는 조합은 C, D, F로 9 + 15 + 14 = 38이다.

15 ②

① 분만 : $\frac{2,909-3,295}{3,295}\times100 ≒ -11.7\%$

② 검사 : $\frac{909-97}{97}\times100 ≒ 837.1\%$

③ 임신장애 : $\frac{619-607}{607}\times100 ≒ 2.0\%$

④ 불임 : $\frac{148-43}{43}\times100 ≒ 244.2\%$

⑤ 기타 : $\frac{49-45}{45}\times100 ≒ 8.9\%$

16 ⑤

⑤ E에 들어갈 값은 37.9 + 4.3 = 42.2이다.

17 ③

재정력지수가 1 이상이면 지방교부세를 지원받지 않는다. 따라서 3년간 지방교부세를 지원받은 적이 없는 지방자치단체는 서울, 경기 두 곳이다.

18 ④

• 푸르미네 가족의 월간 탄소배출량은
  $(420 \times 0.1) + (40 \times 0.2) + (60 \times 0.3) + (160 \times 0.5)$
  = 42 + 8 + 18 + 80 = 148kg이다.
• 소나무 8그루와 벚나무 6그루를 심을 경우 흡수할 수 있는 탄소흡수량은
  $(14 \times 8) + (6 \times 6)$ = 112 + 36 = 148kg/그루·월로 푸르미네 가족의 월간 탄소배출량과 같다.

19 ③

㈎ 남편과 아내가 한국국적인 경우에 해당하는 수치가 되므로 우리나라 남녀 모두 다문화 배우자와 결혼하는 경우가 전년보다 감소하였음을 알 수 있다. → ○

㈏ (88,929 − 94,962) ÷ 94,962 × 100 = 약 −6.35%가 된다. 따라서 다문화 신혼부부 전체의 수는 2023년에 전년대비 감소한 것이 된다. → ×

㈐ 5.0 → 6.9(남편), 32.2 → 32.6(아내)로 구성비가 변동된 베트남과 10.9 → 11.1(남편), 4.4 → 4.6 (아내)로 구성비가 변동된 기타 국가만이 증가하였다. → ○

㈑ 중국인과 미국인 남편의 경우 2022년이 61.1%, 2023년이 60.2%이며, 중국인과 베트남인 아내의 경우 2022년이 71.4%, 2023년이 71.0%로 두 시기에 모두 50% 이상의 비중을 차지한다. → ○

20 ①

일본인이 남편인 경우는 2022년에 22,448쌍 중 7.5%를 차지하던 비중이 2023년에 22,114쌍 중 6.5%의 비중으로 변농되었다. 따라서 22,448 × 0.075 = 1,683쌍에서 22,114 × 0.065 = 1,437쌍으로 변동되어 246쌍이 감소되었다.

21 ②

• 명제 1을 벤다이어그램으로 나타내면 전체 집합 U는 '등산을 좋아하는 사람'이 되고, 그 중 낚시를 좋아하는 사람을 표시할 수 있다.

• 명제 2를 벤다이어그램으로 나타내면 다음과 같다.

• 이 두 명제를 결합하여 벤다이어그램으로 나타내면 다음과 같다.

• 등산을 좋아하는 사람 중 등산과 낚시를 둘 다 좋아하는 사람과 등산만 좋아하는 사람은 골프를 좋아하지 않으므로 결론 A는 옳지 않다.
• 낚시를 좋아하는 사람은 모두 등산을 좋아하는 사람이므로 결론 B는 옳다.

22 ①

첫 번째와 두 번째 조건을 정리해 보면, 세 사람은 모두 각기 다른 건물에 연구실이 있으며, 오늘 갔던 서점도 서로 겹치지 않는 건물에 있다.

세 번째 조건에서 최 교수와 김 교수는 오늘 문학관 서점에 가지 않았다고 하였으므로 정 교수가 문학관 서점에 간 것을 알 수 있다. 즉, 정 교수는 홍보관에 연구실이 있고 문학관 서점에 갔다.

네 번째 조건에서 김 교수는 정 교수가 오늘 갔던 서점이 있는 건물에 연구실이 있다고 하였으므로 김 교수의 연구실은 문학관에 있고, 따라서 최 교수는 경영관에 연구실이 있다.

23 ②

㈎ 충전시간 당 통화시간은 A모델 6.8H > D모델 5.9H > B모델 4.8H > C모델 4.0H 순이다. 음악재생시간은 D모델 > A모델 > C모델 > B모델 순으로 그 순위가 다르다. (X)

㈏ 충전시간 당 통화시간이 5시간 이상인 것은 A모델 6.8H과 D모델 5.9H이다. (O)

㈐ 통화 1시간을 감소하여 음악재생 30분의 증가 효과가 있다는 것은 음악재생에 더 많은 배터리가 사용된다는 것을 의미하므로 A모델은 음악재생에, C모델은 통화에 더 많은 배터리가 사용된다. (X)

㈑ B모델은 통화시간 1시간 감소 시 음악재생시간 30분이 증가한다. 현행 12시간에서 10시간으로 통화시간을 2시간 감소시키면 음악재생시간이 1시간 증가하여 15시간이 되므로 C모델과 동일하게 된다. (O)

24 ③

두 개의 제품 모두 무게가 42g 이하여야 하므로 B모델은 제외된다. K씨는 충전시간이 짧고 통화시간이 길어야 한다는 조건만 제시되어 있으므로 나머지 세 모델 중 A모델이 가장 적절하다.

친구에게 선물할 제품은 통화시간이 16시간이어야 하므로 통화시간을 더 늘릴 수 없는 A모델은 제외되어야 한다. 나머지 C모델, D모델은 모두 음악재생시간을 조절하여 통화시간을 16시간으로 늘릴 수 있으며 이때 음악재생시간 감소는 C, D모델이 각각 8시간(통화시간 4시간 증가)과 6시간(통화시간 3시간 증가)이 된다. 따라서 두 모델의 음악재생 가능시간은 15 − 8 = 7시간, 18 − 6 = 12시간이 된다. 그런데 일주일 1회 충전하여 매일 1시간씩의 음악을 들을 수 있으면 된다고 하였으므로 7시간 이상의 음악재생시간이 필요하지는 않으며, 7시간만 충족될 경우 고감도 스피커 제품이 더 낫다고 요청하고 있다. 따라서 D모델보다 C모델이 더 적절하다는 것을 알 수 있다.

25 ④

㉠ 개인별 투입시간 = 개인별 업무시간 + 회의 소요시간

㉡ 회의 소요시간 = 횟수 × 소요시간
  • A부서의 개인별 투입시간 = 41 + (3 × 1) = 44시간
  • B부서의 개인별 투입시간 = 30 + (2 × 2) = 34시간
  • C부서의 개인별 투입시간 = 22 + (1 × 4) = 26시간

26 ①

㉠ 총 투입시간이 적을수록 업무효율이 높다.

㉡ 총 투입시간 = 투입인원 × 개인별 투입시간
  • A부서의 총 투입시간 = 2 × 44 = 88시간
  • B부서의 총 투입시간 = 3 × 34 = 102시간
  • C부서의 총 투입시간 = 4 × 26 = 104시간

27 ④

애완동물을 데리고 승강기에 탑승할 경우 반드시 안고 탑승해야 하며, 타인에게 공포감을 주지 말아야 한다는 규정은 있으나, 승강기 이용이 제한되거나 반드시 계단을 이용해야만 하는 것은 아니므로 잘못된 안내 사항이다.

정답 및 해설

28 ④

건설비용 추가 발생 우려는 K공사의 위협 요인(T)이 며, 인근 지역의 개발 기회를 통해 이러한 비용 부분 이 만회(S)될 수 있다는 것이므로 ST전략이다.

① 자사의 우수한 기술력(S) + 경쟁 극복(T)→ST전략

② 연락사무소 설치(W) + 경쟁업체 동향 파악(T)으로 약점 최소화→WT전략

③ 현지 근로인력 이용(O) + 우수 기술 교육 및 전수 (S)→SO전략

⑤ 사고 경험(W) + 우수 사례로 경쟁 극복(T)하여 위협 제거 및 약점 최소화→WT전략

29 ⑤

㉠ a = b = c = d = 25라면, 1시간당 수송해야 하 는 관객의 수는 40,000 × 0.25 = 10,000명이다. 버스는 한 번에 대당 최대 40명의 관객을 수송하 고 1시간에 10번 수송 가능하므로, 1시간 동안 1 대의 버스가 수송할 수 있는 관객의 수는 400명 이다. 따라서 10,000명의 관객을 수송하기 위해 서는 최소 25대의 버스가 필요하다.

㉡ d = 40이라면, 공연 시작 1시간 전에 기차역에 도착하는 관객의 수는 16,000명이다. 16,000명을 1시간 동안 모두 수송하기 위해서는 최소 40대의 버스가 필요하다.

㉢ 공연이 끝난 후 2시간 이내에 전체 관객을 공연장 에서 기차역까지 수송하려면 시간당 20,000명의 관객을 수송해야 한다. 따라서 회사에게 필요한 버스는 최소 50대이다.

30 ④

2023년 기준 최근 실시한 임기만료에 의한 국회의원 선거의 선거권자 총수는 3천만 명이고 보조금 계상단 가는 1,030원(2015년 1,000원+30원)이므로 309억 원을 지급하여야 하는데, 5월 대통령선거와 8월 동시 지방선거가 있으므로 각각 309억 원씩을 더하여 총 927억 원을 지급해야 한다.

31 ③

이중골조방식 : 횡력의 25퍼센트 이상을 부담하는 전단 벽이 연성모멘트 골조와 조화되어 있는 구조방식이다.

메가칼럼 : 메가구조에 사용되는 단면이 매우 큰 기둥 을 말한다. 일반적으로 전단벽과 병행한다.

32 ④

강도설계법은 소성이론 하에서 이루어진 설계법이다. (콘크리트는 완전 탄성체가 아니라 소성체에 가까운 특성상 강도설계법은 반드시 필요하다.)

• **강도설계법** : 구조부재를 구성하는 재료의 비탄성거동 을 고려하여 산정한 부재단면의 공칭강도에 강도감 소계수를 곱한 설계용 강도의 값(설계강도)과 계수 하중에 의한 부재력(소요강도)이상이 되도록 구조부 재를 설계하는 방법.

• **허용응력설계법** : 탄성이론에 의한 구조해석으로 산정 한 부재단면의 응력이 허용응력(안전율을 감안한 한 계응력)을 초과하지 아니하도록 구조부재를 설계하 는 방법

33 ③

장기처짐계수 $\lambda = \dfrac{\zeta}{1+50\rho'}$ 에서 지속하중에 의한 시 간경과계수 ζ는 2이며 압축철근비는

$$\sigma' = \frac{A_s'}{bd} = \frac{2,400}{300 \cdot 400} = 0.020$$

따라서 장기처짐계수는

$$\lambda = \frac{\zeta}{1+50\rho'} = \frac{2}{1+50 \cdot 0.020} = 1.0$$

장기처짐은 탄성처짐(단기처짐)에 장기처짐계수를 곱 한 값이므로 장기처짐은 15mm가 된다.

34 ④

$$\phi R_n = \phi \cdot n_b \cdot F_{nv} \cdot A_b$$

$$= 0.75 \cdot 4 \cdot 500 \cdot \frac{\pi(22)^2}{4} ≒ 570[kN]$$

35 ⑤

하중조건	처짐각	처짐
A━━━━━━━B↓P L	$\theta_B = \dfrac{PL^2}{2EI}$	$\delta_B = \dfrac{PL^3}{3EI}$
A━━━C↓P━━━B L/2 L/2 L	$\theta_B = \dfrac{PL^2}{8EI}$, $\theta_C = \dfrac{PL^2}{8EI}$	$\delta_B = \dfrac{PL^3}{24EI}$, $\delta_C = \dfrac{5PL^3}{48EI}$
A━━━C↓P━━B a b L	$\theta_B = \dfrac{Pa^2}{2EI}$, $\theta_C = \dfrac{Pa^2}{2EI}$	$\delta_B = \dfrac{Pa^3}{6EI}(3L-a)$, $\delta_C = \dfrac{Pa^3}{3EI}$

36 ①

절대습도

㉠ 단위중량의 건조 공기 중에 포함되어 있는 수증기의 양

㉡ 절대습도는 급격한 기상변화가 없는 한 하루 중 거의 일정하다.

37 ③

구조물의 중량을 감소시키면 관성력이 저하되어 동일한 외력에 대해 큰 변위가 발생하게 되는 문제가 생기게 된다.

38 ①

보강철근으로 보강하지 않은 콘크리트는 취성거동을 한다.

39 ③

마찰말뚝 여러 개를 묶어서 하나로 만든 군항말뚝의 효율은 1 미만이다. 따라서 n개의 말뚝을 박는다고 해서 지지력이 n배가 되는 것이 아니라 그보다 낮은 지지력을 갖는다.

40 ①

$M = 130 = P \cdot e = 650 \cdot e$ 이므로 $e = 0.2[m]$ 가 된다.

41 ②

데크플레이트 … 구조물의 바닥재나 거푸집 대용으로 사용되는 철강 판넬

42 ②

실물대시험(Mock-up-test) … 외벽성능시험이라고도 하며 풍동시험을 근거로 설계한 3개의 실모형으로 현장에서 최악의 외기조건으로 시험한다. 예비시험, 기밀시험, 정압수밀시험, 동압수밀시험, 구조시험, 층간변위시험을 실시한다.

43 ③

철골이 콘크리트에 묻히는 부분은 녹막이칠을 해서는 안 된다. (녹막이칠을 하게 되면 콘크리트와의 부착력이 저하된다.)

44 ①

프리캐스트(Pre-cast) 콘크리트의 경우 슬럼프가 20mm 이상인 콘크리트의 배합은 슬럼프시험을 원칙으로 하며, 슬럼프 20mm 미만인 콘크리트의 배합은 제조 방법에 적합한 시험 방법에 의한다.

45 ②

용제형 도막방수는 시공이 간단하고 착색이 용이하나 충격에 약함으로 보호층이 필요하다.

※ 도막방수는 방수바탕에 합성수지나 합성고무의 용액을 도포히여 방수층을 형성하는 공법으로서 용제형(Solvent)과 유제형(Emulsion)으로 대분된다.

　㉠ 용제형(Solvent) 도막방수
　　• 합성고무를 Solvent에 녹여 0.5mm~0.8mm의 방수피막을 형성한다.
　　• Sheet와 같은 피막을 형성하며 고가품이으로 최상층 마무리에 사용된다.
　　• 시공이 간단하고 착색이 용이하나 충격에 약하므로 보호층이 필요하다.

　㉡ 유제형(Emulsion) 도막방수
　　• 수지, 유지를 여러 번 발라서 0.5~1mm의 피막을 형성한다.
　　• 바탕 1/50의 물흘림경사, 구석, 모서리 5cm 이상 면을 접는다.
　　• 다소 습기가 있어도 시공이 가능하며 보호층을 둔다.
　　• 우천 시 동기시공(2도 이하)은 피해야 한다.

46 ①

① CIC(Computer Integrated Construction) : 건설 프로세스의 효율적인 운영을 위해 형성된 개념으로 건설생산에 초점을 맞추고 이에 관련된 계획, 관리, 엔지니어링, 설계, 구매, 계약, 시공, 유지 및 보수 등의 요소들을 주요 대상으로 하는 것

② MIS(Management Information System) : 경영 정보시스템

③ CIM(Computer Integrated Manufacturing) : 컴퓨터 통합생산 시스템

④ CAM(Computer Aided Manufacturing) : 컴퓨터 지원 제조시스템

47 ②

웰포인트공법 : 강제 배수 공법의 대표적인 공법으로 인접 건축물과 토류판 사이에 케이싱 파이프를 삽입하여 지히수를 펌프 배수하는 공법

48 ④

주공정선(Critical path) … 소요일수가 가장 많은 작업경로, 여유시간을 갖지 않는 작업경로, 전체 공기를이 지배하는 작업경로이다.

주어진 문제에서 ①→②→③→⑤→⑥의 경우가 가장 소요일수가 많은 경로이므로 주공정선이 된다.

49 ③

③ 폼타이(Form Tie) : 거푸집이 벌어지지 않게 하는 긴장재

① 세퍼레이터(Separator) : 콘크리트 공사 시 거푸집의 간격을 유지하기 위한 자재

② 스페이서(Spacer) : 철근이 거푸집에 밀착되는 것을 방지하여 피복간격을 확보하기 위한 간격재(굄재)

④ 인서트(Insert) : 콘크리트에 달대와 같은 설치물을 고정하기 위하여 매입하는 철물

50 ③

공사의 실행예산은 시공자가 편성을 한다.

※ 공사감리자의 감리업무
　㉠ 공사시공자가 설계도서에 적합하게 시공하는지의 여부 확인
　㉡ 건축자재가 기준에 적합한지의 여부 확인
　㉢ 시공계획 및 공사관리의 적정여부 확인
　㉣ 공정표 및 상세시공도면의 검토 및 확인
　㉤ 구조물의 위치와 규격의 적정여부 검토 및 확인
　㉥ 품질시험의 실시여부 및 시험성과 검토 및 확인
　㉦ 설계변경의 적정여부 검토 및 확인

◎ 공사현장에서의 안전관리 지도

㋜ 기타 공사감리계약으로 정하는 사항

51 ②

② 메탈 라스(Metal Lath) : 얇은 강판에 동일한 간격으로 펀칭하고 잡아늘려 그물처럼 만든 것으로 천장, 벽, 처마둘레 등의 미장바탕에 사용되는 재료로 바른 것이다.

① 와이어 라스(Wire Lath) : 철선을 꼬아서 만든 것으로, 벽, 천장의 미장공사에 사용되며 원형, 마름모, 갑형 등 3종류가 있다.

③ 와이어 메쉬(Wire Mesh) : 연강 철선을 전기용접하여 격자형으로 만든 것으로 콘크리트 바닥판, 콘크리트 포장 등에 사용된다.

④ 펀칭 메탈(Punching Metal) : 판두께 12mm 이하의 얇은 판에 각종 무늬의 구멍을 뚫는 것으로 환기구멍, 라지에이터 카버(Radiator cover) 등에 사용

52 ③

공사용수설비는 가설공사비에 포함된다.

비목	비목의 내용
가설 공사비	• 직접가설 : 공사 실시를 위해 직접적으로 필요한 가설비(수평보기, 비계, 보양 청소 등) • 공통가설 : 운영, 관리상 필요한 가설비(창고, 현장사무소, 가설울타리, 공사용수설비, 공사용동력, 공사용도로 등) (가설공사비는 대략 도급금액의 10% 정도를 차지한다.)
재료비	• 직접재료비 : 공사목적물의 실체를 형성하는 재료(부품, 의장재외주품 등) • 간접재료비 : 실체는 형성하지 않으나 보조적으로 소모되는 물품(공구, 비품 등) • 운임 · 보험료 · 보관비 : 부대비용 • 작업설(作業屑) · 부산물 : 그 매각액 또는 이용가치를 추산하여 재료비에서 공제

노무비	• 직접노무비 : 직접 작업에 종사하는 노무자 및 종업원에게 제공되는 노동력의 대가 (기본급, 제수당, 상여금, 퇴직급여충당금) 노무소요량 × 시중노임단가로 산정한다. • 간접노무비 : 보조 작업에 종사하는 노무자, 종업원과 현장감독자 등의 노동력 대가 간접노무비 = 직접노무비 × 간접노무비율 (직접노무비의 13%~17% 정도)
외주비	하청에 의해 제작공사의 일부를 따로 위탁 제작하여 반입하는 재료비와 노무비
경비	• 직접계상경비 : 소요, 소비량 측정이 가능한 경비(가설비, 전력, 운반,시험, 검사, 임차료, 보험료, 보관비, 안전관리비 등) • 승율계상경비 : 소요, 소비량 측정이 곤란하여서 유사원가자료를 활용하여 비율산정이 불가피한 경우(연구개발, 소모품비, 복리후생비 등)
일반 관리비	기업유지를 위한 관리 활동 부분의 발생 제비용(임원급료, 본사직원급료 등) 일반관리비 = 공사원가(재료비 + 노무비 + 경비) × 요율 (5~6% 적용)
이윤	기업의 이익을 말하며, 시설공사의 이윤은 공사원가 중 노무비, 경비, 일반관리비의 합계액(이 경우 기술료, 외주가공비 제외)에 이윤 15%를 초과하여 계상할 수 없다. 이윤 = (노무비 + 경비 + 일반관리비) × 이윤율(%)

53 ④

트럭의 규격은 트럭의 적재중량을 말하는 것으로서, 8ton트럭의 적재중량은 8ton이 된다.

PC기둥의 단위중량은 2.4ton/m³(철근 콘크리트의 단위중량임)

PC 기둥의 체적은 $V = 0.3 \times 0.6 \times 3.0 = 0.54 \text{m}^3$

중량을 계산하면, $0.54 \text{m}^3 \times 2.4 \text{ton/m}^3 = 1.296 \text{ton}$

차량 1대에 최대로 적재 가능한 PC기둥의 수는 $\frac{8}{1.296} = 6.173$개로서 6개가 된다.

54 ③

③ 카세인(Casein) : 단백질의 일종으로 젖의 주요 단백질이다. 목재 접착제로 주로 사용되는 자재이다.

① 크레오소트유(Creosote oil) : 방부력이 우수하고 내습성도 있으며, 값이 저렴하나 냄새가 매우 좋지 않아서 실내에 사용할 수가 없다. 흑갈색 용액이므로 미관을 고려하지 않는 외부에 주로 사용된다.

② 콜타르(Coal Tar) : 석탄을 고온건류할 때 부산물로 생기는 검은 유상 액체이다. 목재에 사용되는 방부제로서 방부력이 약하여 주로 도포용으로 사용된다. 흑색이므로 사용장소가 제한된다.

④ P.C.P(Penta Chloro Phenol) : 펜타클로로페놀의 약자로서 무색이고 방부력이 매우 우수하며 페인트를 덧칠할 수 있다.

구분	종류	특징	용도
유성	크레오소트유 (Creosote Oil)	갈색으로 가격이 저렴하고 많이 사용	구조재(기둥, 보, 지붕틀) 철도의 침목, 전주, 파일
수용성	페놀류, 무기 플루오르화계 목재방부제(PF)	• 도장 가능하며 독성 있음 • 색상은 청록색	토대의 부패장지
	펜타클로로페놀구리의 암모니아 액목재 방부제	• 도장 가능하며 독성 있음 • 색상은 무색	방부, 방충처리 목재
	크롬, 구리, 비소 화합물계 목재 방부제(CCA)	• 도장 가능하며 독성 있음 • 색상은 녹색	주거용, 상업용 건축등에 적용
유용성	펜타클로르페놀 (PCP)	• 도장 가능하며 독성 있음 • 자극적인 냄새, 색상은 무색으로 우수하나 고가	방부, 방충 처리 목재 산업용에 적용

55 ④

도장방법의 종류

㉠ 클리어 래커 도장
• 주원료는 질산섬유소 수지, 휘발성 용제이다.
• 목재면의 무늬를 살리기 위한 도장 재료로 적당하다.
• 유성 바니쉬에 비하여 도막이 얇고 견고하다.
• 담갈색 빛으로 시공 후에는 우아한 광택이 있다.
• 내수성, 내후성이 다소 부족하여 실내용으로 주로 이용한다.
• 속건성이므로 스프레이를 사용하여 시공하는 것이 좋다.

㉡ 유성페인트
• 재료 : 안료＋용제＋희석제＋건조제
• 반죽의 정도에 따른 분류 : 된반죽 페인트, 중반죽 페인트, 조합 페인트
• 광택과 내구력이 좋으나 건조가 늦다.
• 철제, 목재의 도장에 쓰인다.
• 알칼리에는 약하므로 콘크리트, 모르타르 면에 바를 수 없다.

㉢ 유성 에나멜 페인트
• 유성바니시를 전색제로 하여 안료를 첨가한 것으로 일반적으로 내알칼리성이 약하다.
• 일반 유성페인트보다는 건조시간이 느리고, 도막은 탄성, 광택이 있으며 경도가 크다.
• 스파아 바니쉬를 사용한 에나멜 페인트는 내수성, 내후성이 특히 우수하여 외장용으로 쓰인다.

㉣ 합성수지 페인트
• 재료 : 합성수지＋중화제＋안료
• 도막이 단단하며 건조가 빠르다.
• 내마모성, 내산성, 내알칼리성이 우수하다.

56 ③

자동용접기에 관한 설명이다.

※ 용접기의 종류
㉠ 직류아크용접기 : 직류 전원에 의해서 발생하는 아크를 이용하는 아크 용접기이다.
㉡ 교류아크용접기 : 교류 전원에 의해서 발생하는 아크를 이용하는 아크 용접기이다.

ⓒ 서브머지 아크용접 : 용접봉의 주입과 용접을 위한 이동을 자동화한 것으로 용접작업 시 아크가 보이지 않으므로 작업능률이 좋다. 용융되는 모재와 대기와의 접촉을 차단하여 용접되는 방식으로 철골공장에서 주로 사용된다.

ⓔ 가스압접 : 산소아세틸렌 용접으로서 산소와 아세틸렌이 화합할 때 발생하는 고열을 이용하여 금속을 용접하는 것으로서 철근이음에 많이 사용되나 철골에서는 거의 사용되지 않는다.

ⓜ 일렉트로 슬래그용접 : 용융된 슬래그와 용융 금속이 용접부에서 흘러나오지 않도록 둘러싸고, 용융된 슬래그 풀에 용접봉을 연속적으로 공급하여, 주로 용융 슬래그의 저항열에 의하여 용접봉과 모재를 용융시켜 위로 용접을 진행하는 방법이다.

ⓗ 이산화탄소 아크용접 : 피복재(Flux)를 사용하여 모재 사이에 아크를 발생시켜 모재와 용접봉을 녹여 접합하는 방법으로 용접 시 이산화탄소를 뿌려주어 금속의 변질을 방지하는 방법이다.

57 ③

평면도 작성 시 천장에 오픈된 부분을 표시하기 위해 사용하는 선은 파선이다.

58 ①

배치도에 관한 설명이다.

59 ③

글자체는 수직 또는 15° 경사의 고딕체로 사용하는 것을 원칙으로 한다.

60 ①

볼류트는 이오니언양식의 구성요소이다.

>>> 철도관련법령

61 ②

철도시설(부지 포함)〈철도산업발전기본법 제3조 제2호〉
ⓐ 철도의 선로(선로에 부대되는 시설 포함), 역시설(물류시설 · 환승시설 및 편의시설 등을 포함) 및 철도운영을 위한 건축물 · 건축설비
ⓑ 선로 및 철도차량을 보수 · 정비하기 위한 선로보수기지, 차량정비기지 및 차량유치시설
ⓒ 철도의 전철전력설비, 정보통신설비, 신호 및 열차제어설비
ⓔ 철도노선간 또는 다른 교통수단과의 연계운영에 필요한 시설
ⓜ 철도기술의 개발 · 시험 및 연구를 위한 시설
ⓗ 철도경영연수 및 철도전문인력의 교육훈련을 위한 시설
ⓢ 그 밖에 철도의 건설 · 유지보수 및 운영을 위한 시설로서 대통령령으로 정하는 시설

62 ②

철도협회의 업무〈철도산업발전기본법 제13조의2 제4항〉
ⓐ 정책 및 기술개발의 지원
ⓑ 정보의 관리 및 공동활용 지원
ⓒ 전문인력의 양성 지원
ⓔ 해외철도 진출을 위한 현지조사 및 지원
ⓜ 조사 · 연구 및 간행물의 발간
ⓗ 국가 또는 지방자치단체 위탁사업
ⓢ 그 밖에 정관으로 정하는 업무

63 ②

철도의 관리청은 국토교통부장관으로 한다〈철도산업발전기본법 제19조 제1항〉.

---

64 ④

보상계약에 포함되어야 할 사항〈철도산업발전기본법 제33조 제2항〉

- ㉠ 철도운영자가 제공하는 철도서비스의 기준과 내용에 관한 사항
- ㉡ 공익서비스 제공과 관련하여 원인제공자가 부담하여야 하는 보상내용 및 보상방법 등에 관한 사항
- ㉢ 계약기간 및 계약기간의 수정·갱신과 계약의 해지에 관한 사항
- ㉣ 그 밖에 원인제공자와 철도운영자가 필요하다고 합의하는 사항

65 ②

공사는 사장이 선임한 대리·대행인을 해임한 경우에는 해임 후 2주일 이내에 주된 사무소의 소재지에서 그 해임한 뜻을 등기해야 한다〈한국철도공사법 시행령 제6조 제2항〉.

66 ③

- ①④ 공사는 국유재산을 전대하려면 미리 국토교통부장관의 승인을 받아야 한다. 이를 변경하려는 경우에도 또한 같다〈한국철도공사법 제15조 제2항〉.
- ②⑤ 전대를 받은 자는 해당 재산에 건물이나 그 밖의 영구시설물을 축조하지 못한다. 다만, 국토교통부장관이 행정 목적 또는 공사의 사업 수행에 필요하다고 인정하는 시설물의 축조는 그러하지 아니하다〈한국철도공사법 제15조 제4항〉.

67 ③

국토교통부장관은 사업용철도노선의 노선번호, 노선명, 기점(起點), 종점(終點), 중요 경과지(정차역을 포함한다)와 그 밖에 필요한 사항을 국토교통부령으로 정하는 바에 따라 지정·고시하여야 한다〈철도사업법 제4조 제1항〉.

68 ⑤

철도사업자는 열차를 이용하는 여객이 정당한 운임·요금을 지급하지 아니하고 열차를 이용한 경우에는 부가운임을 징수할 수 있다〈철도사업법 제10조 제1항〉.

69 ②

면허취소 또는 사업정지 등의 처분대상이 되는 사상자 수〈철도사업법 시행령 제8조〉 … 1회 철도사고로 사망자 5명 이상이 발생하게 된 경우를 말한다.

70 ②

국토교통부장관은 국가가 재정을 지원한 민자철도의 건설 및 유지·관리 현황에 관한 보고서를 작성하여 매년 5월 31일까지 국회 소관 상임위원회에 제출하여야 한다〈철도사업법 제25조의6 제1항〉.

1 ②

인간은 매체를 사용하여 타인과 소통하는데 그 매체는 음성 언어에서 문자로 발전했으며 책이나 신문, 라디오나 텔레비전, 영화, 인터넷 등으로 발전해 왔다. 매체의 변화는 사람들 간의 소통양식은 물론 문화 양식에까지 영향을 미친다. 현대에는 음성, 문자, 이미지, 영상, 음악 등이 결합된 매체 환경이 생기고 있다. 이 글에서는 텔레비전 드라마가 인터넷, 영화, 인쇄매체 등과 연결되어 복제되는 형상을 낳기도 하고 수용자의 욕망이 매체에 드러난다고 언급한다. 즉 디지털 매체 시대의 독자는 정보를 수용하기도 하지만 생산자가 될 수도 있음을 언급하고 있다고 볼 수 있다.

2 ③

주어진 글은 미술, 음악 등 작품에서 본질적인 부분만을 취하고 '주제와 관련 없는 부분을 화면에서 제거'하는 '여백의 미'에 대한 내용이다.

3 ①

① 값이나 비율 따위가 보통보다 위에 있다.
② 지위나 신분 따위가 보통보다 위에 있다.
③ 온도, 습도, 압력 따위가 기준치보다 위에 있다.
④ 소리가 음계에서 위쪽에 있거나 진동수가 큰 상태에 있다.
⑤ 기세 따위가 힘차고 대단한 상태에 있다.

4 ②

'저지르다'의 유의어는 '범하다'이다.
• 저지르다 : 죄를 짓거나 잘못이 생겨나게 행동하다.
• 범하다 : 법률, 도덕, 규칙 따위를 어기다.

5 ④

④ ㄹ의 앞 문장은 '동전 던지기 횟수를 늘렸을 때 확률이 어떻게 변하는지 보려면 그저 계속 곱하기만 하면 된다.'고 하였고, ㄹ의 뒤 문장은 '결과는 1/64' 라고 하였다. 따라서 보기의 '1/2을 여섯 번 곱하면 된다'는 ㄹ에 들어가야 자연스럽다.

6 ③

③ 제일 급하고 일이 필요한 사람이 그 일을 서둘러 하게 되어 있다는 말
① 꾸준히 노력하면 어떤 어려운 일이라도 이룰 수 있다는 말
② 원인이 없으면 결과가 있을 수 없음을 비유적으로 이르는 말
④ 작은 나쁜 짓도 자꾸 하게 되면 큰 죄를 저지르게 됨을 비유적으로 이르는 말
⑤ 우연히 운 좋은 기회에, 하려던 일을 해치운다는 말

7 ⑤

⑤ 국내 통화량이 증가하여 유지될 경우 장기에는 자국의 물가도 높아져 장기의 환율은 상승한다.

8 ④

포퍼는 가설로부터 논리적으로 도출된 예측을 관찰이나 실험 등의 경험을 통해 맞는지 틀리는지 판단함으로써 그 가설을 시험하는 과학적 방법을 제시한다. 콰인은 개별적인 가설뿐만 아니라 기존의 지식들과 여러 조건 등을 모두 포함하는 전체 지식이 경험을 통한 시험의 대상이 된다는 총체주의를 주장한다. 따라서 포퍼와 콰인 모두 '경험을 통하지 않고 가설을 시험할 수 있는가?'라는 질문에 '아니요'라고 답변을 할 것이다. ①, ②, ③, ⑤의 질문에 대해서는 포퍼는 긍정의, 콰인은 부정의 답변을 할 것이다.

9 ①

② 반추 동물이 짧은 시간에 과도한 양의 비섬유소를 섭취하면 급성 반추위 산성증을 유발한다.

③ 반추위 미생물은 산소가 없는 환경에서 왕성하게 생장한다.

④ 반추 동물도 셀룰로스와 같은 섬유소를 분해하는 효소를 합성하지 못한다.

⑤ 사람은 효소를 이용하여 비섬유소를 포도당으로 분해하고 이를 소장에서 흡수하여 에너지원으로 이용한다.

10 ③

③ 희토류와 관련된 우리 삶에 대한 긍정적인 전망은 제시하고 있지 않다.

① 이 발표의 목적은 '희토류가 무엇이고 어떻게 쓰이는지 등에 대해 알려 드리고자 함'이다.

② 산업 분야에서 희토류의 역할을 '산업의 비타민'이라고 비유적 표현으로 제시하였다.

④ 청자의 이해를 돕기 위해 영상 및 표를 효과적으로 제시하고 있다.

⑤ 발표 마지막에서 희토류가 실제로 얼마나 다양하게 활용되고 있는지 관심을 갖고 찾아보길 촉구하고 있다.

11 ②

보고서 작성 개요에 따르면 결론 부분에서 '공공 데이터 활용의 장점을 요약적으로 진술'하고 '공공 데이터가 앱 개발에 미칠 영향 언급'하고자 한다. 따라서 ②의 '공공 데이터는 앱 개발에 필요한 실생활 관련 정보를 담고 있으며 앱 개발 비용의 부담을 줄여 준다(→공공 데이터 활용의 장점을 요약적으로 진술). 그러므로 앱 개발 시 공공 데이터 이용이 활성화되면 실생활에 편의를 제공하는 다양한 앱이 개발될 것이다(→공공 데이터가 앱 개발에 미칠 영향 언급).'가 결론으로 가장 적절하다.

12 ②

'신재생 에너지' 분야의 사업 수를 x, '절약' 분야의 사업 수를 y라고 하면

$x + y = 600$ ······ ㉠

$\dfrac{3,500}{x} \geq 5 \times \dfrac{600}{y} \rightarrow$ (양 변에 xy 곱함)

$\rightarrow 3,500y \geq 3,000x$ ······ ㉡

㉠, ㉡을 연립하여 풀면 $y \geq 276.92\cdots$

따라서 '신재생 에너지' 분야의 사업별 평균 지원액이 '절약' 분야의 사업별 평균 지원액의 5배 이상이 되기 위한 사업 수의 최대 격차는 '신재생 에너지' 분야의 사업 수가 323개, '절약' 분야의 사업 수가 277개일 때로 46개이다.

13 ③

$5,000,000 \times 0.29\% = 14,500$원

14 ②

〈유의사항〉에 "지수상승에 따른 수익률(세전)은 실제 지수상승률에도 불구하고 연 4.67%를 최대로 한다."고 명시되어있다.

15 ②

① 역 부문의 경우 2024년은 2022년에 비해(98.69 - 97.27 = 1.42) 1.42 상승하였다.

② 철도서비스 모니터링 결과에서 2024년도 열차 부문(99.51) 2024년도 계열사 부문(98.14)에 비해 높음을 알 수 있다.

③ 2024년의 경우 철도서비스 모니터링 결과에서 보듯이 역(98.69), 열차(99.51), 계열사(98.14)로 2024년에는 열차부문이 가장 높음을 알 수 있다.

④ 2020년~2024년까지 철도서비스 모니터링 3개 부문을 모두 계산하면 다음과 같은 순서로 나타낼 수 있다. 열차(98.36 + 97.33 + 98.83 + 99.15 + 99.51 = 493.18) 부문이 가장 높으며, 그 다음으로는 역(97.19 + 96.06 + 97.27 + 98.22 + 98.69 = 487.43) 부문이 차지하고 있으며, 그 다음으로는 계열사(97.11 + 96.23 + 95.99 + 97.63 + 98.14 = 485.1) 부문의 순이다.

⑤ 2024년은 2022년에 비해(98.83 - 97.32 = 1.51) 상승함을 알 수 있다.

16 ⑤

보완적 평가방식은 각 상표에 있어 어떤 속성의 약점을 다른 속성의 강점에 의해 보완하여 전반적인 평가를 내리는 방식을 의미한다. 보완적 평가방식에서 차지하는 중요도는 60, 40, 20이므로 이러한 가중치를 각 속성별 평가점수에 곱해서 모두 더하면 결과 값이 나오게 된다. 각 대안(열차종류)에 대입해 계산하면 아래와 같은 결과 값을 얻을 수 있다.

• KTX 산천의 가치 값
  = (0.6 × 3) + (0.4 × 9) + (0.2 × 8) = 7

• ITX 새마을의 가치 값
  = (0.6 × 5) + (0.4 × 7) + (0.2 × 4) = 6.6

• 무궁화호의 가치 값
  = (0.6 × 4) + (0.4 × 2) + (0.2 × 3) = 3.8

• ITX 청춘의 가치 값
  = (0.6 × 6) + (0.4 × 4) + (0.2 × 4) = 6

• 누리로의 가치 값
  = (0.6 × 6) + (0.4 × 5) + (0.2 × 4) = 6.4

조건에서 각 대안에 대한 최종결과 값 수치에 대한 반올림은 없는 것으로 하였으므로 종합 평가점수가 가장 높은 KTX 산천이 甲과 乙의 입장에 있어서 최종 구매대안이 되는 것이다.

17 ①

S→1→F 경로로 갈 경우에는 7명, S→3→2→F 경로로 갈 경우에는 11명이며, S→3→2→4→F 경로로 갈 경우에는 8명이므로, 최대 승객 수는 모두 더한 값인 26명이 된다.

18 ②

② 2018년 대비 2023년에 증가한 여객수송 인원은 96,560명이다. 화물수송의 경우에는 15,785톤 정도 감소되었음을 알 수 있다.

19 ①

• 하루 40feet 컨테이너에 대한 트럭의 적재량
  = 2 × 40 = 80

• 월 평균 트럭 소요대수
  = 1,600 × 20 ÷ 2,000 = 16

• 월 평균 40feet 컨테이너 트럭의 적재량
  = 25 × 80 = 2,000

∴ 1일 평균 필요 외주 대수는 16 - 11 = 5대이다.

20 ③

A, B, C의 장소를 각각 1대의 차량으로 방문할 시의 수송거리는(10 + 13 + 12)×2 = 70km, 하나의 차량으로 3곳 수요지를 방문하고 차고지로 되돌아오는 경우의 수송거리 10 + 5 + 7 + 12 = 34km, 그러므로 70 − 34 = 36km가 된다.

21 ④

ⓛ 2023년은 전체 임직원 중 20대 이하 임직원이 차지하는 비중이 50% 이하이다.

22 ④

네 번째 조건에서 수요일에 9대가 생산되었으므로 목요일에 생산된 공작기계는 8대가 된다.

월요일	화요일	수요일	목요일	금요일	토요일
		9대	8대		

첫 번째 조건에 따라 금요일에 생산된 공작기계 수는 화요일에 생산된 공작기계 수의 2배가 되는데, 두 번째 조건에서 요일별로 생산한 공작기계의 대수가 모두 달랐다고 하였으므로 금요일에 생산된 공작기계의 수는 6대, 4대, 2대의 세 가지 중 하나가 될 수 있다.

그런데 금요일의 생산 대수가 6대일 경우, 세 번째 조건에 따라 목~토요일의 합계 수량이 15대가 되어야 하므로 토요일은 1대를 생산한 것이 된다. 그러나 토요일에 1대를 생산하였다면 다섯 번째 조건인 월요일과 토요일에 생산된 공작기계의 합이 10대를 넘지 않는다. (∵ 하루 최대 생산 대수는 9대이고 요일별로 생산한 공작기계의 대수가 모두 다른 상황에서 수요일에 이미 9대를 생산하였으므로)

금요일에 4대를 생산하였을 경우에도 토요일의 생산 대수가 3대가 되므로 다섯 번째 조건에 따라 월요일은 7대보다 많은 수량을 생산한 것이 되어야 하므로 이 역시 성립할 수 없다.

즉, 세 가지 경우 중 금요일에 2대를 생산한 경우만 성립하며 화요일에는 1대, 토요일에는 5대를 생산한 것이 된다.

월요일	화요일	수요일	목요일	금요일	토요일
	1대	9대	8대	2대	5대

따라서 월요일에 생산 가능한 공작기계 대수는 6대 또는 7대가 되므로 둘의 합은 13이다.

23 ④

④ 1회 송달료가 2,500원일 경우 A가 납부한 송달료의 합계는 처음의 소를 제기할 때 들어간 송달료 50,000원에 항소를 제기하기 위해 들어간 송달료 60,000원을 더한 110,000원이 된다.

① A가 제기한 소는 소가 2,000만 원 이하의 사건이므로 제1심 소액사건에 해당한다.

② 1회 송달료가 3,200원일 경우 A가 소를 제기하기 위해 내야할 송달료는 당사자 수 × 송달료 10회분이므로, 2 × 32,000 = 64,000원이다.

③ A가 원래의 소를 제기할 때 들어가는 송달료는 당사자 수 × 송달료 10회분이고, 항소를 제기할 때 들어가는 송달료는 당사자 수 × 송달료 12회분이므로, 당사자 수가 같을 경우 항소를 제기할 때 들어가는 송달료가 원래의 송달료보다 많다.

⑤ 민사 항소사건의 경우 당사자수 × 송달료 12회분을 납부해야 한다.

24 ③

위 글에 나타난 문제점은 전원이 갑자기 꺼지는 현상이다. 따라서 ③ 취침 예약이 되어있는지 확인하는 것이 적절하다.

25 ①

①은 위 매뉴얼에 나타나있지 않다.

정답 및 해설

26 ④

단식을 하는 날 전후로 각각 최소 2일간은 정상적으로 세 끼 식사를 하므로 2주차 월요일에 단식을 하면 전 주 토요일과 일요일은 반드시 정상적으로 세 끼 식사를 해야 한다. 이를 바탕으로 조건에 따라 김 과장의 첫 주 월요일부터 일요일까지의 식사를 정리하면 다음과 같다.

월	화	수	목	금	토	일
○		○	○	○	○	○
○		○		○		○
○	○	○	○		○	○

27 ⑤

7월 23일(일)에 포항에서 출발하여 울릉도에 도착한 김 대리는 24일(월) 오후 6시에 호박엿 만들기 체험을 하고, 25일(화) 오전 8시에 울릉도→독도→울릉도 선박에 탑승할 수 있으며 26일(수) 오후 3시에 울릉도에서 포항으로 돌아올 수 있다.

① 16일(일)에 출발하여 19일(수)에 돌아왔다면 매주 화요일과 목요일에 출발하는 울릉도→독도→울릉도 선박에 탑승할 수 없다(18일 화요일 최대 파고 3.2).

② 매주 금요일에 술을 마시는 김 대리는 술을 마신 다음날인 22일(토)에는 멀미가 심해서 돌아오는 선박을 탈 수 없다.

③ 20일(목)에 포항에서 울릉도로 출발하면 오후 1시에 도착하는데, 그러면 오전 8시에 출발하는 울릉도→독도→울릉도 선박에 탑승할 수 없다.

④ 21일(금)과 24(월)은 모두 파고가 3m 이상인 날로 모든 노선의 선박이 운항되지 않는다.

28 ③

평가 기준에 따라 점수를 매기면 다음과 같다.

평가항목 / 음식점	음식 종류	이동 거리	가격 (1인 기준)	맛 평점 (★ 5개 만점)	방 예약 가능 여부	총점
자금성	2	4	5	1	1	13
샹젤리제	3	3	4	2	1	13
경복궁	4	5	1	4	1	15
도쿄타워	5	1	3	5	–	14
에밀리아	3	2	2	3	1	11

따라서 A그룹의 신년회 장소는 경복궁이다.

29 ④

한주가 수도인 나라는 평주가 수도인 나라의 바로 전 시기에 있었고, 금주가 수도인 나라는 관주가 수도인 나라 바로 다음 시기에 있었으나 정보다는 이전 시기에 있었으므로 수도는 관주 > 금주 > 한주 > 평주 순임을 알 수 있다. 병은 가장 먼저 있었던 나라는 아니지만, 갑보다 이전 시기에 있었으므로 두 번째나 세 번째가 되는데, 병과 정이 시대 순으로 볼 때 연이어 존재하지 않았으므로 을 > 병 > 갑 > 정이 되어야 한다. 따라서 나라와 수도를 연결해 보면, 을 - 관주, 병 - 금주, 갑 - 한주, 정 - 평주가 되며 [이야기 내용]과 일치하는 것은 3, 5, 6이다.

30 ①

$EOQ = \sqrt{\dfrac{2C_oD}{C_h}}$ 를 적용하면,

$\Rightarrow EOQ = \sqrt{\dfrac{2(20,000)(5,000)}{200}}$ 이 되며, 루트를 벗기면 경제적 주문량은 1,000이 된다.

31 ③

장변이 부담하는 하중을 P_1, 단변이 부담하는 하중을 P_2라고 가정한다. 우선 장변과 단변의 중앙점의

처짐은 동일하므로 $\dfrac{P_1 L^3}{48EI} = \dfrac{P_2 (\frac{L}{2})^3}{48EI}$ 이며

$P_1 = 8P_2$ 임을 알 수 있다.

장변이 부담하는 하중은 $P_1 = \dfrac{1}{9}P$

단변이 부담하는 하중은 $P_2 = \dfrac{8}{9}P$

장변의 중앙점에 작용하는 휨모멘트 :

$\dfrac{P_1 (\frac{L}{2})}{8} = \dfrac{PL}{36}$

단면의 중앙점에 작용하는 휨모멘트 : $\dfrac{P_2 L}{8} = \dfrac{PL}{9}$

32 ③

T형보의 유효폭은 다음 값 중 가장 작은 값으로 한다.

$b_e = 16t_f + b_w = 16 \times 12 + 30 = 222cm$

$b_e = (400 + 400)/2 = 400cm$

$b_e = 600/4 = 150cm$

가장 작은 값 $b_e = 150cm$

33 ①

커버플레이트(덧판플레이트)는 철골보의 플랜지 위에 얹혀지는 판재이다.

① 래티스
② 웨브플레이트
③ 클립앵글
④ 윙플레이트
⑤ 사이드앵글
⑥ 베이스플레이트
⑦ 앵커볼트

34 ①

볼트중심 사이의 간격은 피치이다.

• 게이지라인 : 볼트의 중심선을 연결하는 선이다.

• 게이지 : 게이지라인과 게이지라인 사이의 거리이다.

• 피치 : 볼트 중심간의 거리이다.

• 그립 : 볼트로 접합하는 판의 총두께이다.

• 클리어런스 : 작업공간 확보를 위해서 볼트의 중심부터 볼팅팅하는데 장애가 되는 부분까지의 거리를 말한다.

• 연단거리 : 최외단에 설치한 볼트중심에서 부재끝까지의 거리를 말한다.

35 ③

보의 처짐은 보의 길이의 세제곱에 비례하므로 보의 길이가 2배가 되면 처짐은 23배가 된다.

36 ④

연약지반 기초에 관한 대책

㉠ 지하실을 설치한다.

㉡ 이웃 건물과 충분한 거리를 둔다.

㉢ 건물을 경량화하고 강성을 높인다.

㉣ 한 건물의 기초는 동일한 것으로 한다.

㉤ 건물 길이를 짧게 하고, 중량 분배를 고르게 한다.

㉥ 마찰 말뚝을 사용하고 경질지반에 기초를 지지한다.

37 ④

T형보의 유효폭 (다음 중 최솟값으로 한다.)
ⓐ 슬래브 두께의 16배+보 폭
ⓑ 양쪽 슬래브의 중심거리
ⓒ 보의 경간의 1/4

38 ②

압축이형철근의 정착길이는 항상 200mm 이상이어야 한다.

39 ④

트러스는 비정형 구조체에도 도입될 수 있다. 한 예로 입체트러스(스페이스 프레임)구조는 거대한 곡면형상도 만들어낼 수 있다.
• 프랫트러스 : 경사재가 인장재이며 경사방향이 양단에서 중심으로 하향하는 트러스이다.
• 하우트러스 : 경사재가 압축재이며 경사방향이 양단에서 중심으로 상향하는 트러스이다.
• 와렌트러스 : 사재의 방향을 좌우 교대로 배치한 트러스이다.
• 비렌딜트러스 : 기본단위를 사각형의 격자형태로 구성한 트러스로서 경자새가 없다.

40 ④

가스트영향계수(G_f) … 바람의 난류로 인하여 발생되는 구조물의 동적 거동성분을 나타낸 값으로서 평균값에 대한 피크값의 비를 통계적으로 나타낸 계수이다.

41 ②

강구조는 열에 의한 변형이 쉽게 일어나므로 내화성이 좋지 않다.

42 ④

시스템 비계 최하부에 설치하는 수직재는 받침 철물의 조절너트와 밀착되도록 설치해야 하며 수직과 수평을 유지해야 한다. 이때, 수직재와 받침철물의 겹침길이는 받침철물 전체길이의 3분의 1 이상이 되도록 해야 한다.

43 ①

상세시공도면의 작성은 공사시공자가 맡는다.
※ **공사감리자의 감리업무**
ⓐ 공사시공자가 설계도서에 적합하게 시공하는지의 여부 확인
ⓑ 건축자재가 기준에 적합한지의 여부 확인
ⓒ 시공계획 및 공사관리의 적정여부 확인
ⓓ 공정표 및 상세시공도면의 검토 및 확인
ⓔ 구조물의 위치와 규격의 적정여부 검토 및 확인
ⓕ 품질시험의 실시여부 및 시험성과 검토 및 확인
ⓖ 설계변경의 적정여부 검토 및 확인
ⓗ 공사현장에서의 안전관리 지도
ⓘ 기타 공사감리계약으로 정하는 사항

44 ④

공사장 부지의 경계선으로부터 50m 이내에 주거 · 상가건물이 있는 경우에 공사현장 주위에 가설울타리는 최소 3m 이상으로 해야 한다.

45 ①

보기의 원인에 의해 발생하는 용접결함은 피트이다.
※ **용접결함**
ⓐ 언더컷 : 모재가 녹아 용착금속이 채워지지 않고 홈으로 남는 부분
ⓑ 슬래그섞임(감싸들기) : 슬래그의 일부분이 용착금속 내에 혼입된 것

정답 및 해설

ⓒ 블로홀 : 용융금속이 응고할 때 방출되어야 할 가스가 남아서 생긴 빈자리

ⓔ 오버랩 : 용착금속과 모재가 융합되지 않고 단순히 겹쳐지는 것

ⓜ 피트 : 작은 구멍이 용접부 표면에 생긴 것

ⓗ 크레이터 : 용접 시 비드 끝단에 항아리 모양으로 오목하게 파인 것

ⓢ 피시아이 : 용접작업 시 용착금속 단면에 생기는 작은 은색의 점

ⓞ 크랙 : 용접 후 급냉되는 경우 생기는 균열

ⓩ 오버행 : 상향 용접 시 용착금속이 아래로 흘러내리는 현상

ⓩ 용입불량 : 용입깊이가 불량하거나 모재와의 융합이 불량한 것

46 ③

경량기포콘크리트는 무기질 소재를 주원료로 사용하며 내화성능이 매우 우수하다.

47 ④

특명입찰 … 건축주가 시공회사의 신용, 자산, 공사경력, 보유기자재 등을 고려하여 그 공사에 적격한 하나의 업체를 지명하여 입찰시키는 방법

48 ④

합성수지계 재료의 특징

ⓐ 에폭시 수지
- 내수성, 내습성, 전기절연성, 내약품성이 우수, 접착력 강하다.
- 피막이 단단하나 유연성이 부족하다.
- 플라스틱, 도기, 유리, 목재, 천, 콘크리트 등의 접착제에 사용, 특히 금속재료에 우수하다.

ⓑ 페놀수지
- 접착력, 내열성, 내수성이 우수하다.
- 합판, 목새제품에 사용, 유리·금속의 접착에는 부적당하다.

ⓒ 초산비닐수지
- 작업성이 좋고, 다양한 종류의 접착에 알맞다.
- 목재가구 및 창호, 종이·천 도배, 논슬립 등의 접착에 사용된다.

ⓔ 요소수지
- 값이 싸고 접착력이 우수, 집성목재, 파티클보드에 많이 쓰인다.
- 목재접합, 합판제조 등에 사용된다.

ⓜ 멜라민수지
- 내수성, 내열성이 좋고 목재와의 접착성이 우수하다.
- 목재·합판의 접착제로 사용되며 유리·금속·고무접착에는 부적당하다.

ⓗ 실리콘수지
- 특히 내수성이 웃, 내열성, 전기절연성이 우수하다.
- 유리섬유판, 텍스, 피혁류 등 모든 접착이 가능하며 방수제 등으로 사용된다.

ⓢ 프란수지
- 내산성, 내알칼리성, 접착력이 좋다.
- 화학공장의 벽돌·타일의 접착제로 사용된다.

49 ②

코어(Core)시험은 굳은 콘크리트로부터 시료를 채취하여 행하는 시험이다.

※ 굳지 않은 콘크리트의 시험
ⓐ 슬럼프 시험 : 굳지 않은 콘크리트의 반죽질기를 측정하는 것으로 워커빌리티를 판단하기 위한 시험
ⓑ 공기 함유량 시험 : 콘크리트의 워커빌리티, 강도, 내구성, 수밀성 및 단위용적질량 등에 공기량이 영향을 미치므로 콘크리트의 품질관리 및 적절한 배합설계에 이용된다.

ⓒ 염화물 함유량 시험 : 굳지 않은 콘크리트에 함유되어 있는 염화물 함유량을 판단하기 위한 시험

50 ①

감잡이쇠는 평보와 왕대공의 보강에 사용되는 철물이며 안장쇠는 큰 보와 작은 보의 보강에 사용되는 철물이다.

51 ④

시멘트 액체방수는 콘크리트면에 도포하여 방수층을 형성하는 방법으로 지붕이나 외벽 등 외기에 노출되어 있는 부위에는 적합하지 않으며 바탕콘크리트의 침하, 경화 후의 건조수축, 균열 등 구조적 변형이 심한 부분에는 사용할 수 없다.

※ 아스팔트 방수와 시멘트 모르타르 방수의 비교

비교내용	아스팔트방수	시멘트 액체방수
바탕처리	바탕 모르타르 바름	다소 습윤 상태, 바탕 모르타르 불필요
외기의 영향	작다.	크다.
방수층 신축성	크다.	거의 없다.
균열발생정도	잔균열이 발생하나 비교적 안생기고 안전하다.	잘 생기며 비교적 굵은 균열이다.
방수층 중량	자체는 적으나 보호누름으로 커진다.	비교적 작다.
시공난이도	복잡하다.	비교적 적다.
보호누름	필요하다.	필요없다.
공사비	비싸다.	싸다.
방수성능	높다.	낮다.
재료취급성능	복잡하다.	간단하다.
결함부발견	어렵다.	쉽다.
보수비용	비싸다.	싸다.
방수층 마무리	불확실하고 난점이 있다.	확실하고 간단하다.
내구성	크다.	작다.

52 ②

② 밀스케일 : 압연강재가 냉각될 때 표면에 생기는 산화철 표피

① 스패티 : 용접 중 발생하는 슬래그 및 금속입자

53 ①

콘크리트 표준시방서에 따른 경량골재 콘크리트 배합 시 요구조건은 다음과 같다.

㉠ 물−결합재비의 최대값 : 60%

㉡ 단위시멘트량의 최소값 : $300kg/m^3$

㉢ 슬럼프 수치 : 50~180mm

㉣ 기건단위질량(경량골재 콘크리트 1종) : $1,700$~$2,000kg/m^3$

㉤ 굵은 골재의 최대치수 : 20mm

㉥ 공기량 : 보통콘크리트 대비 1% 높게 권장

54 ①

문의 하부 발이 닿는 부분에 대하여 문짝이 손상되는 것을 방지하는 철물은 도어스톱이다.

※ 피벗힌지 … 용수철을 사용하지 않고 문장부식으로 된 힌지

55 ④

유리섬유는 강도는 크지만 내굴곡성과 내마찰성이 좋지 못하다.

※ 유리 섬유의 특징

• 높은 온도에 견디고 저흡습성을 가짐

• 햇빛, 진균류, 박테리아 등에 영향을 받지 않음

• 유기 섬유보다 내열성이 높고 불연성

• 부식 방지, 우수한 단열 및 방음

• 높은 인장 강도

• 우수한 전기 절연성

• 유리 섬유의 단점
• 부서지기 쉽고 내마모성이 떨어짐
• 눈과 피부, 그리고 호흡기에 자극을 줄 수 있음
• 분말을 흡입하면 일시적으로 기침과 같은 증세가 나타날 수 있음

56 ①
주입공법은 주입구멍을 천공한 후 주입파이프를 설치하여 깊이 200mm 정도로 저점도의 에폭시 수지를 밀봉재로 주입하는 공법이다.

57 ①
실내의 투시도는 1소점 투시도가 가장 적합하며 많이 쓰인다.

58 ④
실시설계도는 건축허가신청에 필요한 기본설계도서에 해당되지 않는다.

59 ②
건축제도에서의 치수의 단위는 mm를 기준으로 한다.

60 ③
중심선, 절단선, 기준선, 경계선, 참고선 등의 표시에는 1점 쇄선을 사용한다.

>>> **철도관련법령**

61 ④
철도운영〈철도산업발전기본법 제3조 제3호〉
㉠ 철도 여객 및 화물 운송
㉡ 철도차량의 정비 및 열차의 운행관리
㉢ 철도시설·철도차량 및 철도부지 등을 활용한 부대사업개발 및 서비스

62 ④
④ 국가는 객관적이고 공정한 철도사고조사를 추진하기 위한 전담기구와 전문 인력을 확보하여야 한다〈철도산업발전기본법 제14조 제4항〉.

63 ③
국토교통부장관이 철도청장으로부터 위탁 받은 자산을 위탁이나 사용·수익하게 할 수 있는 기관〈철도산업발전기본법 제23조 제4항〉
㉠ 국가철도공단
㉠ 철도공사
㉢ 관련 기관 및 단체
㉣ 민법에 의해 설립된 비영리법인
㉤ 상법에 의해 설립된 주식회사
※ 국토교통부장관이 철도청장으로부터 이관 받을 수 있는 자산〈철도산업발전기본법 제23조 제4항〉
　㉠ 철도청의 시설자산(건설 중인 시설자산은 제외한다)
　㉡ 철도청의 기타자산

64 ①

국토교통부장관의 승인을 얻어 특정노선 및 역의 폐지와 관련 철도서비스의 제한 또는 중지 등 필요한 조치를 취할 수 있는 경우〈철도산업발전기본법 제34조 제1항〉

㉠ 승인신청자가 철도서비스를 제공하고 있는 노선 또는 역에 대하여 철도의 경영개선을 위한 적절한 조치를 취하였음에도 불구하고 수지균형의 확보가 극히 곤란하여 경영상 어려움이 발생한 경우

㉡ 보상계약체결에도 불구하고 공익서비스비용에 대한 적정한 보상이 이루어지지 아니한 경우

㉢ 원인제공자가 공익서비스비용을 부담하지 아니한 경우

㉣ 원인제공자가 위원회의 조정에 따르지 아니한 경우

65 ①

역 시설 개발 및 운영사업으로서 대통령령으로 정하는 사업〈한국철도공사법 시행령 제7조의2 제2항〉

㉠ 철도운영이나 철도와 다른 교통수단과의 연계운송을 위한 시설

㉡ 환승시설

㉢ 역사와 같은 건물 안에 있는 시설로서 건축물 중 제1종 근린생활시설, 제2종 근린생활시설, 문화 및 집회시설, 판매시설, 운수시설, 의료시설, 운동시설, 업무시설, 숙박시설, 창고시설, 자동차관련시설, 관광휴게시설과 그 밖에 철도이용객의 편의를 증진하기 위한 시설

66 ⑤

국토교통부장관의 지도·감독을 받아야 하는 공사의 업무〈한국철도공사법 제16조〉

㉠ 연도별 사업계획 및 예산에 관한 사항

㉡ 철도서비스 품질 개선에 관한 사항

㉢ 철도사업계획의 이행에 관한 사항

㉣ 철도시설·철도차량·열차운행 등 철도의 안전을 확보하기 위한 사항

㉤ 그 밖에 다른 법령에서 정하는 사항

67 ①

국토교통부장관은 철도 운임 상한의 산정, 철도차량의 효율적인 관리 등을 위하여 철도차량을 국토교통부령으로 정하는 운행속도에 따라 구분하여 분류할 수 있다〈철도사업법 제4조의2〉.

68 ⑤

철도사업자는 열차를 이용하는 여객이 정당한 운임·요금을 지급하지 아니하고 열차를 이용한 경우에는 승차 구간에 해당하는 운임 외에 그의 30배의 범위에서 부가운임을 징수할 수 있다〈철도사업법 제10조 제1항〉.

69 ④

국토교통부장관이 철도사업자에게 사업정지처분을 하여야 하는 경우로서 그 사업정지처분이 그 철도사업자가 제공하는 철도서비스의 이용자에게 심한 불편을 주거나 그 밖에 공익을 해칠 우려가 있을 때에는 그 사업정지처분을 갈음하여 1억 원 이하의 과징금을 부과·징수할 수 있다〈철도사업법 제17조 제1항〉.

70 ①

철도서비스의 품질평가결과 시 포함해야 할 사항〈철도사업법 시행령 제11조 제1항〉

㉠ 평가지표별 평가결과

㉡ 철도서비스의 품질 향상도

㉢ 철도사업자별 평가순위

㉣ 그 밖에 철도서비스에 대한 품질평가결과 국토교통부장관이 공표가 필요하다고 인정하는 사항

1 ③

빈칸 이후의 문장에서 단기 이익의 극대화가 장기 이익의 극대화와 상충될 때에는 단기 이익을 과감하게 포기하기도 한다고 제시되어 있으므로 ③이 가장 적절하다.

2 ⑤

필자는 현재 우리나라의 역간 거리가 타 비교대상에 비해 짧게 형성되어 있어 운행 속도 저하에 따른 속도경쟁력 약화를 문제점으로 지적하고 있다. 따라서 역간 거리가 현행보다 길어야 한다는 주장을 뒷받침할 수 있는 선택지 ①~④와 같은 내용을 언급할 것으로 예상할 수 있다. 다만, 역세권 문제나 부동산 시장과의 연계성 등은 주제와의 관련성이 있다고 볼 수 없다.

3 ②

② (나)에 따르면 조사 대상의 84%가 작업 중 스마트폰 사용이 위험하다는 사실을 알고 있다. 따라서 작업 중 스마트폰 사용이 위험하다는 사실을 알지 못하는 것이 산업현장 사고 발생 원인의 하나임을 제시하는 것은 적절하지 않다.

4 ⑤

밑줄 친 '늘리고'는 '시간이나 기간이 길어지다.'의 뜻으로 쓰였다. 따라서 이와 의미가 동일하게 쓰인 것은 ⑤이다.
① 물체의 넓이, 부피 따위를 본디보다 커지게 하다.
② 살림이 넉넉해지다.
③ 힘이나 기운, 세력 따위가 이전보다 큰 상태가 되다.
④ 재주나 능력 따위가 나아지다.

5 ⑤

회신(回信)은 편지, 전신, 전화 따위로 회답을 한다는 의미의 단어로써 괄호 위의 문장에서 전북 불교연합대책위 등 지역불교 단체들은 "코레일 전북본부의 명확한 답변을 받아냈다"는 부분에서 문서(편지) · 전화 · 전신 등의 수단을 통해 답변을 얻었다는 것을 알 수 있으므로 회신(回信)이라는 단어를 유추해 낼 수 있다.

6 ③

제2조 제1항 1호에 의하면 종이승차권은 운행정보 등 운송에 필요한 사항을 KTX 리무진 승차권용 전용용지에 인쇄한 승차권을 말한다.

7 ③

③ 두 번째 문단에서 한국은행이 발표한 최근 자료를 활용하여 자신의 논거의 근거로 삼고 있다.

8 ⑤

⑤ 현재 소비를 포기한 대가로 받는 이자를 더 중요하게 생각한다면, 저축 이자율이 떨어지고 물가 상승률이 증가하는 상황에서 저축을 해야 한다고 조언하지 않을 것이다.

9 ③

약관 13조 3항에서 보면 "13세 미만의 어린이(초등학생)는 할인할 수 있다."고 명시되어 있다. 다시 말해 1세~12세까지만 할인율이 해당된다고 할 수 있다. 하지만 ③의 클로제 조카는 13세라고 되어 있으므로 클로제가 운송약관의 내용을 잘못 이해하고 있다.

10 ④

"소득이 늘면서 유행에 목을 매다보니 남보다 한 발짝이라도 빨리 가고 싶은 욕망이 생기고 그것이 유행의 주기를 앞당기는 것이다."에서 보듯이 유행과 소비자들이 복잡한 욕구가 서로 얽혀 유행 풍조를 앞당기고 있다고 할 수 있다.

11 ⑤

⑤ 제48조 5호에 건널목을 제외한 모든 선로에 철도운영자의 승낙 없이 출입하는 것은 금지되어 있다.
① 의도와 상관없이 '여객열차 밖에 있는 사람을 위험하게 할 우려가 있는' 경우에는 금지된 행위이다.
② 두 가지 행위 모두 철도안전법에서 금지 행위로 규정하고 있다.
③ 여객출입 금지 장소가 기관실로 한정되어 있지 않으므로 규정된 다른 지역까지 출입 금지되어 있다고 볼 수 있다.
④ 제47조 6호에 음주 행위 또한 금지인 것으로 명시되어 있다.

12 ②

② 일반버스와 굴절버스 간의 운송항목 비용 중 비용 차이가 가장 큰 항목은 차량 감가상각비이다.

13 ③

기준 타수의 합계가 36개인 상황에서
甲은 타수의 합계가 기준 타수의 합계보다 2개 적으므로 $34 - 36 = -2$이고
x가 두 개 있으므로 $x = -1$이다.
丙은 타수 합계가 36으로 기준 타수의 합계와 동일한데 x와 y가 각각 하나씩이므로
$y = 1$이 된다. (∵ $x = -1$)
乙은 x가 1개, y가 2개이므로 기준타수에 $+1$을 해야 하므로 타수의 합계가 37이 된다.
㉠ $x = -1$이므로 1타 적게 친 것을 의미한다. (○)
㉡ 9개 홀의 타수의 합은 갑은 34, 을은 37이므로 다르다. (×)
㉢ 세 선수 중에서 타수의 합이 가장 적은 선수는 갑이 맞다. (○)

14 ④

④ 2010년에 비해 2020년에 대리의 수가 늘어난 출신 지역은 서울·경기, 강원, 충남 3곳이고, 대리의 수가 줄어든 출신 지역은 충북, 경남, 전북, 전남 4곳이다.

15 ①

㉢ 지역난방을 사용하는 가구 수의 비율은 서울이 인천의 2배 이하이다.
㉣ 남부가 북부보다 지역난방을 사용하는 비율이 높다.

16 ③

① 2022년과 2023년의 흡연율은 전년에 비해 감소하였다.

② 2017년, 2020년, 2021년만 7배 이상이다.

④ ㉠에 들어갈 수치는 56.3이다.

⑤ 매년 단기 금연계획률은 장기 금연계획률보다 적다.

17 ④

④ 2024년 전년대비 늘어난 연도말 부채잔액은 14,398 − 12,430 = 1,968이고, 전년대비 줄어든 연간 차입액은 4,290 − 3,847 = 443으로 5배를 넘지 않는다.

18 ④

BBB등급 기준보증료율인 1.4%에서 지방기술사업과 벤처기업 중 감면율이 큰 지방기술사업을 적용하면 ㈜서원의 보증료율은 1.1%이다. 보증료의 계산은 보증금액 × 보증료율 × 보증기간/365이므로 ㈜서원의 보증료는 5억 원 × 1.1% × 365/365 = 5,500천 원이다.

19 ①

갑, 을, 병 3개 회사가 보증금액(신규)과 보증기간이 동일하므로 보증료율이 높은 순서대로 정렬하면 된다.

- 갑 보증료율 : 1.4%(BBB등급) − 0.3%p(감면율이 큰 국가유공자기업 적용) + 0.3%p(고액보증기업 나 + 장기이용기업 가) = 1.4%

- 을 보증료율 : 1.5%(B등급) − 0.2%(벤처·이노비즈기업 중복적용 안 됨) + 0.0%p(장기이용기업 다에 해당하지만 경영개선지원기업으로 가산요율 적용 안 함) = 1.3%

- 병 보증료율 : 1.5%(B등급) − 0.3%p(감면율이 큰 장애인기업 적용) + 0.0%p(가산사유 해당 없음) = 1.2%

따라서 보증료율이 높은 순서인 갑 − 을 − 병 순으로 보증료가 높다.

20 ③

채무자인 乙이 실제 수령한 금액인 1,200만 원을 기준으로 최고연이자율 연 30%를 계산하면 360만 원이다. 그런데 선이자 800만 원을 공제하였으므로 360만 원을 초과하는 440만 원은 무효이며, 약정금액 2,000만 원의 일부를 변제한 것으로 본다. 따라서 1년 후 乙이 갚기로 한 날짜에 甲에게 전부 변제하여야 할 금액은 2,000−440=1,560만 원이다.

21 ⑤

㉠ 병은 B, D, E를 받지 않았고, C는 아무도 받지 않았다고 했으므로 병이 받은 점수는 A가 된다.

㉡ 을은 A 또는 E, 갑은 A 또는 B, 정은 A 또는 D인 것을 알 수 있는데, 최고점 A는 이미 병이 받았으므로 을의 점수는 E, 갑의 점수는 B, 정의 점수는 D가 된다.

㉢ 무의 점수는 B 또는 D이다.

㉣ 따라서 갑과 무(B) 또는 정과 무(D)가 같은 점수를 받을 수 있다.

22 ④

최종 선발 인원이 500명인데 사회적 약자 집단이 3% 포함되어 있으므로 500 × 0.03 = 15명이 별도로 뽑힌 사회적 약자 집단이 된다. 따라서 485명이 4차 최종 면접을 통과한 인원이 된다.

4차 면접 통과 인원이 485명이 되기 위해서는 3차 인적성 테스트에서 485 × 1.5 = 728명이 뽑힌 것이 되며, 2차 필기시험에서는 728 × 3 = 2,184명이, 1차 서류전형에서는 2,184 × 3 = 6,552명이 선발되었음을 알 수 있다. 1차 서류전형 통과 인원인 6,552명은 총 응시자의 45%에 해당하는 수치이므로, 총 응시자 수는 6,552 ÷ 0.45 = 14,560명이 된다.

23 ①

제시된 네 개의 명제의 대우명제를 정리하면 다음과 같다.

㉠ → 乙 지역이 1급 상수원이면 甲 지역은 1급 상수원이 아니다.

㉡ → 乙 지역이 1급 상수원이 아니면 丙 지역도 1급 상수원이 아니다.

㉢ → 甲 지역이 1급 상수원이 아니면 丁 지역도 1급 상수원이 아니다.

㉣ → 戊 지역이 1급 상수원이면 丙 지역은 1급 상수원이다.

戊 지역이 1급 상수원임을 기준으로 원래의 명제와 대우명제를 함께 정리하면 '戊 지역 → 丙 지역 → 乙 지역 → ~甲 지역 → ~丁 지역'의 관계가 성립하게 되고, 이것의 대우인 '丁 지역 → 甲 지역 → ~乙 지역 → ~丙 지역 → ~戊 지역'도 성립한다. 따라서 甲 지역이 1급 상수원이면 丙 지역은 1급 상수원이 아니므로 ①은 거짓이다.

24 ④

이런 유형은 문제에서 제시한 상황, 즉 1명이 당직을 서는 상황을 각각 설정하여 1명만 진실이 되고 3명은 거짓말이 되는 경우를 확인하는 방식의 풀이가 유용하다. 각각의 경우, 다음과 같은 논리가 성립한다.

고 대리가 당직을 선다면, 진실을 말한 사람은 윤 대리와 염 사원이 된다.

윤 대리가 당직을 선다면, 진실을 말한 사람은 고 대리, 염 사원, 서 사원이 된다.

염 사원이 당직을 선다면, 진실을 말한 사람은 윤 대리가 된다.

서 사원이 당직을 선다면, 진실을 말한 사람은 윤 대리와 염 사원이 된다.

따라서 진실을 말한 사람이 1명이 되는 경우는 염 사원이 당직을 서고 윤 대리가 진실을 말하는 경우가 된다.

25 ③

〈보기〉에 주어진 조건대로 고정된 순서를 정리하면 다음과 같다.

• B 차장 > A 부장
• C 과장 > D 대리
• E 대리 > ? > ? > C 과장

따라서 E 대리 > ? > ? > C 과장 > D 대리의 순서가 성립되며, 이 상태에서 경우의 수를 따져보면 다음과 같다.

㉠ B 차장이 첫 번째인 경우라면, 세 번째와 네 번째는 A 부장과 F 사원(또는 F 사원과 A 부장)이 된다.

• B 차장 > E 대리 > A 부장 > F 사원 > C 과장 > D 대리
• B 차장 > E 대리 > F 사원 > A 부장 > C 과장 > D 대리

㉡ B 차장이 세 번째인 경우는 E 대리의 바로 다음인 경우와 C 과장의 바로 앞인 두 가지의 경우가 있을 수 있다.

• E 대리의 바로 다음인 경우 : F 사원 > E 대리 > B 차장 > A 부장 > C 과장 > D 대리
• C 과장의 바로 앞인 경우 : E 대리 > F 사원 > B 차장 > C 과장 > D 대리 > A 부장

따라서 위에서 정리된 바와 같이 가능한 네 가지의 경우에서 두 번째로 사회봉사활동을 갈 수 있는 사람은 E 대리와 F 사원 밖에 없다.

26 ④

결과를 유심히 보면 덕현이가 가장 많이 낸 바위 9번이 힌트가 됨을 알 수 있다. 무승부가 없으므로 덕현이가 바위를 9번 내는 동안 희선이는 가위 5번과 보 4번을 낸 것이 된다. 이 경우 희선이가 가위를 낸 5번은 덕현이가 승리하고, 희선이가 보를 낸 4번은 희선이가 승리한다.

희선이가 바위를 6번 낼 때 덕현이는 가위 2번과 보 4번을 낸 것이 되는데, 이 경우 덕현이가 가위를 낸 2번은 희선이가 승리하고 덕현이가 보를 낸 4번은 덕현이가 승리하게 된다.

구분	1	2	3	4	5	6	7	8	9	10	11	12	13	14	15
덕현	✊	✊	✊	✊	✊	✊	✊	✌	✌	✋	✋	✋	✋	✊	✋
희선	✌	✌	✌	✌	✌	✋	✋	✋	✋	✊	✊	✊	✋	✊	✊

따라서 총 15번 중 덕현이가 승리한 게임은 5 + 4 = 9번이고, 희선이가 승리한 게임은 4 + 2 = 6번이다. 즉, 덕현의 9승 6패 또는 희선의 6승 9패가 됨을 알 수 있다.

27 ③

구분	1	2	3	4	5	6	7	8	9	10	11	12	13	14	15
덕현	✊	✊	✊	✊	✊	✊	✊	✌	✌	✋	✋	✋	✊	✊	✊
희선	✌	✌	✌	✌	✌	✋	✋	✋	✋	✊	✊	✋	✋	✋	✋

③ 희선이가 가위를 낸 5번은 모두 패하였으므로 이 중 2번이 보로 바뀔 경우 희선이의 승수가 2번 추가되어 8승 7패로 덕현을 누르고 최종 승자가 된다.

① 덕현의 바위가 보로 바뀌면 1승 → 1패(1~5번 게임) 또는 1패 → 무승부(6~7번 게임)로 바뀌는 두 가지 경우가 생긴다. 희선의 보가 바위로 바뀌면 1승 → 무승부(6~9번 게임)가 된다. 따라서 1패 → 무승부, 1승 → 무승부의 조합이 되는 경우 덕현은 9승 6패에서 8승 2무 5패가, 희선은 6승 9패에서 5승 2무 8패가 되어 최종 승자와 패자가 뒤바뀌지 않는다.

② 덕현의 바위가 가위로 바뀌면 1승 → 무승부(1~5번 게임) 또는 1패 → 1승(6~7번 게임)으로 바뀌는 두 가지 경우가 생긴다. 희선의 바위가 가위로 바뀌면 1승 → 무승부(10~11번 게임) 또는 1패 → 1승(12~15번 게임)으로 바뀌는 두 가지 경우가 생긴다. 희선이에게 가장 유리한 결과로 덕현은 1승 → 무승부, 희선은 1패 → 1승의 조합이 되더라도 둘 다 7승 1무 7패로 최종 승자와 패자가 뒤바뀌지는 않는다.

④ 희선이 바위를 내서 패한 게임(12~15번 게임)에서 가위로 2번 바뀔 경우 2승이 추가되어 최종 승자가 되지만 희선이 바위를 내서 승리한 게임(10~11번 게임)에서 가위로 2번 바뀔 경우 2무승부가 되어 최종 승자와 패자는 뒤바뀌지 않는다.

⑤ 덕현의 가위 2번이 보로 바뀔 경우 덕현이의 2승이 추가되어 최종 승자와 패자가 뒤바뀌지는 않는다.

28 ⑤

甲 국장은 전체적인 근로자의 주당 근로시간 자료 중 정규직과 비정규직의 근로시간이 사업장 규모에 따라 어떻게 다른지를 비교하고자 하는 것을 알 수 있다. 따라서 국가별, 연도별 구분 자료보다는 ⑤와 같은 자료가 요청에 부합하는 적절한 자료가 된다.

29 ②

제11조 제2항에 따르면 사용자가 제1항 단서의 사유가 없거나 소멸되었음에도 불구하고 2년을 초과하여 기간제 근로자로 사용하는 경우에는 그 기간제 근로자는 기간의 정함이 없는 근로계약을 체결한 근로자로 본다. 따라서 ②의 경우 기간제 근로자로 볼 수 없다.

① 2년을 초과하지 않는 범위이므로 기간제 근로자로 볼 수 있다.
③ 제11조 제1항 제3호에 따른 기간제 근로자로 볼 수 있다.
④ 제11조 제1항 제1호에 따른 기간제 근로자로 볼 수 있다.
⑤ 제11조 제1항 제2호에 따른 기간제 근로자로 볼 수 있다.

30 ④

④ 수소를 제조하는 기술에는 화석연료를 열분해·가스화 하는 방법과 원자력에너지를 이용하여 물을 열화학분해하는 방법, 재생에너지를 이용하여 물을 전기분해하는 방법, 그리고 유기성 폐기물에서 얻는 방법 등 네 가지 방법이 있다.

정답 및 해설

>>> 직무수행능력평가(건축일반)

31 ⑤
- 스캘럽(Scallop) : 철골부재의 용접 시 이음 및 접합부위의 용접선의 교차로 재 용접된 부위가 열영향을 받아 취약해짐을 방지하기 위하여 모재에 부채꼴 모양으로 모따기를 한 것
- 엔드탭(End Tap) : 강구조에서 용접선 단부에 붙인 보조판으로 아크의 시작이나 종단부의 크레이터 등의 결함을 방지하기 위해 붙이는 판
- 블로우홀, 크레이터 등은 용접결함의 일종이다.

32 ③
지하수의 간극수압의 계측은 간극수압계(Piezometer)를 사용한다.
※ 흙막이 벽의 계측관리 항목과 측정기기
- 인접구조물의 기울기측정 : tilt meter, transit
- 인접구조물의 균열측정 : crack gauge
- 지중수평변위의 계측 : inclinometer
- 지중수직변위의 계측 : extension meter
- 지하수위의 계측 : water level meter
- 간극수압의 계측 : piezometer
- Strut 부재응력측정 : load cell
- 토압측정 : soil pressure gauge
- 지표면 침하측정 : level & staff
- 소음측정 : sound level meter
- 진동측정 : vibrometer

33 ①
공사비편차(Cost Variance) : 달성가치(Earned Value)를 기준으로 원가관리를 시행할 때 실제투입원가와 계획된 일정에 근거한 진행성과의 차이를 의미하는 용어

34 ①
- 기경성재료 : 진흙질, 회반죽, 돌로마이트 플라스터, 마그네시아시멘트, 아스팔트모르타르
- 수경성재료 : 순석고 플라스터, 경석고 플라스터, 혼합석고 플라스터, 시멘트 모르타르

35 ③
겨울철이 여름철보다 백화발생빈도가 높다.
※ 백화현상의 정의와 반응식
- 백화현상 : 백태라고도 하며 벽에 침투하는 빗물에 의해서 모르타르 중의 석회분이 공기중의 탄산가스와 결합하여 벽돌이나 조적벽면에 흰가루가 돋는 현상
- 백화현상의 반응식은 $Ca(OH)_2 + H_2O \rightarrow CaCO_3 + CO_2$이다.

36 ①
PMV(예상온열감)
㉠ 온열환경에 대한 인체의 쾌적성을 평가하는 지표를 말한다.
㉡ 착의량, 수증기분압, 평균복사온도를 산출에 이용한다.
㉢ 0을 쾌적기준으로 하여 (−)는 추운 정도, (+)는 더운 정보를 나타낸다.

37 ②
다음의 기준에 따라 직경 24mm 고력볼트의 표준구멍직경은 건축구조물의 경우 27mm이다. (다음의 표 참고)

	직경(D)	구멍의 여유 폭
고력볼트	M24 미만 ($D < 24$)	$D+2.0\,mm$
	M24 이상 ($D \geq 24$)	$D+3.0\,mm$

38 ③

밑면전단력 $V = C_s \cdot W$

유효건물중량 W

지진응답계수 $C_s = \dfrac{S_{D1}I_E}{RT}$

여기서, S_{D1} : 1초 주기의 설계스펙트럼 가속도

I_E : 중요도계수

R : 반응수정계수

T : 건물의 고유주기

39 ①

커버 플레이트(덧판 플레이트)는 철골보의 플랜지 위에 얹혀지는 판재이다.

① 래티스
② 웨브플레이트
③ 클립앵글
④ 윙플레이트
⑤ 사이드앵글
⑥ 베이스플레이트
⑦ 앵커볼트

40 ④

철근의 부식방지를 위해 굳지 않은 콘크리트의 전체 염소이온량은 원칙적으로 0.3kg/m^3 이하로 한다. (단, 책임구조기술자의 승인을 받는 경우 0.6kg/m^3 이하까지 허용할 수 있다.)

41 ③

3개의 부재가 모이는 절점에 외력에 직접 작용하지 않는 경우 동일 직선상에 놓여 있는 두 부재의 부재력은 같고 다른 한 부재의 부재력은 0이 된다.

AC부재와 BE부재는 외력에 의해 부재력이 발생한다. 절점 F를 기준으로 AF와 BF의 부재력은 동일하며 DF의 부재력은 0이다.

절점 D를 기준으로 CD와 DE의 부재력은 동일하며 AD부재의 부재력과 AB부재의 부재력은 0이 된다.

42 ②

열가소성 수지와 열경화성 수지

㉠ 열가소성 수지 : 열을 받으면 다시 연화되고 상온에서 다시 경화되는 성질을 가진다. 폴리에틸렌수지, 아크릴수지, 폴리스티렌수지, 염화비닐수지, 초산비닐수지, 불소수지

㉡ 열경화성 수지 : 열을 한 번 받아서 경화되면 다시 열을 가해도 연화되지 않는다. 페놀수지, 요소수지, 멜라민수지, 폴리에스테르수지, 에폭시수지, 실리콘수지, 우레탄수지, 푸란수지

43 ②

벽외면에서 45cm 거리의 지면에서 건축물 높이까지의 외주면적으로 한다. 평면도 상에서 둘레의 길이와 입면도 상의 높이값을 곱한 값이 외줄비계의 면적이므로

$10[2(10 + 2 \cdot 0.45) + 2(5 + 2 \cdot 0.45)] = 336m^2$

44 ③

통줄눈은 치장줄눈이 아니라 조적벽체를 쌓는 방식에 의해 발생하는 줄눈이다.

45 ②

일반경쟁입찰의 업무순서 … 입찰공고 → 참가등록 → 현장설명 → 견적 → 입찰등록 → 입찰 → 개찰 및 낙찰 → 계약

46 ④

홀딩 도어 … 실의 크기 조절이 필요한 경우 칸막이 기능을 하기 위해 만든 병풍 모양의 문

47 ①

부식성이 큰 것부터 나열하면 알루미늄 > 철 > 주석 > 구리의 순이 된다.

48 ②

불투명한 도장일 때에는 초벌, 재벌, 정벌 각각을 서로 다른 색으로 시공해야 한다. (초벌, 재벌, 정벌을 구분하기 위함)

49 ①

명세견적(明細見積) : 완성된 설계도서로 명확한 수량을 산출 집계한 후 공사의 실제 상황에 맞는 적절한 단가로 정밀하게 산출하는 방법

개산견적(槪算見積) : 공사에 필요한 재료 수량이나 노무 수량을 상세하게 산출하지 않고 과거의 공사 실적 자료 등에서 공사비를 개략적으로 작성하는 적산 방법

예산견적 : 발주자가 초기에 공사를 기획하는 단계에서 대략적으로 필요한 비용을 산출하기 위한 견적이다.

설계견적 : 개략적인 예산을 결정한 뒤 예산범위 안에서 설계자에게 설계를 의뢰하게 되는데 이 설계단계에서 이루어지는 견적이다.

실시견적 : 낙찰자가 선정된 후 공사계약에 의해 공사비가 결정되고 나서 실제 공사를 수행하기 위해 수급자가 수행하는 견적이다.

50 ③

① 보통 수압이 적고 얕은 지하실에는 안방수법, 수압이 크고 깊은 지하실에는 바깥방수법이 유리하다.

② 지하실에 안방수법을 채택하는 경우, 지하실 내부에 설치하는 칸막이벽, 창문틀 등은 방수층 시공후 나중에 시공하는 것이 유리하다.

④ 안방수법은 보호누름이 필요하지만 바깥방수법은 없어도 무관하다.

※ 안방수와 바깥방수의 비교

비교내용	안방수	바깥방수
적용개소	수압이 적고 얕은 지하실	수압이 크고 깊은 지하실
바탕처리	따로 만들 필요가 없다.	따로 만들어야 한다.
공사시기	자유롭다.	본 공사에 선행한다.
공사용이성	간단하다.	상당한 난점이 있다.
경제성 (공사비)	비교적 싸다.	비교적 고가이다.
보호누름	필요하다.	없어도 무방하다.

51 ③

스퀴즈 형식도 적용이 가능하다.

※ **콘크리트 펌프 압송방식**

ㄱ **압축공기식** : 압축공기의 압력으로 콘크리트를 압송

ㄴ **피스톤압송식** : 피스톤으로 압송하는 방식으로 유압피스톤이나 수압피스톤을 사용한다.

ㄷ **스퀴즈식** : 짜내는(squeeze) 방식의 압송방식이다.

52 ③

알칼리 골재반응을 억제하기 위한 방법으로써 주로 고로슬래그 시멘트, 플라이애시 시멘트, 실리카시멘트를 사용한다.

53 ①

시공연도(workability)란 작업성을 의미하는 용어로서, 콘크리트를 시공할 때의 유동성, 점성, 비분리성 따위를 나타내는 수치이며 골재의 입도, 혼화제, 혼합시간 등에 따라 결정된다. 시멘트의 강도 자체는 시공연도와 직접적인 연관이 있다고 보기 어렵다.

54 ②

플라이애시를 사용하면 초기강도는 감소하나 장기강도는 증가된다.

㉠ 유동성 개선 및 단위수량, Bleeding 감소 : 플라이애시는 입자가 구형(求刑)이므로 파쇄형인 시멘트, 잔골재, 굵은 골재 사이에서 Ball-Bearing작용을 하므로 유동성이 개선되며, Workability가 우수해지며 소요반죽질기(Slump)를 얻기위한 단위수량을 감소시키고 이에 따라 Bleeding량이 줄어든다.

㉡ 작업성 개선 : 입자가 구형(求刑)인 플라이애시는 Ball-Bearing와 같은 작용에 따른 유동성 개선으로 펌프성을 좋게하여 작업이 용이하고 표면의 마감상태가 우수해진다.

㉢ 장기강도 증진 : 플라이애시중의 SiO_2 성분은 시멘트의 수산화칼슘이 상온에서 반응하여 불용성의 안정된 규산칼륨을 생성시키는 포졸란 반응을 하여 장기강도를 계속 증진 시켜 구조물의 내구성 향상시킨다.

㉣ 수화열의 감소 : 단위 시멘트량이 많거나 타설규모가 큰 콘크리트는 시멘트의 수산화 칼슘과 물의 반응에 의해 높은 열을 발생시켜 구조물의 균열을 초래하는 원인이 되나 플라이애시의 반응 속도는 시멘트에 비해 상당히 늦기 때문에 수화열을 감소시켜 균열을 방지하고 내구성을 향상시킨다.

㉤ 수밀성의 증가 : 플라이애시의 포졸란 반응에 의해 생성된 칼슘실리게이트 수화물과 칼슘알루미네이트 수화물이 경화된 콘크리트내의 모세공극을 막아 수밀성이 증가되어 지중 구조물이나 일반 토목 건축 구조물에 유효하다.

55 ②

고강도 콘크리트의 굵은 골재의 품질기준에서 흡수율은 2.0% 이하이다.

※ 고강도 콘크리트의 골재의 품질기준

항목 종류	절건밀도 (g/cm^2)	흡수율 (%)	실적률 (%)	점토량 (%)	씻기시험에 의한 손실량 (%)	유기불순물	염화물이온량 (%)	안정성 (%)
굵은 골재	2.5 이상	2.0 이하	59 이상	0.25 이하	1.0 이하	–	–	12 이하
잔골재	2.5 이상	3.0 이하	–	1.0 이하	2.0 이하	표준색 이하	0.02 이하	10 이하

56 ④

점판암은 변성암에 속한다.

※ 암석의 분류 … 암석은 생성과정에 따라 화성암, 퇴적암, 변성암으로 대분된다.

㉠ 화성암 : 화성암은 화산활동에 의해 형성된 암석이다. 화산에서 분출한 용암 화산 지표면에서 식어 형성된 화산암(분출암이라고도 한다)과 지하에서 다른 암반 속으로 침투하여 형성된 심성암(관입암이라고도 한다)으로 나뉜다.

화산암	반심성암	심성암
현무암 안산암 유문암 조면암 석영반암 흑요석 데싸이트	아플라이트 페그마타이트	화강암 섬록암 섬장암 반려암 몬조니암 듀나이트 컴벌라이트 페리도타이트

㉡ 퇴적암 : 퇴적암은 풍화와 침식에 의해 기존의 암석에서 떨어져 나온 광물이나 조암광물이 퇴적작용을 거쳐 암석으로 굳은 것을 말한다. 암석을 이루는 입자의 종류에 따라 이암, 사

암, 역암 등으로 구분한다. 응회암과 같이 화산 쇄설물이 굳어 이루어진 암석도 퇴적암으로 분류한다.

쇄설성 퇴적암	화학적 퇴적암	유기적 퇴적암
역암 이암 사암 미사암 응회암 셰일	석회암 석고 암염 처어트 철광층	석회암 규조토 석탄 아스팔트

ⓒ 변성암 : 변성암은 화성암이나 퇴적암과 같은 암석이 높은 압력과 고열에 의해 구성물질이 변하여 형성되는 암석이다. 편암, 편마암, 규암, 대리석, 각섬석, 천매암, 사문암, 점판암(슬레이트) 등이 있다.

57 ②

평면도 … 건축물의 창틀 위(바닥으로부터 1.2~1.5m 내외)에서 수평으로 자른 수평투상도면으로 실의 크기 및 배치, 개구부의 크기 및 위치, 창문과 출입구 등을 나타낸 도면이다. 천장평면도의 경우 환기구, 조명기구 및 설비기구, 반자틀재료 및 규격 등을 표시하여 반자의 높이는 단면도에 표기한다.

58 ③

① 르코르뷔지에의 모듈러는 인체의 치수를 기본으로 해서 황금비를 적용하여 고안된 것이다.
② 현재 국제표준기구(ISO)에서 MC(Modular Coordination)에 의거하여 사용하고 있는 기본 모듈은 미터법 사용 국가에서는 10cm로 의견이 일치하고 있다.
④ MC(Modular Coordination)는 합리적인 건축공간 구성 시 여러 치수들을 계열화, 규격화하여 조정해서 사용할 필요에 의해 고려되는 것으로 건축공간의 형태를 규격화, 정형화시켜 창조성을 저하시키는 단점이 있다.

59 ④

제도지의 치수

(단위 : mm)

제도지의 치수	$a \times b$	c(최소)	d(최소)	
			묶지 않을 때	묶을 때
A0	$841 \times 1,189$	10	10	25
A1	594×841	10	10	25
A2	420×594	10	10	25
A3	297×420	5	5	25
A4	210×297	5	5	25
A5	148×210	5	5	25
A6	105×148	5	5	25

60 ③

재료구조 표시기호(단면용)

표시사항 구분	원칙적으로 사용	준용
지반		
잡석 다짐		
자갈, 모래		
자갈, 모래, 간섞이		
석재		
모조석		
콘크리트	a b c	a-깬자갈 b-강자갈 c-철근 배근
벽돌		

>>> 철도관련법령

61 ②

① 위원회는 위원장을 포함한 25인 이내의 위원으로 구성한다〈철도산업발전기본법 제6조 제3항〉.

③ 철도산업위원회의 위원장은 국토교통부장관이 된다〈철도산업발전기본법 시행령 제6조 제1항〉.

④ 공정거래위원회부위원장은 위원회의 위원이 된다〈철도산업발전기본법 시행령 제6조 제2항 제1호〉.

⑤ 위원의 임기는 2년으로 하되, 연임할 수 있다〈철도산업발전기본법 시행령 제6조 제3항〉.

62 ③

국가가 철도이용자의 권익보호를 위하여 강구해야 할 시책〈철도산업발전기본법 제16조〉

㉠ 철도이용자의 권익보호를 위한 홍보·교육 및 연구

㉡ 철도이용자의 생명·신체 및 재산상의 위해 방지

㉢ 철도이용자의 불만 및 피해에 대한 신속·공정한 구제조치

㉣ 그 밖에 철도이용자 보호와 관련된 사항

63 ③

철도자산처리계획에 포함되어야 할 내용〈철도산업발전기본법 시행령 제29조〉

㉠ 철도자산의 개요 및 현황에 관한 사항

㉡ 철도자산의 처리방향에 관한 사항

㉢ 철도자산의 구분기준에 관한 사항

㉣ 철도자산의 인계·이관 및 출자에 관한 사항

㉤ 철도자산처리의 추진일정에 관한 사항

㉥ 그 밖에 국토교통부장관이 철도자산의 처리를 위하여 필요하다고 인정하는 사항

64 ④

④는 3년 이하의 징역 또는 5천만 원 이하의 벌금에 처한다〈철도산업발전기본법 제40조 세1항〉.

65 ④

손익금의 처리 … 공사는 매 사업연도 결산 결과 이익금이 생기면 다음의 순서로 처리하여야 한다〈한국철도공사법 제10조〉.

㉠ 이월결손금의 보전(補塡)

㉡ 자본금의 2분의 1이 될 때까지 이익금의 10분의 2 이상을 이익준비금으로 적립

㉢ 자본금과 같은 액수가 될 때까지 이익금의 10분의 2 이상을 사업확장적립금으로 적립

㉣ 국고에 납입

66 ④

유사명칭의 사용금지 규정을 위반한 자에게는 500만 원 이하의 과태료를 부과한다〈한국철도공사법 제20조 제1항〉.

67 ③

대통령령으로 정하는 철도 관계 법령〈철도사업법 시행령 제2조〉

㉠ 철도산업발전 기본법

㉡ 철도안전법

㉢ 도시철도법

㉣ 국가철도공단법

㉤ 한국철도공사법

※ ③ 한국고속철도건설공단법은 폐지되었다.

68 ④

철도사업자 또는 철도사업자로부터 승차권 판매위탁을 받은 자가 아닌 자는 철도사업자가 발행한 승차권 또는 할인권·교환권 등 승차권에 준하는 증서를 상습 또는 영업으로 자신이 구입한 가격을 초과한 금액으로 다른 사람에게 판매하거나 이를 알선하여서는 아니 된다〈철도사업법 제10조의2〉.

69 ②

철도사업자 또는 그 소속 종사자의 고의 또는 중대한 과실에 의하여 발생한 사고의 과징금〈철도사업법 시행령 제9조 별표1〉

ⓐ 1회의 철도사고로 인한 사망자가 40명 이상인 경우 : 5,000만 원

ⓑ 1회의 철도사고로 인한 사망자가 20명 이상 40명 미만인 경우 : 2,000만 원

ⓒ 1회의 철도사고로 인한 사망자가 10명 이상 20명 미만인 경우 : 1,000만 원

ⓓ 1회의 철도사고로 인한 사망자가 5명 이상 10명 미만인 경우 : 500만 원

70 ②

전용철도운영자가 사망한 경우 상속인이 그 전용철도의 운영을 계속하려는 경우에는 피상속인이 사망한 날부터 3개월 이내에 국토교통부장관에게 신고하여야 한다〈철도사업법 제37조 제1항〉.

코레일
(한국철도공사)

건축일반
[건축(일반)]

제4회~제5회

- 정답 및 해설 -

SEOWONGAK
(주)서원각

1 ①

전통은 과거로부터 이어온 것 중 현재의 문화 창조에 이바지할 수 있는 것만을 말한다. 인습이나 유물은 현재 문화 창조에 이바지할 수 없으므로 전통과는 구별되어야 한다는 것이 글의 중심 내용이다.

2 ①

경쟁은 둘 이상의 사람이 하나의 목표를 향해서 다른 사람보다 노력하는 것이며, 이 때 경쟁의 전제가 되는 것은 합의에 의한 경쟁 규칙을 반드시 지켜야 한다는 점이므로 빈칸에는 '경쟁은 정해진 규칙을 꼭 지키는 가운데서 이루어져야 한다.'는 내용이 올 수 있을 것이다. 농구나 축구, 그리고 마라톤 등의 운동경기는 자신의 소속 팀을 위해서 또는 자기 자신을 위해서 다른 팀이나 타인과 경쟁하는 것이며, 스포츠맨십은 규칙의 준수와 관련이 있으므로 글에서 말하는 경쟁의 한 예로 적합하다.

3 ①

말다 … '말고' 꼴로 명사의 단독형과 함께 쓰여 '아니고'의 뜻을 나타낸다.
② 밥이나 국수 따위를 물이나 국물에 넣어서 풀다.
③ 종이나 김 따위의 얇고 넓적한 물건에 내용물을 넣고 돌돌 감아 싸다.
④⑤ 어떤 일이나 행동을 하지 않거나 그만두다.

4 ②

㈎ 이러한 경우, 평가대상 기관 항목 아래 '개별기관별 별도 통보함'이라는 문구를 삽입해 주는 것이 바람직하다.
㈏ 연월일의 표시에서는 모든 아라비아 숫자 뒤에 마침표를 쓰는 것이 문서작성 원칙이다.
㈐ 공고문이나 안내문 등에서는 연락처를 기재하는 것이 원칙이다.
㈑ 1번과 2번 항목이 5번 항목의 뒤로 오는 것이 일반적인 순서에 맞고, 읽는 사람이 알고자 하는 사항을 적절한 순서로 작성한 것으로 볼 수 있다.

5 ①

① 전반적으로 수온의 상승이 전망되지만 겨울철 이상 기후로 인한 저수온 현상으로 대표적 한대성 어종인 대구가 남하하게 되어, 동해, 경남 진해에서 잡히던 대구가 인천이 아닌 전남 고흥, 여수 등지에서 잡힐 것으로 전망하고 있다.
② 생활환경에 물관리, 건강 부문을 통해 유추할 수 있다.
③ 노후화로 인해 방조제, 항구 등이 범람에 취약해지고, 가뭄과 홍수가 보다 빈번해질 것으로 볼 수 있다.
④ 참치 등 난대성 어종 양식 기회가 제공되어 시중의 참치 가격이 인하된다고 볼 수 있으며, 수온 상승은 하천에 저산소·무산소 현상을 유발할 수 있다.
⑤ 아열대성 기후로 인한 질병이 증가하나, 이로 인한 말라리아, 뎅기열 등의 예방 접종률이 높아지고 경각심이 고취될 것으로 보는 것이 타당하다.

6 ②

산재보험의 소멸은 명확한 서류나 행정상의 절차를 완료한 시점이 아닌 사업이 사실상 폐지 또는 종료된 시점에 이루어진 것으로 판단하며, 법인의 해산 등기 완료, 폐업신고 또는 보험관계소멸신고 등과는 관계없다.

① 마지막 부분에 고용보험 해지에 대한 특이사항이 기재되어 있다.

③ '직권소멸'은 적절한 판단에 의해 근로복지공단이 취할 수 있는 소멸 형태이다.

7 ④

甲은 정치적 안정 여부에 대하여 '정당체제가 어떤 권력 구조와 결합하는가에 따라 결정된다. 의원내각제는 양당제와 다당제 모두와 조화되어 정치적 안정을 도모할 수 있는 반면 혼합형과 대통령제의 경우 정당체제가 양당제일 경우에만 정치적으로 안정되는 현상을 보인다.'고 주장하였으므로, 甲의 견해에 근거할 때 정치적으로 가장 불안정할 것으로 예상되는 정치체제는 대통령제이면서 정당체제가 양당제가 아닌 경우이다. 따라서 권력구조는 대통령제를 선택하고 의원들은 비례대표제 방식을 통해 선출하는(→ 대정당과 더불어 군소정당이 존립하는 다당제 형태) D형이 정치적으로 가장 불안정하다.

8 ④

④ 걷잡을 수 없어진 지구 온난화에 적응을 하지 못한 식물들이 한꺼번에 죽어 부패하면 그 속에 가두어져 있는 탄소가 대기로 방출된다고 언급하고 있다. 따라서 생명체가 소멸되면 탄소 순환 고리가 끊길 수 있지만, 대기 중의 탄소가 사라지는 것은 아니다.

9 ⑤

⑤ 형태가 일정한 물체의 회전 운동 에너지는 회전 속도의 제곱에 정비례하므로 물체의 회전 속도가 2배가 되면 회전 운동 에너지는 4배가 된다.

10 ④

① 돌림힘의 크기는 회전축에서 힘을 가하는 점까지의 거리와 가해 준 힘의 크기의 곱으로 표현된다. 따라서 갑의 돌림힘의 크기는 $1m \times 300N = 300N \cdot m$이고, 을의 돌림힘의 크기는 $2m \times 200N = 400N \cdot m$이다. 따라서 갑의 돌림힘의 크기가 을의 돌림힘의 크기보다 작다.

② 두 돌림힘의 방향이 서로 반대이므로 알짜 돌림힘의 방향은 더 큰 돌림힘의 방향과 같다. 따라서 알짜 돌림힘의 방향의 을의 돌림힘의 방향과 같다.

③ 두 돌림힘의 방향이 반대이지만, 돌림힘의 크기가 다르므로 알짜 돌림힘은 0이 아니고, 돌림힘의 평형도 유지되지 않는다.

⑤ 두 돌림힘의 방향이 서로 반대이면 알짜 돌림힘의 크기는 두 돌림힘의 크기의 차가 된다. 따라서 알짜 돌림힘의 크기는 $400 - 300 = 100N \cdot m$이다.

11 ④

㈎, ㈏, ㈐, ㈒는 각각 공단의 사업 활동 영역 중 다음과 같은 분야의 사업 현황과 성과에 대한 기술을 하고 있으나, ㈑는 공단의 사업 활동 영역에 대한 내용이 아닌 미래 도약을 위한 공단의 청사진에 대하여 기술하고 있으므로 ㈑의 내용상의 성격이 나머지와 다르다고 볼 수 있다.

㈎ 능력개발의 사업 현황과 성과
㈏ 능력평가의 사업 현황과 성과
㈐ 외국인 고용 지원의 사업 현황과 성과
㈒ 해외 취업 지원의 사업 현황과 성과

12 ③

③ $\dfrac{487}{49,560} \times 100 \doteqdot 0.98\%$

① $\dfrac{9,782}{49,560} \times 100 \doteqdot 19.74\%$

② $\dfrac{9,761}{49,560} \times 100 \doteqdot 19.70\%$

④ $\dfrac{175}{49,560} \times 100 \doteqdot 0.35\%$

⑤ $\dfrac{11,128}{49,560} \times 100 \doteqdot 22.45\%$

13 ③

• 2024년 C사의 단기순이익 점유비가 2022년도보다 7.2% 감소하였으므로, ㉡＝19.4%

• 2024년 A사의 단기순이익 점유비 ㉠＝4.3%

∴ 2024년 A사와 B사의 당기순이익 점유비 합은 4.3＋21.3＝25.6%이다.

14 ②

2개의 생산라인을 하루 종일 가동하여 3일간 525개의 레일을 생산하므로 하루에 2개 생산라인에서 생산되는 레일의 개수는 525 ÷ 3 ＝ 175개가 된다. 이때, A라인만을 가동하여 생산할 수 있는 레일의 개수가 90개/일이므로 B라인의 하루 생산 개수는 175 − 90 ＝ 85개가 된다.

따라서 A라인 5일, B라인 2일, A + B라인 2일의 생산 결과를 계산하면, 생산한 총 레일의 개수는 (90 × 5) + (85 × 2) + (175 × 2) = 450 + 170 + 350 = 970개가 된다.

15 ⑤

① 김유진 : 3억 5천만 원 × 0.9% = 315만 원

② 이영희 : 12억 원 × 0.9% = 1,080만 원

③ 심현우 : 1,170만 원 + (32억 8천만 원 − 15억 원) × 0.6% = 2,238만 원

④ 이동훈 : 18억 1천만 원 × 0.9% = 1,629만 원

⑤ 김원근 : 2,670만 원 + (3억 원 × 0.5%) = 2,820만 원

16 ③

㉠ 1804년 가구당 인구수는 $\dfrac{68,930}{8,670}$ = 약 7.95이고, 1867년 가구당 인구수는 $\dfrac{144,140}{27,360}$ = 약 5.26이므로 1804년 대비 1867년의 가구당 인구수는 감소하였다.

㉡ 1765년 상민가구 수는 7,210 × 0.57 = 4109.7이고, 1804년 양반가구 수는 8,670 × 0.53 = 4595.1로, 1765년 상민가구 수는 1804년 양반가구 수보다 적다.

㉢ 1804년의 노비가구 수는 8,670 × 0.01 = 86.7로 1765년의 노비가구 수인 7,210 × 0.02 = 144.2보다 적고, 1867년의 노비가구 수인 27,360 × 0.005 = 136.8보다도 적다.

㉣ 1729년 대비 1765년에 상민가구 구성비는 59.0%에서 57.0%로 감소하였고, 상민가구 수는 1,480 × 0.59 = 873.2에서 7,210 × 0.57 = 4109.7로 증가하였다.

17 ①

빈칸 중 추론이 가능한 부분을 채우면 다음과 같다.

과목 사원	A	B	C	D	E	평균
김영희	(16)	14	13	15	( )	( )
이민수	12	14	(15)	10	14	13.0
박수민	10	12	9	(10)	18	11.8
최은경	14	14	(15)	17	( )	( )
정철민	(18)	20	19	17	19	18.6
신상욱	10	(13)	16	(15)	16	(14)
계	80	(87)	(87)	84	( )	( )
평균	($\frac{80}{6}$)	14.5	14.5	(14)	( )	( )

① 김영희 사원의 성취수준은 E항목 평가 점수가 17점 이상이면 평균이 15점 이상으로 '우수수준'이 될 수 있다.

② 최은경 사원의 성취수준은 E항목 시험 점수가 0점이라고 해도 평균 12점으로 '보통수준'이다. 따라서 '기초수준'이 될 수 없다.

③ 신상욱 사원의 평가 점수는 B항목은 13점, D항목은 15점, 평균 14점으로 성취수준은 '보통수준'이다.

④ 이민수 사원의 C항목 평가 점수는 15점으로, 정철민 사원의 A항목 평가 점수는 18점보다 낮다.

⑤ 박수민 사원의 D항목 평가 점수는 10점으로 신상욱 사원의 평균 14점보다 낮다.

18 ③

1명의 투표권자가 후보자에게 줄 수 있는 점수는 1순위 5점, 2순위 3점으로 총 8점이다. 현재 투표까지 중간집계 점수가 640이므로 80명이 투표에 참여하였으며, 아직 투표에 참여하지 않은 사원은 120−80＝40명이다. 따라서 신입사원 A는 40명의 사원에게 문자를 보내야 한다.

19 ①

① 점유 형태가 무상인 경우의 미달가구 비율은 시설기준 면에서 전세가 더 낮음을 알 수 있다.

② 각각 60.8%, 28.0%, 11.2%이다.

③ 15.5%와 9.1%로 가장 낮은 비율을 보이고 있다.

④ 33.4%로 45.6%보다 더 낮다.

⑤ 가구 수가 동일하다면 수도권의 최저주거기준 미달가구는 51.7%이고 광역시와 도지역의 미달가구는 48.3%이므로 수도권이 나머지 지역의 합보다 많다.

20 ③

모두 100%의 가구를 비교 대상으로 하고 있으므로 백분율을 직접 비교할 수 있다.

• 광역시의 시설기준 미달가구 비율 대비 수도권의 시설기준 미달가구 비율의 배수는 37.9 ÷ 22.9 = 1.66배가 된다.

• 저소득층의 침실기준 미달가구 비율 대비 중소득층의 침실기준 미달가구 비율의 배수는 위와 같은 방식으로 45.6 ÷ 33.4 = 1.37배가 된다.

21 ③

③ 9~12시 사이에 출국장 1/2를 이용한 사람 수는 2,176명으로 이날 오전 출국장 1/2를 이용한 사람 수의 50% 이하이다.

22 ⑤

20XX년 7월 甲의 월급은 기본급 300만 원에 다음의 수당을 합한 급액이 된다.

• 정근수당 : 3,000,000 × 50% = 1,500,000원
• 명절휴가비 : 해당 없음
• 가계지원비 : 3,000,000 × 40% = 1,200,000원
• 정액급식비 : 130,000원
• 교통보조비 : 200,000원

따라서 3,000,000 + 1,500,000 + 1,200,000 + 130,000 + 200,000 = 6,030,000원이다.

23 ③

두 번째 정보에서 테이블 1개와 의자 1개의 가격의 합은 서류장 2개의 가격과 같음을 알 수 있다.

세 번째 정보에서 두 번째 정보를 대입하면 테이블 2개와 의자 1개는 의자 5개와 서류장 15개의 가격과 같아지게 된다. 따라서 테이블 1개는 의자 1개와 서류장 1개의 가격과 같아진다는 것을 알 수 있다.

그러므로 서류장 2개와 의자 2개는 테이블 2개와 같은 가격이 된다. 결국 서류장 10개와 의자 10개의 가격은 테이블 10개의 가격과 같다.

24 ①

신입사원 오리엔테이션 당시 다섯 명의 자리 배치는 다음과 같다.

김 사원	이 사원	박 사원	정 사원	최 사원

확정되지 않은 자리를 SB(somebody)라고 할 때, D에 따라 가능한 경우는 다음의 4가지이다.

㉠

이 사원	SB 1	SB 2	정 사원	SB 3

㉡

SB 1	이 사원	SB 2	SB 3	정 사원

㉢

정 사원	SB 1	SB 2	이 사원	SB 3

㉣

SB 1	정 사원	SB 2	SB 3	이 사원

이 중 ㉠, ㉡은 B에 따라 불가능하므로, ㉢, ㉣의 경우만 남는다. 여기서 C에 따라 김 사원과 박 사원 사이에는 1명이 앉아 있어야 하므로 ㉢의 SB 2, SB 3과 ㉣의 SB 1, SB 2가 김 사원과 박 사원의 자리이

다. 그런데 B에 따라 김 사원은 ㉣의 SB 1에 앉을 수 없고 박 사원은 ㉢, ㉣의 SB 2에 앉을 수 없으므로 다음의 2가지 경우가 생긴다.

㉢

정 사원	SB 1 (최 사원)	김 사원	이 사원	박 사원

㉣

박 사원	정 사원	김 사원	SB 3 (최 사원)	이 사원

따라서 어떤 경우에도 바로 옆에 앉는 두 사람은 김 사원과 최 사원이다.

25 ④

1. P와 Q는 시중의 모든 카메라보다 높은 화소를 가졌다고 하였으므로 두 카메라의 화소는 같다. → ×

2. 터치조작이 가능한 카메라는 A사에서 밖에 제작되지 않는다고 하였지만, A사에서 나오는 다른 카메라들 중 P 외에 터치조작이 가능한 다른 카메라가 있을 수 있다. → ×

3. 'Q는 P에 비해 본체 사이즈가 크지만 여러 종류의 렌즈를 바꿔 끼울 수 있고 ~'를 통해 Q는 다양한 렌즈를 사용할 수 있음을 알 수 있다. → ○

4. '모든 카메라보다 가볍지는 않다.'고 하였으므로 P보다 가벼운 카메라가 존재한다. → ×

5. P와 Q는 모두 A사에서 출시되었다. → ○

6. 마지막 문장에서 'Q는 ~ 무선 인터넷을 통해 SNS 등으로 바로 사진을 옮길 수 있다.'라고 하였으므로 일치한다. → ○

26 ③

신당에서 6호선을 타고 약수에서 환승한 뒤 3호선으로 갈아타 옥수(F)에 들린 뒤, 다시 3호선을 타고 고속터미널에서 환승한 뒤 7호선으로 갈아타 사가정(C)으로 가는 것이 가장 효율적이다.

27 ④

F→B→E 또는 F→E→B의 순서로 이동할 수 있다.
㉠ F에서 B로 이동할 때 9정거장과 1번의 환승이 필요하고, B에서 E로 이동할 때 9정거장과 2번의 환승이 필요하다.
㉡ F에서 E로 이동할 때 8정거장과 1번의 환승이 필요하고, E에서 B로 이동할 때 9정거장과 2번의 환승이 필요하다.

28 ①

각각의 프로그램이 받을 점수를 계산하면 다음과 같다.

분야	프로그램명	점수
미술	내 손으로 만드는 철로	$\{(26 \times 3) + (32 \times 2)\} = 142$
인문	세상을 바꾼 생각들	$\{(31 \times 3) + (18 \times 2)\} = 129$
무용	스스로 창작	$\{(37 \times 3) + (25 \times 2)\}$ + 가산점 30% = 209.3
인문	역사랑 놀자	$\{(36 \times 3) + (28 \times 2)\} = 164$
음악	연주하는 사무실	$\{(34 \times 3) + (34 \times 2)\}$ + 가산점 30% = 221
연극	연출노트	$\{(32 \times 3) + (30 \times 2)\}$ + 가산점 30% = 202.8
미술	예술캠프	$\{(40 \times 3) + (25 \times 2)\} = 170$

따라서 가장 높은 점수를 받은 연주하는 사무실이 최종 선정된다.

29 ④

① 총 인원이 250명이므로 블루 연회장과 골드 연회장이 적합하다.
② 송년의 밤 행사이니 저녁 시간대에 진행되어야 한다.
③ 평일인 4~5일과 11~12일은 업무 종료 시간이나 연회부의 동 시간대 투입 인력 조건 등 제한으로 예약이 불가능하다.
④ 모든 조건을 고려했을 때 예약 가능한 연회장은 6일 블루, 7일 골드, 13일 블루, 14일 블루 또는 골드이다.
⑤ 5일에 실버 연회장 예약이 취소된다면 블루 연회장으로 예약이 가능하다.

30 ②

제시된 제7조~제12조까지의 내용은 각 조항별로 각각 인원보안 업무 취급 부서, 비밀취급인가 대상자, 비밀취급인가 절차, 비밀취급인가대장, 비밀취급인가의 제한 조건, 비밀취급인가의 해제 등에 대하여 언급하고 있다.
② 비밀의 등급이나 비밀에 해당하는 문서, 정보 등 취급인가 사항에 해당되는 비밀의 구체적인 내용에 대해서는 언급되어 있지 않다.

31 ①

① 표준관입시험 : 원위치에서의 지반 조사의 보편적인 방법. 로드 끝에 외경 5.1cm, 내경 3.5cm, 길이 81cm의 스플릿 스푼 샘플러를 부착하고, 보링 구멍 내에서 무게 63.5kg의 해머를 높이 75cm에서 낙하시켜 30cm 관입시키는 데 요하는 타격 횟수(N값)를 측정하는 시험으로서 사질토의 상대밀도 측정에 주로 사용된다. 사질토뿐만 아니라 점성토의 특성파악에도 사용된다.

② 베인테스트 : 연약점성토에 Vane Tester를 회전시켜 점착력을 구하여 전단강도를 산출하는 시험이다.

③ 깊은우물공법 : Deep Well공법이라고도 한다. 깊은 우물을 파고 케이싱 스트레이너를 삽입한 후 수중 펌프로 양수하는 배수방식이다.

32 ②

거푸집의 종류

㉠ 벽체전용거푸집

• 갱폼 : 사용할 때마다 작은 부재의 조립, 분해를 반복하지 않고 대형화, 단순화하여 한 번에 설치하고 해체하는 거푸집 시스템으로 주로 외벽의 두꺼운 벽체나 옹벽, 피어기초 등에 이용된다.

• 클라이밍폼 : 벽체용 거푸집을 거푸집과 벽체마감공사를 위한 비계틀을 일체로 조립하여 한꺼번에 인양시켜 설치하는 공법으로 Gang Form에 거푸집 설치용 비계틀과 기타설된 콘크리트의 마감용 비계를 일체로 한 것이다.

• 슬라이딩폼 : 수평적 또는 수직적으로 반복된 구조물을 시공이음없이 균일한 형상으로 시공하기 위하여 거푸집을 연속적으로 이동시키면서 콘크리트를 타설하여 구조물을 시공하는 거푸집공법으로 주로 사일로, 교각, 건물의 코어부분 등 단면형상의 변화가 없는 수직으로 연속된 콘크리트 구조물에 사용된다. Yoke와 Oil Jack, 체인블록 등으로 상승되며 작업대와 비계틀이 동시에 상승되어 안전성이 높다.

• 슬립폼 : 전망탑, 급수탑 등 단면형상에 변화가 있는 수직으로 연속된 콘크리트 구조물에 사용되는 연속화, 일체화 공법으로 상승작업은 주간에만 하도록 한다.

㉡ 바닥판 전용거푸집

• 플라잉폼(테이블폼) : 바닥에 콘크리트를 타설하기 위한 거푸집으로서 장선, 멍에, 서포트 등을 일체로 제작하여 부재화한 거푸집 공법으로 갱폼과 조합사용이 가능하며 시공정밀도, 전용성이 우수하고 처짐, 외력에 대한 안전성이 우수하다.

• 와플폼 : 무량판구조, 평판구조에서 특수상자모양의 기성재 거푸집으로 2방향 장선바닥판 구조가 가능하며 격자 천정형식을 만들 때 사용하는 거푸집이다.

• 데크플레이트 폼 : 철골조 보에 걸어 지주없이 쓰이는 바닥골철판으로 초고층 슬래브용 거푸집으로 많이 사용한다. 철근이 선조립된 페로덱 철판도 있다.

• 옴니어 슬래브공법(Half Slab공법) : 공장제작된 Half slab PC콘크리트판과 현장타설 Topping concrete로 된 복합구조로 지주수량이 감소되며 합성 슬래브공법으로 이용이 가능하다.

㉢ 바닥+벽체용거푸집

• 터널폼 : 대형 형틀로서 슬래브와 벽체의 콘크리트타설을 일체화하기 위한 것으로 한 구획전체의 벽판과 바닥판을 ㄱ자형 또는 ㄷ자형으로 짜는 거푸집

• 트래블링폼 : 장선, 멍에, 동바리 등이 일체로 유닛화한 대형, 수평이동 거푸집이다. 벽체와 바닥을 동시에 타설하여 옹벽, 지하철, 터널, 교량 등 주로 토목구조물에 적용된다.

33 ③

건설기계의 종류

구분	종류	특성
굴착용	파워쇼벨	지반면보다 높은 곳의 땅파기에 적합하며 굴착력이 크다.
	드래그쇼벨	지반보다 낮은 곳에 적당하며 굴착력이 크고 범위가 좁다.
	드래그라인	기계를 설치한 지반보다 낮은 곳 또는 수중 굴착시에 적당하다.
	클램쉘	좁은 곳의 수직굴착, 자갈 적재에도 적합하다.
	트렌쳐	도랑파기, 줄기초파기에 사용된다.
정지용	불도저	운반거리 50~60m(최대 100m)의 배토, 정지작업에 사용된다.
	앵글도저	배토판을 좌우로 30도 회전하며 산허리를 깎는데 유리하다.
	스크레이퍼	흙을 긁어모아 적재하여 운반하며 100~150m의 중거리 정지공사에 적합하다.
	그레이더	땅고르기 기계로 정지공사 마감이나 도로 노면정리에 사용된다.
다짐용	전압식	롤러 자중으로 지반을 다진다. (로드롤러, 탬핑롤러, 머케덤롤러, 타이어롤러)
	진동식	기계에 진동을 발생시켜 지반을 다진다. (진동롤러, 컴팩터)
	충격식	기계가 충격력을 발생시켜 지반을 다진다. (램머, 탬퍼)
싣기용	크롤러로더	굴착력이 강하며, 불도저 대용용으로도 쓸 수 있다.
	포크리프트	창고하역이나 목재싣기에 사용된다.
운반용	컨베이어	밸트식과 버킷식이 있고 이동식이 많이 사용된다.

34 ①

총 공사비 (견적 가격)	총원가	부가 이윤			
		일반 관리비 부담금			
		공사 원가	현장 경비		
			순 공사비	간접 공사비 (공통 경비)	
				직접 공사비	재료비
					노무비
					외주비
					직접경비

35 ③

$$현열비 = \frac{현열}{현열 + 잠열} = \frac{35,000}{35,000 + 15,000} = 0.7$$

36 ③

경량형강

ⓐ 소규모 구조, 실내 구조용으로 사용한다.
ⓑ 단면적 대비 단면 성능계수를 높인 형강을 말한다.
ⓒ 접합에 불리하며, 처짐과 국부좌굴에 취약하다.
ⓓ 경량구조를 위해 단면이 작고 얇은 강판을 냉간 성형하여 만든 강재이다.

37 ④

풍하중에 의한 횡변위 제어는 주로 고층건물에서 고려되는 사항이다.

38 ③

$$\tau_{\max} = \frac{4}{3} \cdot \frac{V}{A} = \frac{4}{3} \cdot \frac{30[kN]}{\pi \cdot (180mm)^2} = 0.39[MPa]$$

39 ④

$$\sum M_A = 0 : 30 \cdot 6 - R_B \cdot 6 = 0 \text{이므로}$$

$$R_B = 6[kN](\uparrow)$$

$$\sum V = 0 : R_A + R_B = 0 \text{이므로} \ R_A = 30[kN](\downarrow)$$

CD부재를 하나의 보로 보고 해석하면 C점에 30kN의 연직방향 힘이 가해지고 있으므로 E점에서의 휨모멘트는 90[kN · m]이 된다.

40 ③

다음 중 큰 값을 적용한다.

$$l_{db} = \frac{0.25 d_b f_y}{\lambda \sqrt{f_{ck}}} = \frac{0.25(22)(400)}{(1.0)\sqrt{27}} = 423.4mm$$

$$l_{db} = 0.043 d_b f_y = 0.043(22)(400) = 378.4mm$$

41 ②

블리딩의 영향에 의해 수평철근의 부착강도는 수직철근의 부착강도보다 작게 된다. 이는 수평철근의 아래측에 공극이 생기게 되고, 이 부분에서는 콘크리트와의 부착이 제대로 되지 않기 때문이다.

※ 블리딩 ··· 타설된 콘크리트에 있어서 시멘트나 골재가 침강하고, 물이 상승하여 상면에 모이는 현상

• 진동다짐의 경우 공극이 줄어들게 되어 부착강도가 증가한다.

• 물시멘트비가 작을수록 부착강도가 증가한다.

• 정착길이가 클수록 부착강도가 증가한다.

• 부식도 약 2%까지는 부착강도가 증가하나 이후에는 감소한다.

42 ①

콘크리트 발생시기에 따른 균열의 원인

㉠ **콘크리트 경화 전 균열의 원인** : 거푸집의 변형, 진동 또는 충격, 소성수축, 소성침하, 수화열, 거푸집과 지주의 조기제거

• 소성수축균열 : 생콘크리트가 최종 형상을 유지하는 소성상태에서 수분증발에 의해 수축하는 현상. 블리딩 속도보다 표면증발속도가 더 빠른 경우 발생되는 표면수축에 의한 균열

• 침하균열 : 다짐을 완료한 후 콘크리트 압밀에 의해 침하에 의한 균열이다.

• 자기수축균열 : 수화반응으로 혼합수가 소비되면서 내부건조화에 의해 체적이 수축하는 현상

㉡ **콘크리트 경화 후 균열의 원인** : 건조수축, 크리프수축, 알칼리 골재반응, 탄화수축

• 건조수축 : 굳은 콘크리트 속에 들어있는 Gel상의 자유수가 증발하면서 콘크리트의 체적이 줄어드는 현상으로 균열을 동반한다.

• 온도균열 : 강도발현이 불충분한 시기에 표면과 내부의 온도차에 의한 응력에 의한 균열

• 알칼리골재반응균열 : 알칼리골재반응에 의해 생성된 팽창성 물질에 의한 균열

• 동결융해균열 : 시멘트 내부에 있던 물이 동결팽창 수축을 반복하여 발생하는 균열

43 ②

응회암은 강도가 매우 약하여 골재로서는 부적합하다.

※ 응회암(Tuff) … 화산재가 쌓여서 암석화 작용을 받은 퇴적암으로서 다공질이며, 주로 장식재료로 사용된다. 화산에서 분출된 후 운반작용을 받지 못하고 바로 퇴적되었으므로 분급도(퇴적물의 입도분포 범위와 그 분산정도를 표현한 것)와 원마도(풍화생성물인 다양한 암편들이 하천 등에 의해 운반되는 과정에서 그 모서리가 둥글게 되어가는 데 그 둥근 정도)가 매우 좋지 않다.

화산암 : 화성암의 종류 중 하나로 마그마가 지표에 분출되어 식어 만들어진 암석으로 냉각속도가 빠르고 결정의 크기가 미세한 세립질 또는 유리질 조직을 갖는다.

44 ④

로이유리 … 열적외선을 반사하는 은소재 도막으로 코팅하여 방사

율과 열관류율을 낮추고 가시광선 투과율을 높인 유리

45 ①

품질관리도구의 종류

㉠ 파레토도 : 불량, 결점, 고장 등의 발생건수, 또는 손실금액을 항목별로 나누어 발생빈도의 순으로 나열하고 누적합도 표시한 그림이다.

㉡ 히스토그램 : 치수, 무게, 강도 등 계량치의 Data 들이 어떤 분포를 하고 있는지를 보여준다.

㉢ 특성요인도 : 생선뼈 그림이라고도 하며 결과에 대해 원인이 어떻게 관계하는지를 알기 쉽게 작성하였다.

㉣ 산포도 : 서로 대응되는 2개의 데이터의 상관관계를 용지 위에 점으로 나타낸 것

㉤ 체크시이트 : 계수치의 데이터가 분류항목의 어디에 집중되어 있는지 알아보기 쉽게 나타낸 그림이나 표를 말한다.

㉥ 층별 : 집단을 구성하는 많은 Data를 어떤 특징에 따라 몇 개의 부분 집단으로 나누는 것을 말한다.

46 ③

줄눈의 간격 5mm를 고려하면 타일 1개를 붙이기 위해 필요한 면적은 $(0.108 + 0.005)^2 [m]$이므로 $6m^2$에 필요한 타일의 정미수량은

$$\frac{6}{(0.108 + 0.005)^2} = 469.88 [장]$$

※ 정미수량 … 공사에 필요한 순수 수량 (할증이 붙지 않은 수량)

47 ①

도장거리는 스프레이 도장면에서 300mm를 표준으로 하고 압력에 따라 가감한다.

48 ③

총공사비 (견적가격)	총원가	공사 원가	순공 사비	직접 공사비	재료비
					노무비
					외주비
					직접경비
				간접 공사비 (공통경비)	
			현장 경비		
		일반 관리 비 부 담금			
	부가 이윤				

49 ②

정벌바름용 반죽은 물과 혼합한 후 12시간 정도 지난 다음 사용하는 것이 바람직하다.

50 ②

가치공학 수행계획의 4단계: 정보(Informative)-고안(Speculative)-분석(Analytical)-제안(Proposal)

51 ⑤

오염물제거 → 송진처리 → 연마 → 옹이땜 → 구멍땜 → 투명도장

52 ①

셀룰로오스 섬유판은 유기질 단열재료이다.

53 ①

주요 자재의 할증률
- ㉠ 강재 : 이형철근, 고장력볼트(3%), 원형철근, 일반볼트, 소형형강, 강관, 봉강(5%), 대형형강(7%), 강판(10%)
- ㉡ 목재 일반용합판(3%), 각재, 수장용합판(5%), 판재(10%)
- ㉢ 벽돌 : 내화벽돌(3%), 붉은벽돌, 시멘트벽돌(5%)
- ㉣ 블록 : 시멘트블록(4%)
- ㉤ 타일 : 모자이크타일, 도기질타일, 자기질타일(3%)
- ㉥ 기타 : 슬레이트(3%), 텍스, 기와, 석고보드(5%), 단열재(10%)

54 ④

LOB(Line of Balance) … 고층건축물 공사의 반복작업에서 각 작업조의 생산성을 기울기로 하는 직선으로 각 반복작업의 진행을 표시하여 전체공사를 도식화하는 기법

55 ②

구리를 첨가한 알루미늄 합금은 강도가 증가하고 내열성과 연신율이 좋으나 내식성이 저하되고 주물의 수축에 의한 균열 등이 발생되는 결점이 있다.

56 ②

국내에서는 안목치수를 원칙으로 한다.

※ 주택건설기준 등에 관한 규칙 제3조(치수 및 기준척도)
 … 영 제13조에 따른 주택의 평면과 각 부위의 치수 및 기준척도는 다음 각 호와 같다.

- 치수 및 기준척도는 안목치수를 원칙으로 할 것. 다만, 한국산업규격이 정하는 모듈정합의 원칙에 의한 모듈격자 및 기준면의 설정방법등에 따라 필요한 경우에는 중심선치수로 할 수 있다.

- 거실 및 침실의 평면 각변의 길이는 5센티미터를 단위로 한 것을 기준척도로 할 것

- 부엌·식당·욕실·화장실·복도·계단 및 계단참등의 평면 각 변의 길이 또는 너비는 5센티미터를 단위로 한 것을 기준척도로 할 것. 다만, 한국산업규격에서 정하는 주택용 조립식 욕실을 사용하는 경우에는 한국산업규격에서 정하는 표준모듈호칭치수에 따른다.

- 거실 및 침실의 반자높이(반자를 설치하는 경우만 해당한다)는 2.2미터이상으로 하고 층높이는 2.4미터이상으로 하되, 각각 5센티미터를 단위로 한 것을 기준척도로 할 것

- 창호설치용 개구부의 치수는 한국산업규격이 정하는 창호개구부 및 창호부품의 표준모듈호칭치수에 의할 것. 다만, 한국산업규격이 정하지 아니한 사항에 대하여는 국토교통부장관이 정하여 공고하는 건축표준상세도에 의한다.

- 제1호 내지 제5호에서 규정한 사항외의 구체적인 사항은 국토교통부장관이 정하여 고시하는 기준에 적합할 것

57 ②

보도와 차도의 입체적 분리를 기본원리로 한다.

※ 래드번 계획(H. Wright, C. Stein)

- 자동차 통과교통의 배제를 위한 슈퍼블록의 구성
- 보도와 차도의 입체적 분리
- Cul-de-sac형의 세가로망 구성
- 주택단지 어느 곳으로나 통하는 공동의 오픈스페이스 조성
- 도로는 기능과 목적에 따라 4종류의 도로로 설치
- 단지 중앙에는 대공원 설치
- 초등학교 800m, 중학교 1,600m 반경권

58 ②

테라스하우스

- 경사진 대지를 계획하여 배치하는 형태로 아래 세대의 옥상을 정원이나 기타의 용도로 사용할 수 있는 테라스를 갖는다.

- 후면에 창호가 없으므로 각 세대의 깊이가 7.5m 이상일 경우 세대의 일조에 불리하다.

- 대지의 경사도가 30°가 되면 윗집과 아랫집이 절반 정도 겹치게 되어 평지보다 2배의 밀도로 건축이 가능하다.

- 하향식의 경우 각 세대의 규모를 동일하게 할 수 있다.

- 테라스 하우스(terrace house)는 상향식이든 하향식이든 경사지에서는 스플릿 레벨(split level) 구성이 가능하다.

59 ④

척도의 동류는 실척, 축척, 배척으로 구별하며, 축척의 경우 $\frac{1}{2}$, $\frac{1}{3}$, $\frac{1}{4}$, $\frac{1}{5}$, $\frac{1}{10}$, $\frac{1}{20}$, $\frac{1}{25}$, $\frac{1}{30}$, $\frac{1}{40}$, $\frac{1}{50}$, $\frac{1}{100}$, $\frac{1}{200}$, $\frac{1}{250}$, $\frac{1}{300}$, $\frac{1}{500}$, $\frac{1}{600}$, $\frac{1}{1,000}$, $\frac{1}{1,200}$, $\frac{1}{2,000}$, $\frac{1}{2,500}$, $\frac{1}{3,000}$, $\frac{1}{5,000}$, $\frac{1}{6,000}$로 구별한다.

60 ②

표시사항 및 기호

표시사항	기호	표시사항	기호
길이	L	면적	A
높이	H	용적	V
나비	W	지름	D · ϕ
두께	THK	반지름	R
무게	Wt		

>>> **철도관련법령**

61 ③

국토교통부장관은 철도기술의 진흥 및 육성을 위하여 철도기술전반에 대한 연구 및 개발에 노력하여야 한다〈철도산업발전기본법 제11조 제1항〉.

62 ③

철도산업구조개혁의 기본방향〈철도산업발전기본법 제17조〉
㉠ 국가는 철도산업의 경쟁력을 강화하고 발전기반을 조성하기 위하여 철도시설 부문과 철도운영 부문을 분리하는 철도산업의 구조개혁을 추진하여야 한다.
㉡ 국가는 철도시설 부문과 철도운영 부문간의 상호보완적 기능이 발휘될 수 있도록 대통령령으로 정하는 바에 의하여 상호협력체계 구축 등 필요한 조치를 마련하여야 한다.

63 ②.

철도시설관리권〈철도산업발전기본법 제26조 제1항〉 … 국토교통부장관이 철도시설을 관리하고 그 철도시설을 사용하거나 이용하는 자로부터 사용료를 징수할 수 있는 권리를 말한다.

64 ③

① 공사의 주된 사무소의 소재지는 정관으로 정한다〈한국철도공사법 제3조 제1항〉.
② 공고의 방법도 설립등기사항에 포함된다〈한국철도공사법 시행령 제2조 제6호〉.
④ 공사는 업무수행을 위하여 필요하면 이사회의 의결을 거쳐 필요한 곳에 하부조직을 둘 수 있다〈한국철도공사법 제3조 제2항〉.

⑤ 공사는 설립등기사항에 변경이 있는 때에는 주된 사무소의 소재지에서 2주일 이내에 변경된 사항을 등기하여야 한다〈한국철도공사법 시행령 제5조〉.

65 ①

사채청약서의 기재 사항〈한국철도공사법 시행령 제10조 제2항〉

㉠ 공사의 명칭

㉡ 사채의 발행총액

㉢ 사채의 종류별 액면금액

㉣ 사채의 이율

㉤ 사채상환의 방법 및 시기

㉥ 이자지급의 방법 및 시기

㉦ 사채의 발행가액 또는 그 최저가액

㉧ 이미 발행한 사채 중 상환되지 아니한 사채가 있는 때에는 그 총액

㉨ 사채모집의 위탁을 받은 회사가 있을 때에는 그 상호 및 주소

66 ②

철도사업법은 철도사업에 관한 질서를 확립하고 효율적인 운영여건을 조성함으로써 철도사업의 건전한 발전과 철도 이용자의 편의를 도모하여 국민경제의 발전에 이바지함을 목적으로 한다〈철도사업법 제1조〉.

67 ①

철도사업자는 국토교통부장관이 지정하는 날 또는 기간에 운송을 시작하여야 한다. 다만, 천재지변이나 그 밖의 불가피한 사유로 철도사업자가 국토교통부장관이 지정하는 날 또는 기간에 운송을 시작할 수 없는 경우에는 국토교통부장관의 승인을 받아 날짜를 연기하거나 기간을 연장할 수 있다〈철도사업법 제8조〉.

68 ①

사업계획의 중요한 사항 변경의 경우〈철도사업법 시행령 제5조〉.

㉠ 철도이용수요가 적어 수지균형의 확보가 극히 곤란한 벽지노선으로서 공익서비스비용의 보상에 관한 계약이 체결된 노선의 철도운송서비스(철도여객운송서비스 또는 철도화물운송서비스를 말한다)의 종류를 변경하거나 다른 종류의 철도운송서비스를 추가하는 경우

㉡ 운행구간의 변경(여객열차의 경우에 한한다)

㉢ 사업용철도 노선별로 여객열차의 정차역을 신설 또는 폐지하거나 10분의 2 이상 변경하는 경우

㉣ 사업용철도 노선별로 10분의 1 이상의 운행횟수의 변경(여객열차의 경우에 한한다). 다만, 공휴일·방학기간 등 수송수요와 열차운행계획상의 수송력과 현저한 차이가 있는 경우로서 3월 이내의 기간 동안 운행횟수를 변경하는 경우를 제외한다.

69 ⑤

철도사업자가 홈페이지에 게시하고 관계 역·영업소 및 사업소 등에 갖추어 두어야 하는 내용〈철도사업법 제20조 제3항〉

㉠ 여객운임표

㉡ 여객요금표

㉢ 감면사항

㉣ 철도사업약관

70 ⑤

점용허가 취소사유〈철도사업법 제42조의2 제1항〉

○ ㉠ 점용허가 목적과 다른 목적으로 철도시설을 점용한 경우

○ ㉡ 시설물의 종류와 경영하는 사업이 철도사업에 지장을 주게 된 경우

○ ㉢ 점용허가를 받은 날부터 1년 이내에 해당 점용허가의 목적이 된 공사에 착수하지 아니한 경우. 다만, 정당한 사유가 있는 경우에는 1년의 범위에서 공사의 착수기간을 연장할 수 있다.

○ ㉣ 점용료를 납부하지 아니하는 경우

○ ㉤ 점용허가를 받은 자가 스스로 점용허가의 취소를 신청하는 경우

1 ③

'수축'은 '근육 따위가 오그라듦'이라는 뜻이고, '이완'은 '굳어서 뻣뻣하게 된 근육 따위가 원래의 상태로 풀어짐'이라는 뜻이다. 따라서 두 단어는 서로 대조의 의미 관계에 있다. 이와 같이 상반된 의미를 가진 단어로는 '압축'과 '복원'이 있다. '압축'은 '물질 따위에 압력을 가하여 그 부피를 줄임'이라는 뜻이고, '복원'은 '원래대로 회복함'이라는 뜻으로 의미상 대조 관계를 이룬다.

① 동물은 사슴을 포함한다. 즉, 둘은 상하 관계에 있다.

② 바늘은 시계를 구성하는 하나의 부분이다. 즉, 둘은 부분-전체 관계에 있다.

④ 은총과 총애는 서로 의미가 비슷한 유의 관계에 있다.

⑤ 손(手)과 손(客)은 소리는 같지만 의미에 유사성이 없는 동음이의 관계에 있다.

2 ②

② 여자는 지문에서 나타난 '혼인기간(배우자의 국민연금 가입기간 중의 혼인기간만 해당)이 5년 이상인 자'라는 요건을 갖추지 못했다.

3 ③

밑줄 친 '열고'는 '모임이나 회의 따위를 시작하다.'의 뜻으로 쓰였다. 따라서 이와 의미가 동일하게 쓰인 것은 ③이다.

① 닫히거나 잠긴 것을 트거나 벗기다.

② 사업이나 경영 따위의 운영을 시작하다.

④ 새로운 기틀을 마련하다.

⑤ 자기의 마음을 다른 사람에게 터놓거나 다른 사람의 마음을 받아들이다.

4 ①

① **침강(沈降)** : 밑으로 가라앉음

② **침식(侵蝕)** : 외부의 영향으로 세력이나 범위 따위가 점점 줄어듦

③ **침체(沈滯)** : 어떤 현상이나 사물이 진전하지 못하고 제자리에 머무름

④ **침범(侵犯)** : 남의 영토나 권리, 재산, 신분 따위를 침노하여 범하거나 해를 끼침

⑤ **침해(侵害)** : 침범하여 해를 끼침

5 ②

신호전자사업소장으로부터 통신설비가 중단되어야 하는 작업계획을 보고 받으면 해당 작업이 열차의 안전 운행에 지장이 없는지를 확인해야 하고, 지장이 있다고 판단될 경우 해당 작업의 취소를 지시하여야 한다.

16

6 ⑤

㈎, ㈏, ㈐는 설화 속에서 다양한 성격으로 등장하는 호랑이 모습을 예를 들어 설명하고 있다.
① 분석 ② 과정 ③ 정의 ④ 인과

7 ④

④ 세 번째 문단을 보면 객관적인 성취의 크기로 보자면 은메달 수상자가 동메달 수상자보다 더 큰 성취를 이룬 것이 분명하나, 은메달 수상자와 동메달 수상자가 주관적으로 경험한 성취의 크기는 이와 반대로 나왔다고 언급하고 있다. 따라서 주관적으로 경험한 성취의 크기는 동메달 수상자가 은메달 수상자보다 더 큰 것을 알 수 있다.

8 ①

마지막 문단에서 공간 정보 활용 범위의 확대 사례 사례로 여행지와 관련한 공간 정보 활용과 도시 계획 수립을 위한 공간 정보 활용, 자연재해 예측 시스템에서의 공간 정보 활용 등을 제시하여 내용을 타당성 있게 뒷받침하고 있다.

9 ②

'기억의 장소'의 구체적 사례에 대해서는 언급되지 않았다.
①③⑤ 두 번째 문단에서 언급하였다.
④ 네 번째 문단에서 언급하였다.

10 ③

ⓒ은 3년간 축제 참여 현황을 통해 나타난 사실에 대한 언급이다. 나머지 ㉠, ㉡, ㉢ ㉣은 화자의 생각이자 예측으로, 사실이 아닌 의견으로 구분할 수 있다.

11 ⑤

빅데이터는 데이터의 양이 매우 많을 뿐 아니라 데이터의 복잡성이 매우 높다. 데이터의 복잡성이 높으면 다양한 파생 정보를 끌어낼 수 있다. 즉, 빅데이터에서는 파생 정보를 얻을 수 있다.

12 ④

• 전체 연구책임자 중 공학전공의 연구책임자가 차지하는 비율

$$\frac{11{,}680 + 463}{19{,}134 + 2{,}339} \times 100 = \frac{12{,}143}{21{,}473} \times 100 \fallingdotseq 56.6\%$$

• 전체 연구책임자 중 의학전공의 여자 연구책임자가 차지하는 비율

$$\frac{400}{19{,}134 + 2{,}339} \times 100 = \frac{400}{21{,}473} \times 100 \fallingdotseq 1.9\%$$

따라서 전체 연구책임자 중 공학전공의 연구책임자가 차지하는 비율과 전체 연구책임자 중 의학전공의 여자 연구책임자가 차지하는 비율의 차이는 56.6 − 1.9 = 54.7%p이다.

13 ②

㈎ A직업의 경우는 200명 중 35%이므로 200×0.35 =70명이, C직업의 경우는 400명 중 25%이므로 400×0.25=100명이 부모와 동일한 직업을 갖는 자녀의 수가 된다. (O)
㈏ B와 C직업 모두 75%로 동일함을 알 수 있다. (O)
㈐ A직업을 가진 자녀는 200×0.35+300×0.25+400 ×0.25=245명, B직업을 가진 자녀는 200×0.2 +300×0.25+400×0.4=275명이다. (X)
㈑ 기타 직업을 가진 자녀의 수는 각각 200×0.05 =10명, 300×0.15=45명, 400×0.1= 40명으로 B직업을 가진 부모가 가장 많다. (O)

14 ②

② 모든 초등학교 교원 수 : $150 \times 30 \times 1.3 = 5,850$명
모든 중학교 교원 수 : $70 \times 36 \times 1.8 = 4,536$명
모든 고등학교 교원 수 : $60 \times 33 \times 2.1 = 4,158$명
모든 중학교와 고등학교의 총 교원 수의 합 : $4536 + 4158 = 8,694$명
따라서 모든 초등학교의 교원 수는 모든 중학교와 고등학교의 교원 수의 합보다 적다.

① 모든 초등학교 학생 수 : $150 \times 30 \times 32 = 144,000$명
모든 중학교 학생 수 : $70 \times 36 \times 35 = 88,200$명
모든 고등학교 학생 수 : $60 \times 33 \times 32 = 63,360$명
모든 초등학교 학생 수와 중학교 학생 수의 차이 : $55,800$명
모든 중학교 학생 수와 고등학교 학생 수의 차이 : $24,840$명

③ 모든 초등학교 주간 수업시수 : $150 \times 30 \times 28 = 126,000$시간
모든 중학교 주간 수업시수 : $70 \times 36 \times 34 = 85,680$시간

④ 모든 중학교의 교원당 학생 수 : $70 \times 36 \times 1.8 \times 19 = 86,184$명

⑤ 모든 중학교 학급 수 : $70 \times 36 = 2,520$개
모든 고등학교 학급 수 : $60 \times 33 = 1,980$개
$\dfrac{\text{모든 고등학교 학급 수}}{\text{모든 중학교 학급 수}} \times 100 = 78.57 \cdots$
따라서 모든 고등학교 학급 수는 모든 중학교 학급수의 약 79%이다.

15 ③

③ 전체 기업 수의 약 99%에 해당하는 기업은 중소기업이며, 중소기업의 매출액은 1,804조 원으로 전체 매출액의 약 $1,804 \div 4,760 \times 100 = $ 약 37.9%를 차지하여 40%를 넘지 않는다.

① 매출액과 영업이익을 각 기업집단의 기업 수와 비교해 보면 계산을 하지 않아도 쉽게 확인할 수 있다.

② 매출액 대비 영업이익률은 영업이익 ÷ 매출액 × 100으로 구할 수 있다. 각각을 구하면 대기업이 $177 \div 2,285 \times 100 = $ 약 7.7%로 가장 높고, 그 다음이 $40 \div 671 \times 100 = $ 약 6.0%의 중견기업, 마지막이 $73 \div 1,804 \times 100 = $ 약 4.0%인 중소기업 순이다.

④ 전체 기업 수의 약 1%에 해당하는 대기업과 중견기업이 전체 영업이익인 290조 원의 약 74.8% ($= 217 \div 290 \times 100$)를 차지한다.

⑤ 대기업은 $2,047,000 \div 2,191 = $ 약 934명이며, 중견기업은 $1,252,000 \div 3,969 = $ 약 315명이므로 3배에 육박한다고 말할 수 있다.

16 ④

• 첫 번째 생산성 조건에 따르면 A생산라인과 B생산라인을 각각 가동할 때, A생산라인은 1시간에 25개(정상 20개), B생산라인은 1시간에 50개(정상 45개)를 만든다.

• 두 번째 생산성 조건에서 두 라인을 동시에 가동하면 시간 당 정상제품 생산량이 각각 20%씩 상승한다고 하였으므로 A생산라인은 시간당 24개, B생산라인은 시간당 54개의 정상제품을 생산한다.

• A생산라인을 먼저 32시간 가동하였을 때 만들어진 정상제품은 $20 \times 32 = 640$개이므로 최종 10,000개의 납품을 맞추려면 9,360개의 정상제품이 더 필요하다.

• 두 생산라인을 모두 가동한 시간을 x라 할 때, 두 생산라인을 모두 가동하여 9,360개를 생산하는 데 걸리는 시간은 $(24 + 54)x = 9,360$이므로 $x = 120$이다.

17 ②

ⓒ A지역은 여름과 겨울에 전력사용량이 증가하는 것으로 보아 산업용보다 주택용 전력사용량 비중이 높을 것이다.

ⓔ 공급 능력이 8,000만kW, 최대 전력 수요가 7,200kW라면 공급예비율(=공급 능력-최대 전력 수요)이 10% 이상으로 유지되도록 대책을 마련해야 한다.

18 ①

A~E의 지급 보험금을 산정하면 다음과 같다.

피보험물건	지급 보험금
A	주택, 보험금액 ≥ 보험가액의 80%이므로 손해액 전액 지급→6천만 원
B	일반물건, 보험금액 < 보험가액의 80%이므로 손해액 $\times \dfrac{\text{보험금액}}{\text{보험가액의 } 80\%}$ 지급 $\rightarrow 6{,}000 \times \dfrac{6{,}000}{6{,}400} = 5{,}625$ 만 원
C	창고물건, 보험금액 < 보험가액의 80%이므로 손해액 $\times \dfrac{\text{보험금액}}{\text{보험가액의 } 80\%}$ 지급 $\rightarrow 6{,}000 \times \dfrac{7{,}000}{8{,}000} = 5{,}250$ 만 원
D	공장물건, 보험금액 < 보험가액이므로 손해액 $\times \dfrac{\text{보험금액}}{\text{보험가액}}$ 지급 $\rightarrow 6{,}000 \times \dfrac{9{,}000}{10{,}000} = 5{,}400$ 만 원
E	동산, 보험금액 < 보험가액이므로 손해액 $\times \dfrac{\text{보험금액}}{\text{보험가액}}$ 지급 $\rightarrow 6{,}000 \times \dfrac{6{,}000}{7{,}000} = $ 약 $5{,}143$ 만 원

따라서 지급 보험금이 많은 것부터 순서대로 나열하면 A - B - D - C - E이다.

19 ④

ⓐ 2020년에 '갑'이 x원어치의 주식을 매수한 뒤 같은 해에 동일한 가격으로 전량 매도했다고 하면, 주식을 매수할 때의 주식거래 비용은 $0.1949x$원이고 주식을 매도할 때의 주식거래 비용은 $0.1949x + 0.3x = 0.4949x$원으로 총 주식거래 비용의 합은 $0.6898x$원이다. 이 중 증권사 수수료는 $0.3680x$원으로 총 주식거래 비용의 50%를 넘는다.

ⓒ 금융투자협회의 2024년 수수료율은 0.0008%로 2023년과 동일하다.

20 ③

주어진 자료를 근거로 괄호 안의 숫자를 채우면 다음과 같다.

구분	2023년	2024년
남(초) + 여(초)	$260 - 22 = 238$	$(241 + 238 + x) \div 3 = 233,\ x = 220$
남(재) + 여(초)	$15 - 4 = 11$	$(14 + 11 + x) \div 3 = 12,\ x = 11$
남(초) + 여(재)	$19 - 4 = 15$	$(16 + 15 + x) \div 3 = 16,\ x = 17$
남(재) + 여(재)	$41 - 7 = 34$	$(33 + 34 + x) \div 3 = 33,\ x = 32$

따라서 ㉠은 초혼 남자이므로 '남(초) + 여(초)'인 220명과 '남(초) + 여(재)'인 17명의 합인 237명이 되며, ㉡은 재혼 남자이므로 '남(재) + 여(초)'인 11명과 '남(재) + 여(재)'인 32명의 합인 43명이 된다.

21 ②

⑺ 매년 '남(초) + 여(재)'의 건수가 '남(재) + 여(초)'의 건수보다 많으므로 타당한 판단이라고 볼 수 있다.

⑻ 이혼율 관련 자료가 제시되지 않아 이혼율과 초혼 간의 혼인율의 상관관계를 판단할 수 없다.

⑼ 여성의 재혼 건수는 2016년, 2018년, 2020년에 전년보다 증가하였다. 이때 남성의 재혼 건수도 전년보다 증가하였으므로 타당한 판단이다.

⑽ 2024년에는 10년 전보다 초혼, 재혼 등 모든 항목에 있어서 큰 폭의 감소를 나타내고 있다.

따라서 타당한 판단은 ⑺와 ⑼이다.

22 ⑤

① 2호 : 최대 주주가 자연인인 경우 본인, 배우자 및 직계존·비속

② 6호 : 회사와 거래관계 등 중요한 이해관계에 있는 법인의 이사, 감사 및 피용자

③ 4호 : 이사의 배우자 및 직계존·비속

④ 7호 : 회사의 이사 및 피용자가 이사로 있는 다른 회사의 이사, 감사 및 피용자

23 ⑤

보기의 명제를 대우 명제로 바꾸어 정리하면 다음과 같다.

㉠ ~인사팀 → 생산팀(~생산팀 → 인사팀)

㉡ ~기술팀 → ~홍보팀(홍보팀 → 기술팀)

㉢ 인사팀 → ~비서실(비서실 → ~인사팀)

㉣ ~비서실 → 홍보팀(~홍보팀 → 비서실)

이를 정리하면 '~생산팀 → 인사팀 → ~비서실 → 홍보팀 → 기술팀'이 성립하고 이것의 대우 명제인 '~기술팀 → ~홍보팀 → 비서실 → ~인사팀 → 생산팀'도 성립하게 된다. 따라서 이에 맞는 결론은 보기 ⑤의 '생산팀을 좋아하지 않는 사람은 기술팀을 좋아한다.'뿐이다.

24 ①

②

원래 시료	딸기향 10㎖, 바다향 10㎖, 바닐라향 10㎖, 파우더향 10㎖, 커피향 10㎖
1차 조합 및 결과	바닐라향 10㎖ + 파우더향 10㎖ = <u>바닐라향 20㎖</u> <u>딸기향 10㎖, 바다향 10㎖, 커피향 10㎖</u>
2차 조합 및 결과	딸기향 10㎖ + 바닐라향 10㎖ = <u>딸기향 10㎖ + 베리향 10㎖</u> <u>바닐라향 10㎖, 바다향 10㎖, 커피향 10㎖</u>
3차 조합 및 결과	딸기향 10㎖ + 커피향 10㎖ = <u>커피향 20㎖</u> <u>베리향 10㎖, 바닐라향 10㎖, 바다향 10㎖</u>

③

원래 시료	딸기향 10㎖, 바다향 10㎖, 바닐라향 10㎖, 파우더향 10㎖, 커피향 10㎖
1차 조합 및 결과	딸기향 10㎖ + 바닐라향 10㎖ = <u>딸기향 10㎖ + 베리향 10㎖</u> <u>바다향 10㎖, 파우더향 10㎖, 커피향 10㎖</u>
2차 조합 및 결과	바다향 10㎖ + 파우더향 10㎖ = <u>바다향 20㎖</u> <u>딸기향 10㎖, 베리향 10㎖, 커피향 10㎖</u>

④

원래 시료	딸기향 10㎖, 바다향 10㎖, 바닐라향 10㎖, 파우더향 10㎖, 커피향 10㎖
1차 조합 및 결과	바다향 10㎖ + 바닐라향 10㎖ = <u>바다향 10㎖ + 나무향 10㎖</u> <u>딸기향 10㎖, 파우더향 10㎖, 커피향 10㎖</u>
2차 조합 및 결과	딸기향 10㎖ + 바다향 10㎖ = <u>숲속향 20㎖</u> <u>나무향 10㎖, 파우더향 10㎖, 커피향 10㎖</u>
3차 조합 및 결과	숲속향 10㎖ + 파우더향 10㎖ = <u>숲속향 20㎖</u> <u>숲속향 10㎖, 나무향 10㎖, 커피향 10㎖</u>

⑤

원래 시료	딸기향 10㎖, 바다향 10㎖, 바닐라향 10㎖, 파우더향 10㎖, 커피향 10㎖
1차 조합 및 결과	딸기향 10㎖ + 파우더향 10㎖ = <u>딸기향 20㎖</u> <u>바다향 10㎖, 바닐라향 10㎖, 커피향 10㎖</u>
2차 조합 및 결과	바다향 10㎖ + 바닐라향 10㎖ = <u>바다향 10㎖ + 나무향 10㎖</u> <u>딸기향 20㎖, 커피향 10㎖</u>
3차 조합 및 결과	바다향 10㎖ + 커피향 10㎖ = <u>커피향 20㎖</u> <u>딸기향 20㎖, 나무향 10㎖</u>

25 ③

조건에 따라 그림으로 나타내면 다음과 같다. 네 번째 술래는 C가 된다.

26 ④

④ 예능 프로그램 2회 방송의 총 소요 시간은 1시간 20분으로 1시간짜리 뉴스와의 방송 순서는 총 방송 편성시간에 아무런 영향을 주지 않는다.

① 채널1은 3개의 프로그램이 방송되었는데 뉴스 프로그램을 반드시 포함해야 하므로, 기획물이 방송되었다면 뉴스, 기획물, 시사정치의 3개 프로그램이 방송되었다.

② 기획물, 예능, 영화 이야기에 뉴스를 더한 방송시간은 총 3시간 40분이 된다. 채널2는 시사정치와 지역 홍보물 방송이 없고 나머지 모든 프로그램은 1시간 단위로만 방송하므로 정확히 12시에 프로그램이 끝나고 새로 시작하는 편성 방법은 없다.

③ 9시에 끝난 시사정치 프로그램에 바로 이어진 뉴스가 끝나면 10시가 된다. 기획물의 방송시간은 1시간 30분이므로, 채널3에서 영화 이야기가 방송되었다면 정확히 12시에 기획물이나 영화 이야기 중 하나가 끝나게 된다.

⑤ 예능 2회분은 1시간 20분이 소요되며, 뉴스 1시간, 영화 이야기 30분을 모두 더하면 총 2시간 50분이 소요된다. 따라서 12시까지는 2시간 10분이 남게 되어 4종류의 프로그램만 방송될 경우, 예능(2회분), 뉴스, 영화 이야기와 함께 시사정치가 방송될 수밖에 없다.

27 ⑤

⑤ 채널2에서 영화 이야기 프로그램 편성을 취소하면 3시간 10분의 방송 소요시간만 남게 되므로 정각 12시에 프로그램을 마칠 수 없다.

① 기획물 1시간 30분 + 뉴스 1시간 + 시사정치 2시간 30분 = 5시간으로 정각 12시에 마칠 수 있다.

② 뉴스 1시간 + 기획물 1시간 30분 + 예능 40분 + 영화 이야기 30분 + 지역 홍보물 20분 = 4시간이므로 1시간짜리 다른 프로그램을 추가하면 정각 12시에 마칠 수 있다.

③ 시사정치 2시간 + 뉴스 1시간 + 기획물 1시간 30분 + 영화 이야기 30분 = 5시간으로 정각 12시에 마칠 수 있다.

④ 예능 1시간 20분 + 뉴스 1시간 = 2시간 20분이므로 시사정치가 2시간 이상 방송하여 11시 30분 또는 11시 40분에 종료한다면, 영화 이야기나 지역 홍보물을 추가하여 모두 4종류의 프로그램을 정각 12시에 마칠 수 있다.

28 ②

통화대기를 한 경우이므로 이 부장 통화 후 수화기를 들고 통화대기 버튼을 눌러야 한다.

① 세 자리 내선번호의 맨 앞자리는 각 부서를 의미하는 것임을 알 수 있다.

③ 당겨 받을 경우 * 버튼을 두 번 누르면 되므로 신 대리의 내선번호를 누를 필요는 없다.

④ 타 직원에게 전화를 돌려주는 경우이므로 # 버튼을 누른 후 이 대리의 내선번호인 105번을 반드시 눌러야 한다.

⑤ # 버튼을 누르는 것은 타 직원에게 전화를 돌려주는 것이므로 상대방의 통화가 아직 끝나지 않은 것이다.

29 ⑤

조건에 따라 신규 매장 위치를 표시하면 다음과 같
다. 따라서 신규 매장이 위치할 수 없는 곳은 ⓔ이
다.

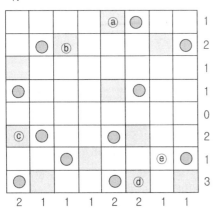

30 ①

- 甲 : 사망자가 공무원의 부모이고, 해당 공무원이 2
인 이상(직계비속인 C와 D)인 경우이므로 사망한
자를 부양하던 직계비속인 공무원인 D가 사망조위
금 최우선 순위 수급권자이다.
- 乙 : 사망자 C는 공무원의 배우자이자 자녀이다. 해
당 공무원이 2인 이상(직계존속인 A와 B, 배우자인
D)인 경우이므로 사망한 자의 배우자인 공무원인 D
가 사망조위금 최우선 순위 수급자이다.
- 丙 : 사망자 A 본인이 공무원인 경우로, 사망조위금
최우선 순위 수급자는 사망한 공무원의 배우자인 B
가 된다.

31 ④

독립코어는 외부히중(풍하중, 지진하중 등)에 의해 편
심하중이 발생하기 쉬워 구조적으로 매우 불리한 구
조이다.

※ 코어의 형식

ㄱ 편심코어형
- 바닥면적이 작은 경우에 적합하다.
- 바닥면적이 커지면 코어외에 피난설비, 설비
샤프트 등이 필요하다.
- 고층일 경우 구조상 불리하다.

ㄴ 중심 코어형(중앙 코어형)
- 바닥면적이 큰 경우에 적합하다.
- 고층, 초고층에 적합하고 외주 프레임을 내력
벽으로 하여 중앙 코어와 일체로 한 내진구조
로 만들 수 있다.
- 내부공간과 외관이 획일적으로 되기 쉽다.

ㄷ 독립 코어형(외코어형)
- 편심 코어형에서 발전된 형으로 특징은 편심코
어형과 거의 동일하다.
- 코어와 관계없이 자유로운 사무실 공간을 만들
수 있다.
- 설비 덕트, 배관을 사무실까지 끌어 들이는데
제약이 있다.
- 방재상 불리하고 바닥면적이 커지면 피난시설
을 포함한 서브 코어가 필요하다.
- 코어의 접합부 평면이 과대해지지 않도록 계획
할 필요가 있다.
- 사무실 부분의 내진벽은 외주부에만 하는 경우
가 많다.
- 코어부분은 그 형태에 맞는 구조형식을 취할
수 있다.
- 내진구조에는 불리하다.

ⓔ 양단 코어형(분리 코어형)

- 하나의 대공간을 필요로 하는 전용 사무소에 적합하다.
- 2방향 피난에 이상적이며, 방재상 유리하다.
- 임대사무소일 경우 같은 층을 분할하여 대여하면 복도가 필요하게 되고 유효율이 떨어진다.

편심코어	중심코어	독립코어	양단코어

32 ②

용도	용도지역	세분 용도지역	용도지역 재세분	건폐율 (%)	용적율 (%)
도시지역	주거지역	전용주거지역	제1종 전용주거지역	50	50~100
			제2종 전용주거지역	50	50~150
		일반주거지역	제1종 일반주거지역	60	100~200
			제2종 일반주거지역	60	100~250
			제3종 일반주거지역	50	100~300
		준주거지역	〈주거＋상업기능〉	70	200~500
	상업지역	근린상업지역		70	200~900
		유통상업지역		80	200~1100
		일반상업지역		80	200~1300
		중심상업지역		90	200~1500
	공업지역	전용공업지역		70	150~300
		일반공업지역		70	150~350
		준 공업지역		70	150~400
	녹지지역	보전녹지지역		20	50~80
		생산녹지지역		20	50~100
		자연녹지지역		20	50~100

관리지역	보전관리지역	20	50~80
	생산관리지역	20	50~80
	계획관리지역	40	50~100
농림지역		20	50~80
자연환경보전지역		20	50~80

33 ③

필요조경면적: $1000m^2 \times \dfrac{10}{100} = 100m^2$

옥상조경면적은 필요조경면적의 50%를 초과할 수 없다. 그러므로 $100m^2 \times \dfrac{50}{100} = 50m^2$이다.

34 ③

이용률 : $\dfrac{\text{교실이 사용되고 있는 시간}}{\text{1주간의 평균수업시간}} \times 100\%$

순수 : $\dfrac{\text{일정한 교과를 위해 사용되는 시간}}{\text{교실이 사용되고 있는 시간}} \times 100\%$

이용률 $= \dfrac{20}{40} \times 100\%$,

순수율 $= \dfrac{20-5}{20} \times 100\% = 75\%$

35 ⑤

서울 남대문은 조선 초기의 다포식 건축물이다.

		주심포식	다포식	익공식
고려		• 안동 봉정사 극락전 • 영주 부석사 무량수전 • 예산 수덕사 대웅전 • 강릉 객사문 • 평양 숭인전	• 경천사지 10층 석탑 • 연탄 심원사 보광전 • 석왕사 응진전 • 황해봉산 성불사 응진전	
조선	초기	• 강화 정수사 법당 • 송광사 극락전 • 무위사 극락전	• 개성 남대문 • 서울 남대문 • 안동 봉정사 대웅전 • 청양 장곡사 대웅전	• 합천해인사 장경판고 • 강릉오죽헌
	중기	• 안동 봉정사 화엄강당	• 화엄사 각황전 • 범어사 대웅전 • 강화 전등사 대웅전 • 개성 창경궁 명정전 • 서울 창덕궁 돈화문 • 완주 위봉사 보광명전	• 충무 세병관 • 서울동묘 • 서울문묘 명륜당 • 남원 광한루
	후기	• 전주 풍남문	• 경주 불국사 극락전 • 경주 불국사 대웅전 • 경복궁 근정전 • 창덕궁 인정전 • 수원 팔달문 • 서울 동대문	• 수원 화서문 • 제주 관덕정

36 ③

$$v = \frac{V}{A_w} = \frac{10,000}{(300-18) \times 6.5} = 5.46 [\text{MPa}]$$

37 ②

플랫 플레이트 … 보 또는 보의 역할을 하는 리브나 지판이 없이 기둥으로 하중을 전달하는 2방향으로 철근이 배치된 콘크리트 슬래브

38 ②

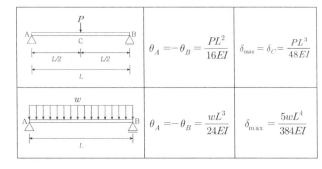

39 ③

허용지내력 … 경암반 > 연암반 > 자갈 > 모래

40 ②

$$s = \frac{A_v f_y d}{V_s} = \frac{142 \times 400 \times 550}{200 \times 1,000} = 156.2 mm$$

41 ③

골조 아웃리거 구조 … 외주부 기둥들을 대형수평부재(벨트트러스)로 서로 연결시켜 일체화한 후 벨트트러스를 아웃리거로 내부골조와 연결시킴으로써 외곽기둥이 수평하중을 분담할 수 있도록 한 형식이다. 아웃리거는 내부골조와 외주부의 기둥을 서로 연결시켜주는 대형트러스보이다.

※ **튜브구조** … 건물의 외곽기둥을 일체화하여 지상에 솟은 빈 상자형의 캔틸레버와 같은 거동을 하게 하여 수평하중에 대한 건물 전체의 강성을 높이고, 내부의 기둥들은 수직하중만을 부담하도록 한 구조형식이다.

42 ③

프리스트레스트 콘크리트는 많은 양의 강재가 사용되므로 화재에 의한 변형이 쉽게 발생하게 된다.

43 ③

폴리스티렌수지는 목재의 접착제에 사용되지는 않으며 재료의 특성상 목재의 접합에 부적합하다. 목재의 접착제로는 에폭시, 실리콘, 요소, 멜라민, 페놀, 아교 등이 사용된다.

44 ④

바이브로 콤포저 공법 … 특수 파이프를 관입하여 모래를 투입하고 이것을 진동하여 다지면서 파이프를 빼내어 진동다짐 모래말뚝을 형성하는 공법으로서 소음과 진동이 크게 발생한다.

- **중공굴착공법** : 말뚝의 중공부에 스파이럴 오거를 삽입하여 굴착하면서 말뚝을 관입하고 최종단계에서 말뚝 선단부의 지지력을 크게 하기 위해 타격처리나 시멘트밀크 등을 주입하여 처리하는 공법으로서 대구경말뚝에 적합한 공법이며 말뚝파손이 적고 지질판단이 용이하다. 경질층의 제거가 용이하고 소음과 진동이 적다.

45 ③

경량형 강재는 판의 두께가 얇으므로 국부좌굴이나 국부변형이 발생할 우려가 크다.

46 ②

수장공사는 건축공사의 최종마무리 단계로서 최종마감재를 사용하여 바닥, 벽, 천장을 치장하는 공사이다.

※ 수장공사의 분류 및 적산식

구분		적산식
바닥 공사	비닐타일 붙이기	정미면적 기준
	이중바닥판	형태, 높이, 재료별로 구분하여 정미면적 기준
벽 공사	경량칸막이	정미면적 기준
	석고보드본드붙임	정미면적 기준
	단열재 설치	정미면적 기준
	몰딩 설치	실내부 외주길이 기준
	걸레받이	내부 외주길이 기준
	도배	정미면적 기준
천장 공사	천장틀 설치	형태별, 달대높이별, 마감재수별로 구분하여 정미면적 기준
	천장마감	정미면적 기준
	커튼박스	벽체면 길이 기준
	도배	정미면적 기준

47 ①

도어 행거는 창틀에 창을 매달기 위한 자재로서 일반적으로 미닫이문에서 주로 사용되나 여닫이문에서는 거의 사용하지 않는다.

③ **실린더자물쇠**(Pin tumbler lock) : 자물통이 실린더로 된 것으로 텀블러 대신 핀을 넣은 실린더 볼트가 함께 있다.

② **도어체크**(Door check) : 문과 문틀에 장치하여 문을 열면 저절로 닫혀지는 장치가 되어 있는 창호철물이다.

⑤ **레버터리힌지**(Lavatory hinge) : 스프링힌지의 일종으로 공중용 변소, 전화실, 출입문 등에 쓰인다. 저절로 닫혀지나 15cm 정도는 열려 있어, 표시기가 없어도 비어 있는 것이 판별되고 사용 시는 안에서 꼭 닫아 잠그게 되어 있다.

④ **플로어힌지**(Floor hinge) : 오일 또는 스프링을 써서 문을 열면 저절로 닫혀지는 장치를 하고 바닥에 묻어 설치한 다음 문의 징두리를 여기에 꽂아 돌게 하는 창호철물이다.

48 ②

콘크리트의 워커빌리티를 개선시키기 위해 공기연행제, 공기연행감수제 또는 고성능 공기연행감수제를 사용하는 경우라도 공기량은 4% 이하가 되게 한다.

※ 수밀 콘크리트

  ㉠ 콘크리트 자체의 밀도가 높고 방수성을 높여 물의 침투를 방지하도록 한 콘크리트이다.

  ㉡ 된비빔으로 하며, 물시멘트비가 50% 이하여야 한다.

  ㉢ 수밀성을 향상하기 위해서는 물시멘트비, 공기량을 적게 하고 굵은 골재량은 되도록 크게 하여야 한다.

  ㉣ 콘크리트의 소요 슬럼프는 되도록 작게 하여 180[mm]를 넘지 않도록 해야 하며 콘크리트 타설이 용이한 때에는 120[mm] 이하로 한다.

  ㉤ 콘크리트 타설 시 다짐을 충분히 하여 가급적 이어붓기를 하지 않아야 한다.

49 ④

합성구조는 서로 다른 두 가지 이상의 부재의 장점을 취하여 구성한 부재로서 일반적으로 강성이 매우 우수하여 경간이 큰 경우에 주로 사용된다.

50 ③

티탄백(TiO_2) … 산화 타이타늄을 주성분으로 하는 백색안료(희석제나 용제가 아닌 안료이다.)

51 ③

석재판붙임용재의 경우 정형물은 할증률이 10%이며, 부정형물은 30%이다. 문제에서 주어진 조건에 따르면 정형돌이므로 할증률을 10%로 해야 하며, 따라서 바닥면적 300m²에 사용되는 화강석 판의 면적은 $300(1+0.1)=330\,\text{m}^2$가 되어야 한다.

52 ①

가스켓은 부재의 접합부에 끼워 물이나 가스가 누설하는 것을 방지하는 패킹으로서 수밀성·기밀성을 확보하기 위해 프리캐스트철근콘크리트의 접합부나 유리를 끼운 부분에 주로 사용하는 합성고무재이며 형태가 정해진 정형재료이다.

53 ②

탄소강은 철금속에 속한다.

54 ②

단열재의 할증률은 10%이다.

※ 건축재료의 기본할증률

종류		할증율 (%)	종류		할증율 (%)
목재	각재	5	레디믹스트 콘크리드	무근구조물	2
	판재	10		철근구조물	1
	졸대	20		철골구조물	1
합판	일반용	3	혼합콘크리트(인력 및 믹서)	무근구조물	3
	수장용	5		철근구조물	2
벽돌	붉은벽돌	3		소형구조물	5
	내화벽돌	3	아스팔트 콘크리트		2
	시멘트벽돌	5	콘크리트 포장 혼합물의 포설		4
	경계블록	3	기와		5
	호안블록	5	슬레이트		3
블록		4	원석(마름모용)		30
도료		2	석재판 붙임용재	정형물	10
유리		1	석재판 붙임용재	부정형물	30
타일	모자이크, 도기, 자기, 크링커	3	시스판		8
			원심력 콘크리트판		3
타일 (수정용)	아스팔트 라놀륨, 비닐	5	조립식 구조물		3
			덕트용 금속판		28

텍스, 콜크판	5	위생기구 (도기, 자기류)	2	
석고판 (본드붙임용)	8	조경재수목, 잔디	10	
석고보드 (못붙임용)	5	단열재	10	
원형철근	5	강판, 동판	10	
이형철근	3	대형형강	7	
일반볼트	5	소형 형강, 봉강, 강관, 각관, 리벳, 경량형강, 동관, 평강	5	
고장력볼트	3			

다짐용	전압식	롤러 자중으로 지반을 다진다. (로드롤러, 탬핑롤러, 머케덤롤러, 타이어롤러)
	진동식	기계에 진동을 발생시켜 지반을 다진다. (진동롤러, 컴팩터)
	충격식	기계가 충격력을 발생시켜 지반을 다진다. (램머, 탬퍼)
싣기용	크롤러로더	굴착력이 강하며, 불도저 대용용으로도 쓸 수 있다.
	포크리프트	창고하역이나 목재싣기에 사용된다.
운반용	컨베이어	밸트식과 버킷식이 있고 이동식이 많이 사용된다.

55 ①

파워쇼벨(Power shovel)은 지반보다 높은 곳을 깊게 팔 수 있는 기계이다.

※ 토공기계의 종류

구분	종류	특성
굴착용	파워쇼벨	지반면보다 높은 곳의 땅파기에 적합하며 굴착력이 크다.
	드래그쇼벨	지반보다 낮은 곳에 적당하며 굴착력이 크고 범위가 좁다.
	드래그라인	기계를 설치한 지반보다 낮은 곳 또는 수중 굴착 시에 적당하다.
	클램쉘	좁은 곳의 수직굴착, 자갈 적재에도 적합하다.
	트렌처	도랑파기, 줄기초파기에 사용된다.
정지용	불도저	운반거리 50~60m(최대 100m)의 배토, 정지작업에 사용된다.
	앵글도저	배토판을 좌우로 30도 회전하며 산허리를 깎는 데 유리하다.
	스크레이퍼	흙을 긁어모아 적재하여 운반하며 100~150m의 중거리 정지공사에 적합하다.
	그레이더	땅고르기 기계로 정지공사 마감이나 도로 노면정리에 사용된다.

56 ①

BIM은 건물에 관한 정보를 모델링하고, 프로젝트와 관련된 정보들을 전산화시킴으로서 관리가 용이해지고 효율이 증가하기는 하지만 이것이 설계의 자동화를 의미하는 것은 아니다.

57 ④

척도조정은 규격화가 이루어져 상세도면의 수를 줄이는 효과가 있다.

58 ③

$$벽량 = \frac{내력벽\ 길이}{바닥면적}$$

$$X방향\ 벽량 = \frac{6+7}{40} = 0.325\,\mathrm{m/m^2}$$

59 ④

선의 종류

㉠ 실선 : 단면의 윤곽 표시, 치수선, 치수보조선, 인출선, 격자선 등의 표시

㉡ 파선 또는 점선 : 보이지 않는 부분이나 절단면보다 양면 또는 윗면에 있는 부분의 표시

㉢ 1점 쇄선 : 중심선, 절단선, 기준선, 경계선, 참고선 등의 표시

㉣ 2점 쇄선 : 상상선 또는 1점 쇄선과 구별할 필요가 있을 때 사용

60 ④

도면에는 척도를 기입하여야 한다. 한 도면에 서로 다른 척도를 사용하였을 때에는 각 도면마다 또는 표제란의 일부에 척도를 기입하여야 한다. 그림의 형태가 치수에 비례하지 않을 때에는 NS(No Scale)로 표시한다.

>>> **철도관련법령**

61 ②

철도산업정보화기본계획에 포함되어야 할 내용〈철도산업발전기본법 시행령 제15조 제1항〉

㉠ 철도산업정보화의 여건 및 전망

㉡ 철도산업정보화의 목표 및 단계별 추진계획

㉢ 철도산업정보화에 필요한 비용

㉣ 철도산업정보의 수집 및 조사계획

㉤ 철도산업정보의 유통 및 이용활성화에 관한 사항

㉥ 철도산업정보화와 관련된 기술개발의 지원에 관한 사항

㉦ 그 밖에 국토교통부장관이 필요하다고 인정하는 사항

62 ③

국토교통부장관은 철도차량 등의 운행정보의 제공, 철도차량 등에 대한 운행통제, 적법운행 여부에 대한 지도·감독, 사고발생시 사고복구 지시 등 철도교통의 안전과 질서를 유지하기 위하여 필요한 조치를 할 수 있도록 철도교통관제시설을 설치·운영하여야 한다〈철도산업발전기본법 시행령 제24조 제4항〉.

63 ④

선로등사용계약을 체결할 경우 충족해야 할 기준〈철도산업발전기본법 시행령 제35조 제2항〉

㉠ 해당 선로등을 여객 또는 화물운송 목적으로 사용하려는 경우일 것

㉡ 사용기간이 5년을 초과하지 않을 것

64 ⑤

공사의 자본금은 22조 원으로 하고, 그 전부를 정부가 출자한다〈한국철도공사법 제4조 제1항〉.

65 ②

공사는 철도사업과 관련하여 일반 업무시설, 판매시설, 주차장, 여객자동차터미널 및 화물터미널 등 철도 이용자에게 편의를 제공하기 위한 역세권 개발 사업을 할 수 있고, 정부는 필요한 경우에 행정적·재정적 지원을 할 수 있다〈한국철도공사법 제13조〉.

66 ②

② 철도사업자란 한국철도공사 및 철도사업 면허를 받은 자를 말한다〈철도사업법 제2조 제8호〉.

67 ①

① 여객운송과 관련된 설비·용역에 대한 대가는 신고에서 제외한다〈철도사업법 제9조 제1항〉.
② 철도사업법 제9조 제1항
③ 철도사업법 시행령 제3조 제1항
④ 철도사업법 시행령 제4조 제1항
⑤ 철도사업법 제9조의2 제1항

68 ①

국토교통부장관은 공동운수협정의 경미한 사항 변경에 대한 신고를 받은 날부터 3일 이내에 신고수리여부를 신고인에게 통지하여야 한다〈철도사업법 제13조 제3항〉.⑤

69 ⑤

관리지원센터의 업무〈철도사업법 제25조의5 제2항〉.
㉠ 민자철도의 교통수요 예측, 적정 요금 또는 운임 및 운영비 산출과 관련한 자문 및 지원
㉡ 민자철도의 유지·관리 및 운영에 관한 기준과 관련한 자문 및 지원
㉢ 운영평가와 관련한 자문 및 지원
㉣ 실시협약 변경 등의 요구와 관련한 자문 및 지원
㉤ 국토교통부장관이 위탁하는 업무
㉥ 그 밖에 이 법에 따른 민자철도에 관한 감독 지원을 위하여 국토교통부령으로 정하는 업무

70 ③

1년 이하의 징역 또는 1천만 원 이하의 벌금〈철도사업법 제49조 제2항〉
㉠ 등록을 하지 아니하고 전용철도를 운영한 자
㉡ 거짓이나 그 밖의 부정한 방법으로 전용철도의 등록을 한 자

SEOWONGAK
(주)서원각